GARABANDAL
Der Zeigefinger Gottes

Albrecht Weber

Der Zeigefinger Gottes

W0230947

„Dedo de Deus", Finger oder Zeigefinger Gottes, heißt dieser Berg in der Nähe von Rio de Janeiro in Brasilien, der zum markanten Wahrzeichen der Stadt Teresópolis wurde und zur Serra de Orgão, dem sogenannten Orgelgebirge gehört.

GARABANDAL
Der Zeigefinger Gottes

Albrecht Weber

Die Erscheinungen der Jungfrau Maria in Spanien

in dem kleinen kantabrischen Gebirgsdorf

SAN SEBASTIÁN DE GARABANDAL

in den Jahren 1961 bis 1965,

während der Zeit des II. Vatikanischen Konzils.

Das Geschehen und die Prophetie,

bezogen auf die jetzige und die vor uns liegende Zeit.

WETO-VERLAG   WEGA edition   MEERSBURG

Papst PAUL VI. billigte am 14. Oktober 1966 ein zur Veröffentlichung dienendes Dekret der Glaubenskongregation, wonach für Schriften über Erscheinungen, Offenbarungen, Prophezeiungen und Wunder nicht mehr die kirchliche Druckerlaubnis (Imprimatur) erforderlich ist. Die entsprechenden Paragraphen des kirchlichen Gesetzbuches (can. 1399/5 und can. 2318/1) wurden außer Kraft gesetzt. [A. A. S. 58 (1966) p. 1186]

Der Verfasser erklärt, daß er gemäß dem Dekret Papst Urban VIII., den in diesem Buch geschilderten Ereignissen in San Sebastián de Garabandal lediglich menschliche und historische Glaubwürdigkeit beimißt, und eine endgültige Entscheidung darüber dem Urteil der Kirche vorbehalten bleibt.

Die Bilder in diesem Buch stammen mit wenigen Ausnahmen im Original oder als Reproduktion vom Verfasser. Historische Aufnahmen wurden von Veröffentlichungen des Garabandal-Zentrums in New York und von den Bildern aus Privatbesitz mit Zustimmung übernommen.

Bildnachweis

Albrecht Weber: Seite 2, 10 14, 18, 26, 30, 32, 34, 35, 49, 53, 81, 90, 101 u., 102, 127, 128, 129, 130, 136, 137, 138, 144, 152, 165, 167, 168, 173, 179, 182, 206, 207, 209 2 Stk., 211, 218, 219, 224, 225 2 Stk., 227 u., 229 2 Stk., Buchtitel.

Repro Albrecht Weber aus privaten Kollektionen: 16 3 Stk., 38, 44, 47, 55, 56 3 Stk., 69, 73, 96 3 Stk., 100, 105, 114, 117, 120, 122 2 Stk., 150 3 Stk., 184.

Ramon Garcia: 28, 33, 75, 84 2 Stk., 112, 228 4 Stk.

Garabandal-Zentrum: 6, 12, 36, 40, 41, 46, 48, 50, 51, 52, 54, 60, 62, 64, 65, 70, 76, 77, 93 4 Stk., 101 ob., 106, 110, 116, 125, 154, 155, 156, 158, 159, 160, 161, 169, 171, 175, 192, 214, 216, 223, 227 ob.

M. Bustamente: 58.   Walter Anderl: Rücktitel.

CIP-Kurztitelaufnahme der Deutschen Bibliothek

Albrecht Weber – GARABANDAL – Der Zeigefinger Gottes.
Die Ernscheinungen Mariens im spanischen San Sebastián de Garabandal von 1961–1965. Das Geschehen und die Prophetie, bezogen auf die heutige und die folgende Zeit. Vorwort von Prof. Dr. Georg May.
1. Auflage, Meersburg: WETO-Verlag, 1993.
ISBN 3-923673-11-6

Erste Auflage 1993: 1. – 10. Tausend

WETO-Verlag Albrecht Weber, D-88701 Meersburg

Herstellung: Maristen Druck und Verlag GmbH, 84095 Furth bei Landshut

Inhaltsverzeichnis

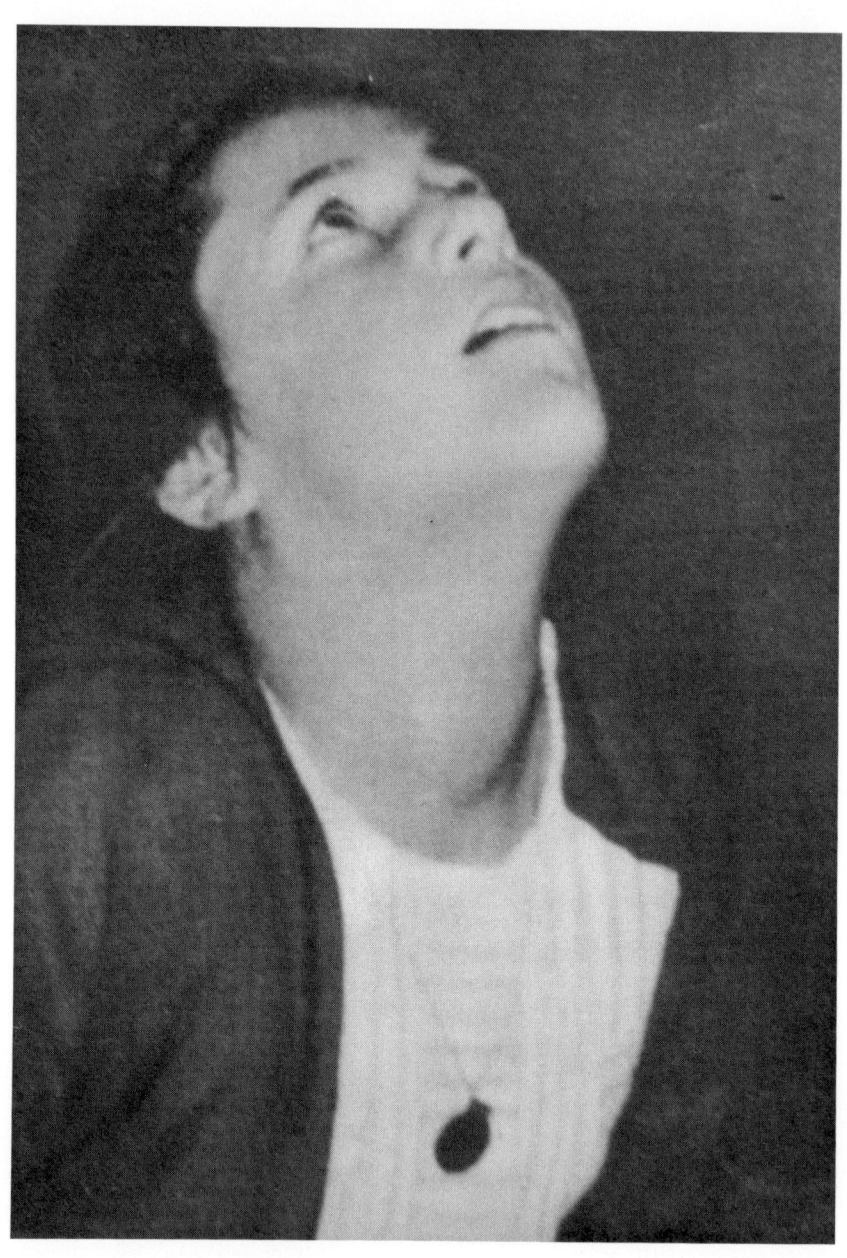

Marie-Loli Mazón in Ekstase.

Vorwort

Wer an die Gemeinschaft der Heiligen und an die Aufnahme Mariens in den Himmel glaubt, besitzt keine Schwierigkeiten, Erscheinungen Mariens grundsätzlich für möglich und tatsächlich für wirklich geschehen anzunehmen. Wenn es unechte Erscheinungen geben mag, so ändert dies nichts an der Tatsächlichkeit von echten Erscheinungen. Die Kirche steht mit ihrer geistlichen Autorität dafür ein. Gewiß untersucht und prüft sie, ob behauptete Erscheinungen wirklich geschehen sind. Aber wenn das Ergebnis der Untersuchungen positiv ist, zögert sie nicht, sich für die Echtheit der übernatürlichen Phänomene auszusprechen. Am Anfang stehen fast immer Skepsis und Vorurteile. Alle anerkannten Erscheinungen Mariens haben sich durch Anfechtung und Zweifel durchkämpfen müssen. So ist die Lage jener, die eine Erscheinung Mariens für echt halten, zunächst schwierig, solange sie nicht von der zuständigen kirchlichen Autorität anerkannt ist. Aber demütiges Vertrauen auf Gottes Vorsehung, beharrliches Vorlegen von Beweisen und überzeugendes Erbringen der Früchte dürften in aller Regel zu der endgültigen Approbation der kirchlichen Amtsträger führen. Dazu kann die Schrift von Albrecht Weber beitragen. Ihr Verfasser hat sich in bewundernswerter Weise in Tatsache und Bedeutung der Erscheinungen der Allerseligsten Jungfrau Maria in Garabandal eingearbeitet, ja eingelebt. Er versteht es, ihre Zeitgemäßheit herauszustellen; er erblickt darin die gottgewollte Antwort auf die Gefahren und Nöte der Gegenwart. Darin ist ihm nachdrücklich zuzustimmen. Wenn auch nur die Möglichkeit besteht, daß Jesus durch seine heilige Mutter der Kirche und der Menschheit eine Botschaft zukommen lassen will, muß jeder Christ aufhorchen und mit gespannter Bereitschaft die Geschehnisse untersuchen. Wer an einer solchen Stimme achtlos vorübergeht, der überhört vielleicht die letzte Warnung des Himmels.

Die Erscheinungen haben gewöhnlich Aufrufe und Verheißungen, aber auch Mahnungen und Warnungen zum Gegenstand. Nicht selten enthalten sie Blicke in die Zukunft, darunter auch die Ankündigung freudiger und schrecklicher Ereignisse. Gott liegt nichts am Verderben der Menschheit, vielmehr alles an ihrer Rettung. Er hat einst gesprochen durch die Propheten, zuletzt durch seinen Sohn. Die amtliche, öffentliche Offenbarung ist abgeschlossen. Doch nicht abgeschlossen sind ihre Aneignung, ihre Verwirklichung in einem Leben aus dem Glauben und ihre stets neue Aktualisierung. Darauf dringen die Erscheinungen aller Zeiten. Wem von den Heiligen aber liegt nun mehr daran, daß die Botschaft Jesu gehört wird, als seiner Mutter? So ist es keine Merkwürdigkeit, daß sie es ist, die regelmäßig die Trägerin der Erscheinungen ist. Sie, die Mutter der Christen und die Mutter der Kirche, spricht zu den Erlösten: Was euch mein Sohn gesagt hat, das tut. Auf diese Weise leistet sie noch heute ihrem Sohn, aber auch allen angenommenen Brüdern und Schwestern ihres Sohnes ihren mütterlichen Dienst. Die Erscheinungen Mariens in Garabandal reihen sich nahtlos in diese immerwährende Aufgabe Mariens ein.

Die Erscheinungen in dem kleinen spanischen Ort fallen in die Zeit, in der das Zweite Vatikanische Konzil abgehalten wurde. Dieser Zusammenhang ist nicht zufällig. Es ist keine Frage, daß Papst Johannes XXIII. bei der Einberufung der allgemeinen Kirchenversammlung von besten Absichten erfüllt war. Es ist aber ebensowenig zu übersehen, daß sich die Hoffnungen, die er daran knüpfte, nicht erfüllt haben. Statt des Aufbruchs kam ein gigantischer Zusammenbruch, statt der Gewinnung von Menschen für Christus und sein Reich setzte der Massenabfall ein. Unter den Zeichen des Niedergangs ist das verheerendste die Zerstörung des Glaubens, die innere und / oder äußere Aufgabe des katholischen Glaubens durch zahlreiche Glieder der Kirche. Von dem Ruin des Glaubens sind die größten Geheimnisse des Glaubens am stärksten betroffen. Dazu gehört die wirkliche, wahrhafte und wesentliche Gegenwart des Gottmenschen Jesus Christus unter den eucharistischen Gestalten. Der unehrerbietige Umgang mit dem eucharistischen Opfersakrament ist eines der schlimmsten Zeichen des Niederganges in unserer Kirche in der nachkonziliaren Periode. Es ist offensichtlich: Aus der Weise, wie zahlreiche Diener der Kirche und katholische Christen mit dem eucharistischen Opfersakrament umgehen, und aus der Art, wie sie darüber sprechen und schreiben, lehren und predigen, ist zu schließen, daß sie nicht mehr an den vollen Inhalt des Meßopfers und des Altarssakramentes glauben. Damit aber haben sie die katholische Identität verloren. In diese Situation trifft nun die Botschaft von Garabandal. Sie hat mehrere Gegenstände zum Inhalt. Doch einer scheint mir von besonderem Gewicht, nämlich die Hervorhebung des Meßopfers und der Anbetung Jesu Christi unter den eucharistischen Gestalten. Dadurch wird das Dogma von der (katholisch verstandenen) Realpräsenz in das Bewußtsein der Empfänger der Botschaft und aller, die bereit sind, sie zu hören, gerufen. Die Kirche hat hier ihren größten Schatz, die Gläubigen finden hier ihr höchstes Glück:

Jesus Christus, wahrhaft gegenwärtig auf unseren Altären und in unseren Tabernakeln. Ihm gebührt die ehrfürchtige Anbetung, und diese ist unerläßlich. Wer dem auf dem Altar und im Tabernakel gegenwärtigen Herrn die Anbetung verweigert, hat den katholischen Eucharistieglauben aufgegeben. Weder der Besuch des Gottesdienstes noch der Empfang der Kommunion, sondern allein die Anbetung des im Altarsakrament gegenwärtigen Herrn ist die Probe auf die Echtheit des eucharistischen Glaubens. Jeder katholische Priester und jeder katholische Christ sollte sich durch die Botschaft von Garabandal erfüllen und begeistern, erforderlichenfalls bekehren lassen. Zurück zum katholischen Glauben an das eucharistische Opfersakrament, zurück zur Hochschätzung des heiligen Meßopfers, zurück zur Besuchung des Allerheiligsten, zurück zur Anbetung unseres Herrn! Das ist der Ruf, der von Garabandal ausgeht. Ob ihn die Christenheit hören wird? Möge das Buch von Albrecht Weber dazu mithelfen, die Botschaft zu verbreiten und in den Seelen wirksam zu machen!

Georg May

Die Erscheinungen
der Allerseligsten Jungfrau Maria

In den vergangenen Jahrzehnten, besonders seit dem Jahre 1830, haben die Erscheinungen Mariens auffallend zugenommen. Viele davon sind von der Kirche anerkannt worden und es haben sich aus den Erscheinungsstätten große Wallfahrtsorte entwickelt; so in Europa z. B. in der Rue du Bac in Paris, in Lourdes, in Fatima, in Beauraing, in Banneux und in Syrakus. Sie sind zu Brennpunkten der Volksfrömmigkeit und zu Zentren geistlicher Erneuerung geworden.

Auch Deutschland besuchte die Mutter Jesu, – die er selbst den Aposteln und allen Menschen vom Kreuz herab zur Mutter gegeben hat –, in diesem Jahrhundert mehrmals. Aber im Lande der Kirchenspaltung konnten sich die Verantwortlichen in der Katholischen Kirche noch nicht dazu durchringen, ihren Erscheinungen Glauben zu schenken, ihr zuzuhören und ihre hier geäußerten Anliegen aufzugreifen und offiziell anzuerkennen. So soll Maria an einem Ort in Deutschland, an dem sie bereits im vergangenen Jahrhundert schon erschienen war, und damals bereits ankündigte: „Ich komme wieder in schwer bedrängter Zeit!", [*] in den siebziger Jahren gesagt haben: „... vor den Toren Deutschlands stehe ich weinend, wie Jesus über Jerusalem geweint hat, ... durch euren blinden Unglauben werde ich immer abgewiesen."

Zweifellos ist das nicht nur in Deutschland so. Von einem kleinen Bergdorf in Nordspanien im Kantabrischen Gebirge, das den Namen San Sebastián de Garabandal trägt, ist bekannt geworden, daß die Heilige Jungfrau Maria vier Mädchen in den Jahren 1961 bis 1965 erschienen sei. Obwohl namhafte Vertreter der Kirche von der Wahr-

---

[*] „... in schwer bedrängter Zeit" bezieht sich auf die Glaubenssituation und den inneren Zustand der Kirche in Deutschland. Der einstige Mittelpunkt christlicher Kultur und Glaubensverbreitung für die ganze Welt degeneriert mehr und mehr zu einem Missionsland, in dem sowohl die Missionierung, als auch deren Früchte zum Trockenobst geraten. Die Quelle des Zitates ist Marpingen.

◁ *Einige Häuser von Garabandal, der Hohlweg (la calleja), der zur Anhöhe der Kiefern führt, und die Gruppe der Kiefernbäume, los pinos genannt. Orte des in diesem Bericht beschriebenen Geschehens.*

heit der dortigen Ereignisse überzeugt sind, kam es bisher weder zu einer offiziellen Anerkennung, noch zu einer definitiven Ablehnung durch die Katholische Kirche, abgesehen von Verlautbarungen die alle Möglichkeiten offen halten.

Die vier Mädchen von San Sebastián de Garabandal. Von links: Marie-Cruz González, Jacinta González, Conchita González und Maria-Dolores Mazón.

Wie aber begann es dort und was ereignete sich, was könnte der Grund dafür sein, daß der allmächtige Gott gerade jenes entlegene Dorf ausgewählt hat, weit ab von den Entwicklungen der Zivilisation, um sich durch Maria über vier unwissende Kinder an die Menschen unserer Zeit zu wenden? Zwar ist es in der ganzen Region die einzige Gemeinde, in der man, soweit man zurückzudenken vermag, täglich in der Kirche und in den Familien den Rosenkranz gebetet hat. Das aber als den Grund für solch ein Geschehen anzunehmen wäre vermessen, wenngleich es auch, wohl unbeabsichtigt von den Bewohnern des Dorfes, als eine treffliche Art der Vorbereitung der Ereignisse angesehen werden kann. Die dort lebenden Menschen unterschieden sich nämlich im übrigen durch nichts im Vergleich zu denen benachbarter Dörfer, auch konnte man bei ihnen keine Formen übertriebener Frömmigkeit oder gar Wundersucht feststellen. Die Sorgen ihres von den einfachen Zusammenhängen geprägten Alltages ließen ihre Gespräche untereinander um die Bewältigung der Existenz kreisen, die von den großen Problemen der Welt und der Kirche, auch räumlich gesehen, weit entfernt gelegen waren.

Mit einem anderen großen Ereignis verband der Ratschluß des Ewigen Vaters diesen Ort und er wurde zu einem Mittelpunkt großer Hoffnungen für viele Menschen, die ihn schon bald aufsuchten. Das II. Vatikanische Konzil wurde von Papst JOHANNES XXIII. intensiv vorbereitet, es befand sich kurz vor seinem Beginn, und sollte für die Kirche zu einem neuen Aufbruch in das dritte Jahrtausend werden. Gegensätzliche Kräfte standen sich gegenüber und versuchten es in die eine oder andere Richtung zu ziehen.

Der Heilige Vater sollte, so hatte es Schwester Lucia aus Fatima aufgeschrieben und über ihren Bischof dem Heiligen Stuhl mitgeteilt, im Jahre 1960 das bis dahin versiegelte dritte Geheimnis von Fatima der Kirche und aller Welt bekannt geben. Dazu aber entschloß sich Papst JOHANNES XXIII. nicht. Nach allem, was man heute dazu weiß, wollte er den Inhalt dieses dritten Geheimnisses, nachdem er es gelesen hatte, auch persönlich nicht zur Kenntnis nehmen. Er fühlte sich offenbar gestört in seinem Vorhaben die Kirche reformierend zu öffnen und den Bedürfnissen der Welt anzupassen.

Da trat im Jahre 1961, den Berichten zufolge, Maria, die Königin der Apostel, auf den Plan und kam zu jener Zeit in ein kleines unscheinbares Bethlehem unserer Tage, ein entlegenes Gebirgsdorf weit ab vom großen Rom, zu unwissenden, einfachen Kindern. Sie erteilte ihnen im Verlaufe ihrer Erscheinungen, die bis zum Abschluß des Konzils andauerten, eine regelrechte Katechese über **die** Glaubenssätze, die auf dem Konzil behandelt und für eine moderner gewordene Welt neu gefaßt werden sollten. Das also schien der Grund zu sein für ihr Erscheinen, verbunden mit dem mütterlichen Anliegen, den

Glauben in den Nachfolgern der Apostel zu stärken und sie an die von Jesus im Evangelium festgeschriebenen Grundsätze zu erinnern, wie es Robert François in seinem Buch „So sprach Maria in Garabandal" in klarer Form theologisch betrachtend herausgestellt hat. Dabei dürfen wir nicht übersehen, daß sie ebenso wie der Göttliche Erlöser, ihr eigener Sohn, nicht in die Metropole eitler Wissenschaft und Gelehrigkeit kam, sondern sich abseits der großen Herrschaftlichkeit in die Armut kleinbäuerlicher Unbekümmertheit begab, um für die Wahrheit Zeugnis zu geben, die Wahrheit, die durch ihren Sohn unter ihrer Mitwirkung offenbar geworden war, die Wahrheit Gottes, die in Gefahr geriet angepaßt zu werden an die Welt und verändert zu werden im pluralistisch pulsierenden Strom der unentwegt forteilenden Zeit.

Mystische Ereignisse, wie man sie von Lourdes oder Fatima her kennt, haben sich in Garabandal in ausgeprägter Weise auch ereignet. Es wurde von kompetenten Fachleuten und Ärzten festgestellt, daß die Ereignisse jeglichen natürlichen Ursprunges entbehren. Hervorragende Theologen erklärten, daß sie vom übernatürlich göttlichen Charakter des Geschehens überzeugt sind, und daß sie nichts fanden, das dem Evangelium entgegensteht. Des weiteren sind Ereignisse angekündigt, die weltweite Auswirkungen haben werden und das Geschick der ganzen Menschheit betreffen. Die Verantwortlichen in der Kirche haben indes bisher noch nicht endgültig über die Anerkennung entschieden, aber gerade das ist Bestandteil der dort ergangenen Prophetie und ist somit zu einem Beweis für die Echtheit geworden. *„Erst nach dem großen Wunder wird mein Erscheinen bei euch hier von der Kirche anerkannt, "* sagte Maria während einer Vision zu den Sehermädchen. Es gibt jedoch heute schon katholische Bischöfe, die den einfachen, aber eindringlichen Botschaften Mariens von Garabandal große Bedeutung beimessen und diese auch schon in ihrer Pastoral verwenden. Dafür spricht auch die persönliche Wertschätzung, welche Conchita, die Hauptseherin von Garabandal, bei hohen kirchlichen Würdenträgern genießt. Zur Taufe ihres dritten Kindes, Anna Maria Josefa, reiste eigens Kardinal Julio Rosales von den Philippinen an und Bischof Lawrence M. Graciano OFM amtierte als Taufpate.

Der ehemalige Bischof von Fatima, Joao Pereira Venancio, war von der Echtheit der Erscheinungen fest überzeugt und wurde zu einem engen Freund der Seherin Conchita und ihrer Familie. Er besuchte sie in Amerika mehrmals, nachdem er sie bereits in Fatima kennen und schätzen gelernt hatte. In Gegenwart des internationalen Sekretärs der Blauen Armee Mariens sagte er dem Autor im April 1982 im Heiligtum in Fatima, auf die Frage nach seiner Meinung über Garabandal, daß er Garabandal für die Fortsetzung und direkte Fortführung der marianischen Prophetie von Fatima halte und daß er überzeugt sei, daß die Kirche das Geschehen von Garabandal eines Tages anerkennen werde. Für die Glaubwürdigkeit seiner Ansicht, daß es sich um die Fortsetzung von Fatima handle, spreche auch, daß Maria sich bei der letzten Erscheinung in Fatima als Maria vom Berge Karmel gezeigt habe und daß sie in San Sebastián de Garabandal als „Maria del Carmen" erschienen sei. Allerdings vermochte er bei diesem Gespräch nicht zu bestätigen, daß Maria bei ihrer letzten Erscheinung in Fatima gesagt haben soll: „Auf Wiedersehen in San Sebastián", wie es in einem von Carmelitinnen herausgegebenen Buch in den dreißiger Jahren beschrieben worden sein soll. „Als Gerücht ist mir das wohl auch bekannt geworden, jedoch habe ich diese Fra-

Kardinal Rosales von den Philippinen (links) spendet die Taufe des dritten
Kindes von Conchita, Anna Maria Josefa, am 24. Juli 1976, während
Bischof Lawrence M. Graciano OFM (rechts) als Taufpate amtet.

Bischof João Pereira-Venancio von Leiria (Fatima) bei einem seiner
Besuche bei der Familie Patrik und Conchita Keena in der Nähe von
New York.

ge, die sicher später einmal von Bedeutung sein könnte, bisher nicht selbst zu klären begonnen", sagte er.

In seinem Hirtenbrief vom 14. April 1968, veröffentlicht im Bote von Fatima vom 13. Mai 1969, sagt er: „Wir haben kein Recht, neben der allgemeinen Offenbarung die ‚anderen außergewöhnlichen Hilfen zu verkleinern oder gar zu verachten, die Gott der Kirche gewährt, um in ihr den vielleicht schon eingeschlafenen Glauben neu zu erwecken (oder) in ihr den gefährdeten Glauben zu stärken'".

Pater Juan José Arteaga Alvarez aus Madrid berichtet, daß unser jetziger Papst JOHANNES PAUL II. Garabandal ernsthaft zu schätzen weiß. Als der Papst bei einem persönlichen Gespräch mit den Weihekandidaten vor der Priesterweihe der letzten Weihegruppe im Jahr 1990 auf die Frage: „Woher kommen Sie?", von zwei Theologen zur Antwort bekam: „Aus Santander", erwiderte er darauf sichtlich erfreut: „O, de Santander y Cantabria! Cantabria es una tierra bonita, es el tierra de Sto. Toribio y de Garabandal (Oh, von Santander und Kantabrien! Kantabrien ist ein schönes Land, es ist das Land des hl. Toribio und das von Garabandal)". Einer der beiden Seminaristen, J. B., stammte aus Santander und konnte mit dem Begriff Garabandal zunächst keine konkrete Vorstellung verbinden, was der Papst etwas enttäuscht bemerkt haben soll. Nach Santander zurückgekehrt informierte er sich bei seinem Bischof, Msgr. Del Val, der ihn diplomatisch und vorsichtig über die von dort berichteten Erscheinungen in den Jahren 1961 bis 1965 aufklärte. Sein Interesse für Garabandal wurde durch die Frage des Papstes geweckt und es wurde bekannt, daß er sich seither dafür sehr interessiert.

Mit dem nachfolgenden Bericht, und der auf das persönliche Verhalten der dadurch angesprochenen Menschen ausgerichteten Auslegung und Ausdeutung der Geschehnisse, sowie der darin erkennbar werdenden Anliegen der Erscheinung, soll der endgültigen Entscheidung nicht vorgegriffen werden. Es soll in einer kurzen Zusammenfassung über das berichtet werden, was sich zugetragen hat und was vorausgesagt ist. Darüberhinaus werden Betrachtungen angestellt, die für das Verhalten in unserer Zeit von großem Wert und großer Bedeutung sind, weil sie die Grundlagen zu christlich katholischem Verhalten festigen sollen. Der Autor bekennt sich dazu, daß er des festen Glaubens ist, daß es Maria, die Mutter des Erlösers ist, die dort den vier Mädchen erschien, und daß das Geschehen seinen Ursprung in Gottes ewigem Ratschluß hat: zugleich aber macht er diesen Glauben vom endgültigen Urteil der Kirche abhängig, das bisher noch nicht gesprochen ist.

Mit diesem Buch soll der Versuch unternommen werden, die Geschehnisse von Garabandal auf die jetzige und auf die vor uns liegende Zeit zu projizieren, um denen, die dieses Buch lesen und sich für die Erscheinungen der Allerseligsten Jungfrau Maria in Garabandal interessieren, eine Hilfe zum besseren Verstehen der Enwicklungen in dieser Zeit zu vermitteln, die sich in Kirche und Welt erkennen lassen. Es soll auch all jenen eine Hilfe sein die sich in ihrer religiösen Glaubenspraxis in der Kirche unverstanden fühlen und nach der eingreifenden Hand Gottes suchen, die die durcheinander geratenen Verhältnisse wieder ordnen könnte. Dabei sei schon zu Beginn gesagt, daß der einzige Ort, den wir zu verändern imstande sind, unser eigenes Herz ist. Dort muß sowohl alle Kritik, als auch aller Wille zur Veränderung verbessernd ansetzen. Dann werden wir in Maria eine hervorragende Lehrmeisterin und in dem durch sie in Garabandal verursachten Geschehen eine trostvolle Unterweisung finden, die uns im Sinne des Evangeliums zu entscheidenden Veränderungen führt, nämlich zur Umkehr und Buße, und sie verspricht uns das ewige Heil.

Das Dorf San Sebastián de Garabandal.

Maria und der Heilsplan Gottes

Zunächst aber sei hier die Frage gestellt, ob uns denn nicht im Evangelium genug Licht gegeben ist, so daß wir solcher Geschehnisse gar nicht bedürfen. Ersteres steht zweifellos fest, doch letzteres schwebt zumindest aus allzumenschlichen Gründen in Frage, da wir Menschen aller Tage dazu neigen, die Erfüllung der von uns im Evangelium geforderten Pflichten desto mehr zu vernachlässigen, je besser es uns geht und je gefestigter unsere persönliche, gesellschaftliche oder auch machtbezogene Stellung in der Gemeinschaft der Menschen ist. Davon sind die Glieder der Kirche nicht ausgenommen, vor allem nicht, wenn man die Androhung des Fürsten dieser Welt, die Schar der Getreuen Gottes besonders versuchen und sieben zu wollen, wie er es darf, achtlos beiseite schiebt, um den selbsterstellten Normen leichter folgen zu können.

Die bequeme Abwandlung der Forderungen des Neuen Testamentes und der unmißverständlich formulierten Gebote Gottes werden in der Verschiebung der Inhalte durch die heutzutage über Glauben und Glaubensbereitschaft hoch erhabene Vernunft individuell beeinflußt; dadurch entsteht naturgemäß eine gewisse Taubheit für die Anrufe Gottes an die Menschheit, weil durch diese Anrufe die unter Zugeständnissen an den Zeitgeist, an den Geist der Welt, vollzogenen Anpassungen und Entwicklungen kirchlicher und menschlicher Verhaltensweisen einem Maßstab göttlichen Rechtes unterworfen werden. Die oft subjektiv gut gemeinten Veränderungen erfahren durch diese Anrufe eine objektive, und wie es scheint, von Gott ausgehende Bewertung. Dadurch werden etablierte religiöse und gesellschaftliche Ordnungen, die durch falsch verstandene oder umgedeutete Forderungen des Evangeliums entstanden sind, gestört oder sogar in Frage gestellt. Zugegeben, für viele können daher solche Anrufe unbequem, ja sogar verunsichernd sein, zugleich aber sind sie von ewigem Gewinn von dem Augenblick an, in dem die Erkenntnis geweckt wird, dadurch zur Hauptforderung der frohen Botschaft zu gelangen, nämlich zur Umkehr und zur Buße. Wobei Umkehr vor allem auch bedeutet: Stehen zu bleiben, um sich zu besinnen, um zurückzuschauen und zu erkennen, was man verlassen hat. Es heißt außerdem: Gott um Verzeihung zu bitten, daß man sich zu leichtfüßig von IHM und seiner Ordnung, seinen Geboten entfernt hat. Dies aber wiederum setzt die Gnade voraus, die wir Menschen nur als persönliches Geschenk Gottes besitzen und stets dann verlieren, wenn wir in Sünde fallen und uns damit vom Licht des Glaubens entfernen. Die Folge davon ist, daß wir von Nebel umgeben sind, der zwar zu Anfang noch keine Dunkelheit bedeuten muß, uns aber die Orientierung erschwert und die Quelle des Lichtes zunehmend verschleiert.

So gesehen, bedürfen wir sehr wohl der Ermahnungen Gottes, ebenso wie das bei den Menschen des Alten Bundes immer wieder der Fall war. Damals geschah das durch die Stimme der Propheten. Diese Propheten waren nicht die beauftragten Hüter der Religion, dazu waren die Hohenpriester berufen. Nein, der Herr bediente sich der von Ihm selbst beauftragten Menschen: der Propheten, um diejenigen zu Besinnung und Umkehr zu rufen, die berufen waren das Erbe Gottes zum Wohle der Menschen zu verwalten.

In unserer Zeit, in der das Erbe seines eingeborenen Sohnes, die Heilsbotschaft des Neuen Bundes, das Evangelium, von den Nachfolgern der Apostel verwaltet wird, sendet er in souveränem göttlichem Ratschluß die von Ewigkeit her erwählte und von ihm überaus geliebte Braut des Heiligen Geistes, MARIA, die Königin der Propheten, zu uns, die von Gott für würdig befunden wurde dem ewigen Wort Fleisch und Blut in der Gestalt eines Menschen zu geben. Durch **sie** ruft er **heute** diejenigen zur Besinnung und Umkehr, die **heute** die Hüter seines Wortes sind; und genau zu der Zeit, da die Nachfolger der Apostel sich zum größten Konzil in der Geschichte der Kirche versammelten, um Glaubenssätze für die gegenwärtige und zukünftige Zeit neu zu fassen, kommt Maria als die von Gott Gesandte. „Ich komme von Gott", so sagte sie im Anfang in Garabandal.

Bedenken wir dabei, daß es die Kirche ist, die sie die Königin der Propheten nennt, wie wir in der Lauretanischen Litanei beten. Wird sie aber heute in dieser Funktion innerhalb der Kirche gebührend ernst- und angenommen, oder erfährt sie eine neue Form derselben Ablehnung, wie sie Jesus mit den Hohenpriestern erlebt hat? Dabei ist ausdrücklich zu betonen, daß Maria ja nichts Neues verkündet, sie wiederholt nur unseres eingeschläferten Gedächtnisses wegen und zu unserem Heil die Worte ihres Sohnes Jesus aufs neue. War es nicht auch im Alten Bund so? Wenn das (erwählte) Volk nicht auf die Stimme der Propheten hörte traf es die Strafe Gottes, die als Folge solchen Verhaltens die Konsequenz bedeutete und zugleich ein Zeichen seiner Liebe war. Eine Erkenntnis, die sich auch auf die marianische Prophetie in unserer Zeit anwenden läßt. Denken wir nur an Fatima im Hinblick auf die Ausbreitung der Irrtümer des Kommunismus. Garabandal schreibt diese Prophetie kontinuierlich fort.

Der Allmächtige hat sie, Maria, dazu erwählt, in Wiederholung der Forderung des Evangeliums, zur Umkehr und zur Besinnung zu rufen und den Menschen seinen heiligen Willen kundzutun, um sie an den Bund mit IHM und an **die** Pflichten zu erinnern, die daraus für alle, die an Ihn glauben, erwachsen; ja, die auch für diejenigen gelten, die nicht an ihn glauben und sich durch die Nichtbeachtung seiner Gebote selbst zur Ferne von Gott, und damit letztendlich für die ewige Qual des nicht mehr vergehenden Seins in Abwendung von Gott, dem Zustand der ewigen Verdammnis, entscheiden.

Durch ihr Erscheinen bezeugt Maria den Menschen in ihrem Umgang mit den Seherkindern, oft begleitet von wunderbaren Ereignissen, daß das Evangelium in Wahrheit das Wort Gottes ist und daß uns in keinem anderen Namen Heil ist, als in dem des eingeborenen Sohnes des ewigen Vaters, dem sie zur Mutter wurde, Jesus Christus. **Und sie zeigt uns eindringlich in Garabandal, daß die absolute Mitte der Kirche, das Herz, Jesus in der sakramentalen Gegenwart ist.** Wenn wir den Zustand der heutigen Verehrung des **Allerheiligsten Sakramentes** betrachten, so kann man ohne zu übertreiben sagen, daß die Kirche herzkrank ist. Wenn das Herz aber krank ist, dann werden alle übrigen Organe des Leibes in Mitleidenschaft gezogen. Das ist nicht anders beim geheimnisvollen Leib Christi, der die Kirche ist.

Wie deutlich wird daran aber auch die Verarmung der Verkündigung wenn man Maria auszuklammern versucht und ihre einzigartige Stellung im Heilsplane Gottes auf ihren biologischen Dienst hin reduziert, obwohl dieser unverzichtbar und definitiv notwendig war und ist. Von Gott her gesehen ist sie daher untrennbar mit seinem Sohn verbunden, untrennbar, weil eine Mutter nicht von ihrem Kind zu trennen ist; ebensowenig wie es vom Vater getrennt werden kann.

Kann man unter diesem Aspekt, so sei hier gefragt, ehrlichen Gewissens vor Gott, Maria von seinem und ihrem Sohn Jesus Christus trennen, ohne Gott in seinem von Ewigkeit her gefaßten Ratschluß zu beleidigen, indem man vorgibt, sich ausnahmslos an den Sohn wenden zu wollen? Ist es nicht von Anbeginn an der souveräne Wille Gottes, daß sein Sohn von einer Jungfrau geboren wurde, der er zum Zeugnis der Allmacht seines Willens die unverletzte Jungfräulichkeit bewahrt hat? Gott selbst hat diesen Weg gewählt. Es steht außer Frage, daß sein Sohn andere Wege zu uns Menschen hätte nehmen können. Damit hat Gott die Menschwerdung des ewigen Wortes zum Beweis eben dieser „Mensch-Werdung Gottes" an einen Menschen seiner Wahl gebunden, **an eine Frau**, die ER damit zur Mutter seines Sohnes erhob, und er schloß die Beteiligung eines Mannes zum Beweis für seine erschaffende Allmacht aus. Er selbst war es ja in der Person des Sohnes, Herr über Leben und Tod.

Damit werden auch schlicht und einfach die emanzipatorischen Argumente der heutigen feministischen Bewegung unbedeutend und unbegründet. Der darin angegriffenen Führungsrolle des Mannes wird in der Mitwirkung bei der Menschwerdung ganz klar die einzigartige Aufgabe der Frau gegenübergestellt: Mutter zu werden und Mutter zu sein. Man erkennt hinter der Forderung nach Gleichstellung mit dem Mann die Auflehnung Satans gegen den Ratschluß Gottes, seinen Sohn Mensch werden zu lassen durch eine Frau. Damit wird das Urärgernis Luzifers, welches seinen Sturz zur Folge hatte, sichtbar und man erkennt, wie er es in der sündhaften Bewußtmachung in den Ansprüchen der Menschen zu einem Manipulationsmittel der Geschicke der Menschheit gegenüber dem Heilsplane Gottes **heute** einsetzt, auch innerhalb der Kirche. Der Feminismus gegenwärtiger Prägung lehnt die Bindung an die Mutterschaft ab und verkehrt sie in eine passive Abhängigkeit vom Manne, als ein Hindernis bei der Gleichstellung, die somit nichts anderes ist, als die Auflehnung gegenüber dem Schöpfungsplane Gottes, dem „non serviam".

Die Fruchtbarkeit des Mutterschoßes wird durch die Menschwerdung seines Sohnes aus Maria, der Jungfrau, zu jenem geheiligten Ort, der im Schöpfungsgeschehen dem Zugriff des Menschen verboten bleiben soll. Der Baum des Lebens, von dessen Früchten dem Menschen zu nehmen verboten wurde, wirft hier einen schicksalhaften Schatten auf die Generation unserer Tage und läßt sie in die unerleuchtete Entfernung von Gott fallen, die zwangsläufig zum Verderben führt.*

Mit Maria hat Gott eine Frau, ohne die Mitwirkung eines Mannes, über alle anderen Geschöpfe erhoben, indem er sie als einzigen Menschen vor der Erbsünde bewahrte. Damit offenbarte und bestätigte Er für die Frau, als menschliches Wesen, ihre einzigartige Rolle bei der Mitwirkung der Schöpfung als Mutter bei der Weitergabe des geschaffenen Lebens. Die heute in Auflehnung gegenüber dem Status der Frau als passive Stellung in Abhängigkeit vom Manne bezeichnete Aufgabe als Mutter wird im Geschehen mit Maria zur einzigartigen aktiven Rolle bei der Verwirklichung des Schöpfungsplanes. Der Sündenfall und die dadurch ausgelöste Erbsünde berauben die Frau bei der Weitergabe des Lebens ihrer Jungfräulichkeit. Maria aber, die den Urheber des Lebens geboren hat, hat, weil sie ohne die Erbsünde geblieben ist, ihre Jungfräulichkeit behalten und wurde so zur zweiten Eva, an der das Schöpfungsziel Gottes im Menschen sichtbar wurde: Lebendiges Geschöpf zu sein, das seinen Schöpfer preist in der demütigen Annahme **seiner** Schöpfung. Eva zu sein, das heißt: Mutter der Lebendigen. Auf Maria bezogen heißt es: Mutter der im Glauben lebendigen, der Kinder Gottes zu sein.

Mit der Verkündigung des Engels und durch das „fiat" Mariens begab sich Gott selbst in der Gestalt seines Sohnes sichtbar zu den Menschen, um den Menschen durch sein Leiden und seinen leiblichen Tod das ewige Leben zurückzugewinnen. Mit der Verkündigung aber begab er sich auch bereits auf den Leidensweg zu unserer Erlösung und setzte sich der Unterordnung unter die Autorität der menschlichen Selbständigkeit seiner Bezugspersonen, Maria und Josef, aus: ER wurde Mensch und war zugleich Gott. Das Urärgernis Luzifers, das, durch seinen Stolz verursacht, zur Abwendung von Gott und zum Sturz führte, begann im Augenblick der Verkündigung Wirklichkeit zu werden, und sein Haß gegen Gott formierte sich, um sich mit voller Wucht und Grausamkeit an diesem menschlichen Leib entladen zu können und an denen, die bereit sind ihm nachzufolgen. Der apokalyptische Kampf des Drachens hatte begonnen. Er setzte sich fort in den Martyrien der um Jesu willen verfolgt und gemarter-

---

* Auch dieses Geheimnis wird im Jahre 1965 von der Heiligen Jungfrau gegenüber Conchita in Garabandal angesprochen, wie im Kapitel über die letzte Erscheinung nachzulesen ist.

ten Heiligen, die bereit sind, wie Paulus es sagt, den Leiden Jesu anzufügen, was noch fehlt.

In Maria erkannte Luzifer bei der Verkündigung seine Gegenspielerin als den ihm bereits verkündeten Weg, durch den das Ewige Wort menschliche Natur annehmen wird, und sein Haß gegen sie ließ ihn in stolze Verblendung fallen, während Maria erhoben wurde über das All und dem All-Mächtigen zur Wohnung wurde. Kein Mensch, auch kein Apostel, ist je in solch eine Nähe Gottes gestellt worden. Niemand wird Maria vor dem Angesicht Gottes je ungestraft ihres transzendenten Geheimnisses berauben dürfen und behaupten können, sie sei ein gewöhnlicher Mensch gewesen wie du und ich. Dabei hat sie als Mensch lediglich das getan, was den Kindern Evas oft schwer fällt: Sie hat den Willen Gottes widerspruchslos als ihr Heil und ihre Bestimmung erkannt und angenommen. Das aber war die unabdingbare Voraussetzung, um dem Sohne Gottes Mutter zu sein, die Mutter Gottes.

Wenn sich uns nach diesen Betrachtungen die Frage stellt, wer ist es, der durch Maria bei ihren Erscheinungen zu uns spricht, so kann die Antwort nur lauten: Jesus Christus. Das können wir sehr einfach daran erkennen, daß das, was sie uns Lebenden zuruft: „Kehrt um und tut Buße," die Wiederholung der Forderungen des Evangeliums ist und diese stammen von ihrem Göttlichen Sohn.

Im Grunde genommen kann man sagen, daß im Evangelium ja bereits all das gesagt ist, was uns zum Heile führt, **wenn** wir uns daran halten. Eben in diesem **Wenn** liegt der tatsächliche Grund verborgen, der das Ertönen der Stimme des Dreifaltigen Gottes durch die Erscheinung der vielgeliebten Tochter des Vaters, der Mutter seines Sohnes und Braut des Heiligen Geistes geschehen läßt. Es ist zugleich auch der Grund, der sie in mütterlicher Liebe und Sorge zu uns Menschen herabzwingt.

Hier stellt sich vor allem die Frage, tun wir alles und tun viele Verantwortlichen in der Kirche tatsächlich das, was uns und ihnen aufgetragen ist im Evangelium? Diese Frage muß durch die Zusatzfrage ergänzt werden, ob wir es tun ohne dabei zweifelhafte Kompromisse einzugehen. Selbst wenn diese Frage wohl individuell, aber nicht generell beantwortbar ist, so kann eine weitere Frage den Sinn solcher Erscheinungen transparenter machen. Ist Maria nicht von Jesus selbst, durch ihre besondere Stellung dem Sohne Gottes gegenüber, der zugleich ihr eigener Sohn ist, zur Mutter der Kirche und damit in dem Augenblick zur Miterbin des Evangeliums geworden, als Jesus ihr die Mutterschaft über alle diejenigen anvertraute, die an seinen Namen zu glauben berufen sind? Dazu gehörten und gehören doch in jedem Falle die Apostel und deren Nachfolger bis heute. Wenn sie also Mutter ist, so wird sie, wie eine gute Mutter, ihre für sie durch ihren Sohn zu eigen gewordenen Kinder zur Tugend und zur Einhaltung seines Vermächtnisses zu bewegen und zu erziehen versuchen. Durch ihre Stellung und Auserwählung und durch ihre aktive Mitwirkung am Heilsplane Gottes weiß Maria uns vortrefflich anzuleiten in der Nachfolge Christi. So können wir aus den mütterlich mahnenden Worten wohl erkennen, daß Maria als die uns allen von ihrem Göttlichen Sohn gegebene Mutter in großer Sorge besonders auf **die** Menschen schaut, die sich in Lauheit und selbstverschuldeter Sündhaftigkeit an den Genüssen der Welt berauschen und sich so in große Gefahr begeben, das ewige Leben zu verlieren.

Wir können davon ausgehen, daß es der Wille Gottes ist, wenn Maria einfache Menschen, ja kindliche Seelen aussucht, denen sie in der Erscheinung begegnet und denen sie anvertraut, was sie uns Menschen als Botschaft von Gott zu bringen hat, wie wir das von La Salette, Lourdes und Fatima kennen. Kinder sind es zumeist, Kinder, weil im kindlichen Gemüt die Türe der jedem Menschen von Gott gegebenen Bereitschaft zum Offensein für IHN durch die Verführung zur Selbstherrlichkeit des Intellektes noch nicht zugeschlagen ist, die zweifellos die verheerendste Folge des Sündenfalls darstellt und die sich in unserem aufgeklärten Zeitalter in dem neugierigen Drang des „Gott enträtseln Wollens" und des „Selbst alles machen Könnens" äußert. Spüren wir nicht von Tag zu Tag mehr, wie sich durch die Verführung der Schlange die gegenwärtige Generation frevelhaft und in Selbstüberschätzung an den Früchten vom Baume des Lebens vergreift. Wenn wir bedenken, daß der durch Jahrtausende sicherste Ort menschlicher Geborgenheit, der Schoß der Mutter, zum frei manipulierbaren Schlachtfeld gegen das von Gott zur Einmaligkeit bestimmte wehrlose Menschenkind geworden ist. [*] Die Furcht vor Gott wird durch die Verführung der Schlange in die Lust

---

[*] Siehe im Kapitel „Die letzte Erscheinung" dazu, was Maria den Menschen als Konsequenz daraus angekündigt hat.

ohne Folgen und damit in die Verhöhnung Gottes verkehrt, wie sie seinem Sohn bei seinem Leiden um unserer Erlösung willen unschuldig widerfahren ist, für uns alle zur Mahnung.

Wenn man diese Überlegungen zur Stellung Mariens im Heilsplane Gottes ernst nimmt und anerkennt, ist es sicher der Mühe wert, daß man sich mit den Tatsachen, die von den Erscheinungen der allerseligsten Jungfrau Maria in San Sebastián de Garabandal berichtet werden, beschäftigt und sich gewissenhaft damit auseinandersetzt. Obwohl man auch feststellen konnte, daß ihren Erscheinungen aus der Sicht der Menschen gesehen das Schicksal der meisten Propheten zuteil wurde, das in folgendem Satz, der in einem Pfarrbrief stand, treffend formuliert ist: „Der Prophet bleibt unerhört, weil er so viel Unerhörtes sagt, das keiner hören will." Dabei sind Propheten im biblischen Verständnis die von Gott erwählten Zeugen seiner Güte und Strenge, aber auch seiner Liebe und Barmherzigkeit.

Was aber hat sich in Spanien ereignet, in dem kleinen Gebirgsdorf San Sebastián de Garabandal, und wie begann das außerordentliche Geschehen dort?

Die Kinder spielten auf dem Dorfplatz bei der Kirche ...

Ein Engel in San Sebastián de Garabandal
Der 18. Juni 1961

Garabandal, wie der Ort von den Bewohnern der dortigen Gegend kurz genannt wird, ist ein kleines Gebirgsdorf inmitten des Kantabrischen Gebirges am Fuße des mächtigen Peña Sagra Massives, auf einer Höhe von ca. 600 m über dem Meeresspiegel. Für den Besucher liegt der Ort mit etwa 60 Familien, vom Tal herauf gesehen, gut verborgen hinter einem kleinen Bergvorsprung bei Garabandal, einer Anhöhe westlich vom Dorf. Die einfachen aus Naturstein erbauten Häuser schmiegen sich um die Kirche herum in Gruppen eng aneinander und werden nur durch schmale Gäßchen getrennt. Der heilige Sebastián ist der Patron der Kirche, womit auch schon der Name des Ortes erklärt ist. Die Bewohner sind einfache Leute. Den kargen Lebensunterhalt bieten ihnen mühevoll kultivierte Bergwiesen, die Schafen und Rindern zwischen dornigem Gestrüpp magere Weiden bescheren. In ein paar kleinen Gärten und Feldern, um den in einer flachen Mulde gelegenen Ort herum, werden Gartenfrüchte, etwas Mais und Kartoffeln als Grundnahrungsmittel angebaut. Obst ist, abgesehen von den kleinen sauren Früchten der wenigen verkrüppelten Obstbäumchen nahe den Häusern, etwas, das nur gelegentlich und zu festlichen Anlässen über den etwa sieben Kilometer langen Eselspfad zum Dorf heraufgebracht wird. Es gehört zu den besonderen Delikatessen, die im Alltag dort nicht zu finden sind.

Der 18. Juni 1961 war ein Sonntag. Nichts deutete darauf hin, daß sich irgend etwas Außergewöhnliches ereignen könnte. Friedlich lag der Ort in der Sommersonne unter wolkenlosem Himmel da. Seine Bewohner ruhten sich von der Arbeit der Woche aus und man ging in den Unterhaltungen vor den Häusern den einfachen Dingen nach, die das ungestörte Bergbauernleben in dieser abgelegenen Gegend mit sich bringt. Die Kinder spielten auf dem Dorfplatz bei der Kirche und die jungen Leute tanzten zu den Klängen einer Ziehharmonika. Bei einer Gruppe kleiner Mädchen machte sich Langeweile breit, und sie entfernten sich von den anderen mit einem im geheimen ausgeheckten kindlichen Plan. Es waren Conchita González (12 Jahre), Jacinta González (12), Marie-Cruz González (11) und Maria-Dolores Mazón, genannt Marie-Loli, ebenfalls 12 Jahre alt. Obwohl drei von ihnen denselben Familiennamen tragen, waren sie nicht miteinander verwandt. Die Familien der Eltern hielten untereinander eher Abstand und sahen nicht gerne, daß ihre Kinder miteinander spielten.

Die vier Mädchen im steinigen Hohlweg sitzend, von links Jacinta, Marie-Loli, Marie-Cruz und Conchita.

Der Garten des Lehrers war das Ziel ihres Planes, in dem sich ein Apfelbaum, mit zu dieser Zeit freilich noch völlig unreifen Früchten befand. Diese Äpfel übten auf die Kinder eine solche Anziehungs-kraft aus, daß sie heimlich davon einige nahmen und mit dem Vergnügen eines kindlichen Scherzes hineinbissen, um sie wegen ihres ungenießbaren Geschmackes gleich wieder wegzuwerfen. Der Spaß des Unternehmens schien ge-

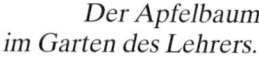

Der Apfelbaum
im Garten des Lehrers.

lungen zu sein. Doch als sie gerade in die Äpfel hineinbissen, hörten sie bei wolkenlosem strahlend blauen Himmel einen außerordentlichen Donnerschlag, und sie riefen gemeinsam aus: „Was für ein Donner." Indem sie noch darüber rätselten, vernahmen sie das Geräusch von nahen Stimmen. Es ließ sie schnell über die Steinmauer auf den Hohlweg, la calleja genannt, hüpfen und sich ein paar Meter entfernen. Sogleich regte sich ihr Gewissen, und sie stellten fest, daß sie einer schlechten Eingebung gefolgt waren, die den guten Engel, den Schutzengel, sicher traurig stimmte. Conchita, die aufgeweckteste von den Vieren schlug vor, Steine auf die linke Seite zu werfen, dorthin, wo sie den schlechten Engel, den Versucher, vermuteten, und sie wollten auf diese Weise den guten Engel trösten und ihr eigenes Gewissen beruhigen. Nachdem dadurch das ungute Gefühl der unrechten Tat vergangen war, wollten sie gerade mit einem Kugelspiel beginnen.

In ihren Aufzeichnungen schreibt Conchita, „... als ich dabei, die Augen etwas erhebend, plötzlich jemanden von großer Schönheit vor mir sehe. Die Gestalt ist von einem strahlenden Licht umgeben, das aber nicht blendet." Wie die drei anderen sie so „außer sich" sahen, dachten sie schon, daß ihr wohl plötzlich nicht gut sein könnte und fingen an zu schreien. Conchita aber wies mit gefalteten Händen in die Richtung der Erscheinung und stotterte: „Dort, dort!" Marie-Loli wollte schon weglaufen, um Hilfe zu holen, als sie und die beiden anderen auch in die Richtung schauten, die Conchita bezeichnete. Sogleich riefen sie zusammen aus: „Der Engel!" Einen Augenblick verweilten sie stumm vor Erstaunen und betrachteten andächtig die Erscheinung. Dann verschwand die Gestalt des Engels, ohne daß er auch nur ein Wort gesprochen hatte. Es war 20 Uhr 30 am Abend des 18. Juni 1961.

Sehr beeindruckt von dem, was sie soeben erlebt hatten, rannten sie ins Dorf zurück direkt auf die Kirche zu. Auf dem Wege noch erzählten sie einem anderen Mädchen, Pili González, mit bestürztem Gesichtsausdruck, was sie soeben erlebt hatten. Überrascht von dem Gehörten erzählte diese es sofort anderen und die Nachricht verbreitete sich, wie vom Winde getragen, im ganzen Dorf. Die vier Mädchen aber suchten Schutz hinter der Kirche. Dort fühlten sie sich sicher vor zudringlichen Fragen und sie weinten sich in ihrer außerordentlichen Gemütsbewegung zuerst einmal richtig aus.

„Was will ein Engel in Garabandal?" fragten die einen. Das sind doch „Mädchenträume," so dachten die anderen. Und so begann für

Hinter der Kirche fühlten sie sich sicher und weinten sich in ihrer außerordentlichen Gemütsbewegung zuerst einmal richtig aus.

diese vier Mädchen und ihre Eltern eine lange Reihe von Prüfungen, indem sie zum Mittelpunkt des nicht nur wohlwollenden Gesprächsstoffes in aller Munde wurden.

Die Lehrerin ist informiert worden und suchte die Kleinen an ihrem Zufluchtsort auf. Nachdem sie den verstörten Kindern entlockt hatte, was der Grund ihrer außerordentlichen Gemütsbewegung war, beschloß sie in freundschaftlicher Autorität: „Gehen wir zuerst einmal in die Kirche und danken wir dem lieben Gott." Die Innigkeit, mit der die Kleinen dann mit ihr, vor Rührung ständig schluchzend, vor den Tabernakel traten und beteten, beschäftigte die Lehrerin überaus. Ihr Eindruck war weit davon entfernt, sich in einer normalen Begebenheit zu verlieren. Der Herr Pfarrer Don Valentin Marichalar, der ebenfalls informiert worden war, zeigte sich einerseits verwundert, wollte aber doch noch mehr darüber wissen; denn der aufgewühlte Gemütszustand seiner kleinen Schäfchen ließ ihm keine Ruhe, und die Sache schien ihm über normale Kindererlebnisse hinauszugehen. Er sagte ihnen: „Wenn ihr den Engel wieder sehen solltet, so fragt ihn, was er will und warum er kommt".

Der Abend neigte sich und nach und nach kam das Dorf zur Ruhe. Für die vier kleinen Mädchen war es nur, was Essen, Trinken und Schlafengehen anbelangt, ein ganz normaler Abend, doch nach dem Erlebnis mit dem Engel war es für sie der Abend eines ganz außerordentlichen Tages, der mit allem bisher Erlebten und ihren ganzen Erfahrungen nicht zu vergleichen war. Die Sehnsucht, die schöne Gestalt des Engels wiederzusehen, ließ sie die mehr oder weniger strengen Vorwürfe der betroffenen Eltern leichter ertragen. Diese Sehnsucht gewann in ihnen von Anfang an die Oberhand gegenüber dem viel bequemeren Verhalten, sich den Argumenten der Autoritäten zu beugen und anzupassen, indem sie um des lieben Friedens willen das Erlebte leugnen müßten. Man ging zu Bett und überließ die plötzlich und unerwartet aufgetauchten Sorgen und Zweifel dem Erwachen eines neuen Tages.

Am nächsten Tag, dem 19. Juni, gingen die Kinder in banger Erwartung wieder zum Hohlweg (la calleja, gesprochen: caljecha) und beteten dort den Rosenkranz. Der Engel kam nicht. Kam er vielleicht deshalb nicht, weil einige Buben sie aus einem Maisfeld heraus verspotteten und mit Steinen bewarfen, oder was war sonst der Grund? Traurig waren sie und zugleich ratlos. „Warum ist der Engel nicht gekommen?", fragten sie ihre Lehrerin mit kindlicher Enttäuschung. „Zweifellos, weil es zuviele Wolken gibt," antwortete diese leichthin. In ihrem Inneren aber war sie erschrocken über die außerordentliche Enttäuschung der Kinder, die ihr zu einer Bestätigung für die Wahrheit der Erlebnisse der Kleinen vom Vortag wurde.

Am Abend des 20. Juni begaben sich die Mädchen wieder zu jener Stelle im Hohlweg. Aniceta González, eine resolute und

Aniceta González,
die Mutter von Conchita.

31

scharf denkende Frau, Mutter von Conchita, ließ ihre Tochter nur ungern dorthin gehen. Sie fürchtete den Spott, der sich in ihrer Umgebung bereits mit schadenfrohem Lachen bemerkbar machte. Andächtig beteten die vier Kleinen den Rosenkranz, begleitet von einem hin und her schwankenden Gefühl zwischen der Erwartung der Erscheinung und der Enttäuschung über deren Ausbleiben. Der Rosenkranz war zu Ende und sie schickten sich gerade an, mit bedrückten Mienen wegzugehen; doch „plötzlich," sagte Conchita „sahen wir ein strahlendes Licht, das uns den Weg versperrte." Geblendet, leicht zitternd und von Schreck erfüllt, blieben sie stehen, bis es vor ihren Augen wieder verschwunden war.

Bis zum 21. Juni hatte sich das Vorgefallene bereits in der ganzen Gegend herumgesprochen, und die Vier liefen wieder in sehnsüchtiger Erwartung um dieselbe Stunde zum Hohlweg, begleitet von einer Gruppe Neugieriger. Nach dem andächtig gebeteten Rosenkranz wurde ihre Sehnsucht gestillt: Wieder erschien ihnen der Engel. Die Anwesenden bemerkten eine auffallende Veränderung ihrer Haltung. Auf den Gesichtern der Kinder lag auf einmal ein durchscheinender Glanz von verklärter Schönheit. Ihre Mienen waren erfüllt von tiefem Glück. Sie schienen in diesem Zustand völlig von ihrer Umgebung und der Außenwelt abgeschnitten zu sein und warfen ihre Köpfe mit Blickrichtung zum Himmel weit zurück. Eines lächelte, ein anderes fragte den Engel, wie Pfarrer Don Valentin es ihnen aufgetragen hatte, doch der Engel antwortete offenbar nicht, wie aus den Reaktionen der Kinder abzuleiten war. Die Spötteleien aber hörten bei den Anwesenden schlagartig auf, als sie diese vier Kinder in dieser Situation sahen. Sie fühlten sich vom außergewöhnlichen Zustand der vier Mädchen erfaßt und bekamen Furcht vor dem, was sie als Zeugen erlebten. Am 22., 24. und 25. wiederholte sich die Erscheinung und der außergewöhnliche Zustand der Mädchen, den man Ekstase nennt. Trotz all ihrem Fragen sprach der Engel aber bis dahin noch nicht zu ihnen. Er lächelte ihnen nur zu und zog sie durch die Außerordentlichkeit seiner Anwesenheit mit einer beglückenden und unwiderstehlichen Kraft in seinen Bann.

Wie von einer unsichtbaren Kraft gezogen, die wie unabwendbar über die menschliche Sehnsucht nach einem Erlebnis weit hinaus-

◁ *Der Hohlweg und der Apfelbaum im Garten des Lehrers.*

Eine Gedenktafel am Hohlweg, angebracht von Garabandal-Freunden zur Erinnerung an die erste Erscheinung des Erzengels St. Michael am 18. Juni 1961, etwas oberhalb der Stätte der Erscheinung. Davor ist der Stein aufgestellt, auf dem der Engel gestanden hat.

geht, gingen die Kinder auch an den folgenden Tagen zur calleja; doch die Erscheinung wiederholte sich nur am 27. und 28. Juni, dem Dienstag und dem Mittwoch.

Am Samstag, dem 1. Juli wurden die vier Mädchen bereits von einer großen Menschenmenge zur calleja begleitet, die dort mit ihnen den Rosenkranz in der bangen Erwartung beteten, Zeugen eines Geschehens zu werden, das von außen kam und das sie in keiner Weise selbst beeinflussen konnten. Als die Erscheinung begann, sahen alle fassungslos die von einem übernatürlichen Glanz erfüllten Gesichter und die veränderte außerordentliche Haltung der Kinder. Zwei Stunden dauerte diese Ekstase an. Dieses Mal sprachen die Kinder mit einer für die Umstehenden unsicht-

Die Statue des hl. Erzengel Michael in der Dorfkirche von Garabandal, in der Gestalt eines römischen Centurion als Bezwinger des Drachens.

baren Persönlichkeit. Es war der Engel, wie man zunächst vermutete und danach bestätigt bekam, und er kündigte für den nächsten Tag, den Sonntag, den 2. Juli 1961, das Kommen der Heiligen Jungfrau Maria an. Der Engel nannte ihnen den Ort, wo sie zu ihnen kommen werde. Er beantwortete auch die Frage nach seinem Namen und die Frage, die im Auftrag Don Valentins von den Kindern an ihn gestellt wurde.

Nach der Ekstase meinten die Kleinen, das Ganze habe doch nur zwei Minuten gedauert. In ihrem Empfinden schienen sie von Ort und Zeit vollkommen losgelöst gewesen zu sein.

Wie in Fatima hatte ein Engel die von Gott ausersehenen Kinder seiner Wahl und Gnade auf die Erscheinung der Heiligen Jungfrau Maria vorbereitet. Dort nannte er sich „Engel des Friedens", in Garabandal sagte er, daß er der „Erzengel Sankt Michael" sei.

... *Kaum waren die Kinder vor der nacheilenden Menge dort angekommen, fielen sie auch schon auf die Knie und fühlten sich umgeben von einem wunderbar lichtvollen Glanz* ...

Unsere Liebe Frau vom Berge Karmel in Garabandal

Sonntag, der 2. Juli 1961

Bis weit in die ganze Provinz hatte sich die Ankündigung der Erscheinung der Jungfrau Maria verbreitet, und es kam eine große Menschenmenge nach Garabandal. Unter ihnen auch etwa ein Dutzend Priester und auch einige Ärzte. Auch Beamte der Guardia Civil mischten sich unter dem Vorwand, für Ordnung sorgen zu müssen, unter die Anwesenden. Sie gingen, den Kindern folgend, zu jenem Ort im Hohlweg, den man das Viereck, el cuadro, nennt, der den Mädchen am Tag zuvor vom Engel genannt wurde. Dieser Ort bot den Anwesenden etwas mehr Platz, so daß viele von ihnen auch von den erhöhten Standorten die Kinder gut sehen konnten, ohne Angst haben zu müssen, sie dabei zu erdrücken oder selbst erdrückt zu werden.

Kaum waren die Kinder vor der nacheilenden Menge dort angekommen, fielen sie auch schon auf die Knie und fühlten sich umgeben von einem wunderbar lichtvollen Glanz. Sie sahen vor sich eine über alles schöne Dame, begleitet von zwei Engeln, je einer zur Rechten und einer zur Linken. Einen davon erkannten sie als St. Michael, den anderen kannten sie nicht, doch: *„Sie glichen sich wie Zwillingsbrüder"*, schrieb Conchita später in ihrem Tagebuch. Die vier Mädchen unterhielten sich ausgiebig mit der allerseligsten Jungfrau Maria, und das in so vertrauensvoller Offenheit und unverbildeter Natürlichkeit mit ihren einfachen Worten, als sei sie eine ihnen ganz nahestehende Person, der sie unbegrenzt vertrauten. Sie erzählten ihr nacheinander von den kleinen Vorkommnissen aus ihrem ländlichen Alltag. *„Wir sagten ihr, daß wir auf das Feld gehen, daß wir ganz braun gebrannt sind und daß wir Heuhaufen machen mußten, und sie, sie lächelte dazu …"*, schrieb Conchita später in ihr Tagebuch. Es scheint aber auch, daß die Identität des Erzengels sie dabei sehr beschäftigte, denn Conchita sagte *„Ich habe auch einen Bruder, der Michael heißt, aber ohne ‚Sankt'"*. Diese Bemerkung, zu der Erscheinung gesprochen, löste Lachen bei den anderen drei Mädchen aus.

Die Umstehenden konnten die Worte der leise sprechenden Kinder gut hören und schlossen aus ihren Fragen und Antworten auf das, was jeweils Gegenstand der wundersamen Unterhaltung war. Was Menschen zur Heiligen Jungfrau Maria sagen können, die ihnen

Von links nach rechts: Marie-Loli, Conchita, Jacinta, Marie-Cruz. Ganz links zu erkennen ist Juan González Gómez, der heute der Pfarrer von Garabandal ist.

offensichtlich zuzuhören scheint, und was sie mit Ihr sprechen, – die ansonsten nur mit inniger Sehnsucht betend und bittend angerufen werden kann –, und mit eigenen Ohren die Stimmen Ihrer Gesprächspartner mithörend zu verfolgen und dabeizusein: Das überforderte die Erlebnisfähigkeit vieler Umstehenden. Begeisterung und Zweifel, Beglückung und menschliche Ohnmacht wurden zur Marterspirale des zum Platzen gespannten Bewußtseins vieler Anwesenden. Was für ein Glück, was für eine Sehnsucht, was für eine Chance, was für eine Hoffnung, und das in San Sebastián de Garabandal! – Heilige Maria, bitte für uns arme Sünder, jetzt und in der Stunde unseres Todes. Amen. – Was aber sind das für Kinder? Warum gerade sie? Warum hier? Warum, warum? Täusche ich mich? Ist das vielleicht …, nein, es ist so. Ich sehe es ja mit eigenen Augen. Die Kinder. Ihre Haltung. Ihre Gesichter. Ihre Worte zur …, ja, sie reden: zu wem? Warum höre ich die Antwort nicht auch, warum hören sie nur die vier Mädchen, warum nur sie? Heilige Maria, höre doch auch mich, höre meine Bitte, sieh meine Not! Heilige Maria. Das war die Situation der Anwesenden und die menschlich erdrückende Enge der Menschenmenge wurde für viele zur beglückenden Nähe zur alles vermögenden Fürsprecherin am Throne ihres Göttlichen Sohnes Jesus. Für andere schlug das Gewissen und löste durch die Gnade Gottes den Vorsatz zur Umkehr aus, wie später Don Valentin zu berichten wußte.

Die Himmlische Mutter sprach an diesem Tag sehr viel und lange mit den Kindern, gerade so, als sei sie ihre leibliche Mutter. Die Unterhaltung war, soweit es die Kinder betraf, von ehrfürchtiger Offenheit und zugleich vertrauensvoller Direktheit geprägt. Die Umstehenden konnten ja die Worte der Mädchen gut hören, auch wenn sie nur leise sprachen, denn es herrschte gespannte Stille unter den Anwesenden. An ihren Antworten konnte man ja erkennen, wovon gesprochen wurde, denn die Stimme der Erscheinung war nur für die vier Mädchen hörbar. Die Worte der Erscheinung aber öffneten Quellen unaussprechlichen Glücks in den Herzen der vier Sehermädchen, aus denen für diese unter den danach einsetzenden rücksichtslosen Fragen und Zudringlichkeiten das klare Wasser unbegrenzten Vertrauens auf die Jungfrau (la virgen), wie sie sie nannten, sprudelte.

Das war der denkwürdigste Tag im Leben dieser vier Kinder und sie waren erfüllt von einem Glück, das mit irdischen Freuden nicht vergleichbar ist. Mit Tränen in den Augen wurden sie tagsdarauf von der Lehrerin umarmt. Hatte sie doch, wie so viele andere auch, unmittelbar miterlebt, was ihren kleinen Schützlingen geschehen war. Zugleich aber war es der Beginn einer neuen Beziehung Gottes zu den Menschen, der Maria als Königin der Propheten eine neue Seite im Ablauf seiner Geschichte mit den Menschen aufschlagen ließ. Eine Vielzahl von Erscheinungen schloß sich in den folgenden Jahren daran an. Die Anliegen Mariens waren von so großer Bedeutung, daß nur ein einziger Besuch von ihr in der Flut der täglich auf die Menschheit einströmenden Reize und Nachrichten schnell aus dem Bewußtsein gespült worden wäre. So ist es der Güte Gottes zu danken, daß ihr so viel Zeit eingeräumt worden ist, um mit uns zu sprechen durch die Zeugnisse der Seherkinder von Garabandal.

Die vier Seherinnen beschrieben die sehr schöne Dame so: „*Sie trägt ein weißes Kleid, einen blauen Mantel und eine Krone von goldenen Sternen, die wie spitze Kristalle funkelten. In ihren feinen und*

Die Himmlische Mutter sprach an diesem Tag sehr viel und lange mit den Kindern, ... Unmittelbar vor den Kindern, mit Brille, erkennt man links auf dem oberen und unteren Bild wieder den heutigen Pfarrer von Garabandal im Kreise staunender Priester und Theologen. Auf dem Bild oben, ganz rechts Aniceta, die gestrenge Mutter Conchitas.

schmalen Händen hält sie ein braunes Skapulier, es sei denn, daß sie das Kind in den Armen hält. Langes kastanienbraunes Haar hat sie mit einem Scheitel in der Mitte. Ihr Gesicht ist oval mit einer feinen Nase, einem hübschen Mund und die Lippen sind ausgeprägt. Ihr Alter beträgt etwa 18 Jahre und sie ist eher groß. " Sie sprachen außerdem von dem unnachahmlich wohltuenden Klang ihrer Stimme. „Niemand hat eine Stimme wie sie, " pflegten sie zu sagen. Die Personen der Erscheinung standen immer mit dem Gesicht zu den Kindern gewandt. Sie wechselten den Standort ohne die Füße zu bewegen, blieben aber immer den Kindern zugewandt. Die überaus schöne Dame stellte sich ihnen als ‚Unsere Liebe Frau vom Berge Karmel' (Nuestra Señora del Carmen) vor. Bei der ersten Erscheinung kündigte sie auch schon eine Botschaft an, und die Kinder erkannten bereits, daß ihr diese ein besonderes Anliegen und ein Grund ihres Kommens war.

Zuerst reichten die Kinder die Gegenstände der Erscheinung zum Kuß, danach einem Anwesenden, der ihnen von der Heiligen Jungfrau bezeichnet wurde. Dabei blieb ihre Blickrichtung immer zur Erscheinung gerichtet und mit unbedingter Sicherheit fanden sie, ohne ihre eigenen Sinne zu gebrauchen, die von der Erscheinung bezeichnete Person. Eine menschlich nicht erklärbare Handlungsweise, die vielen unter den Anwesenden zum Glauben an die tatsächliche Gegenwart der Gottesmutter verhalf. Ärzte und Psychologen konnten die Möglichkeit einer subjektiven Manipulation durch die Kinder, wie im Bericht der bischöflichen Prüfungs-Kommission unberechtigt behauptet wurde, absolut ausschließen.

Die Anrufe vor den Erscheinungen

Schon schnell hatte man bemerkt, daß die Kinder wie von einer unsichtbaren Kraft pünktlich zum Erscheinungsort gezogen wurden.
Zunächst war das rätselhaft, bis sie selbst ihren Eltern gegenüber von
„Anrufen" sprachen, an denen sie erkannten, daß ihnen eine Erscheinung bevorstand. Schon am Montag nach der ersten Erscheinung, so können wir es aus den Aufzeichnungen von Conchita entnehmen, geschah das. *„Wir haben unseren Eltern gesagt, was die
Anrufe waren, und sie zeigten sich erstaunt: Sie hatten noch nie etwas Ähnliches gesehen oder gehört!"* Es war zweifellos nicht leicht
für die kleinen Mädchen mit ihrem einfachen Wortschatz, den Erwachsenen die Art der Anrufe zu erklären. In Conchitas Tagebuch
lesen wir dazu: *„Als (am Montag) die Stunde der ersten Erscheinung
vom Sonntag näher rückte und weil unsere Eltern uns schon mehr
glaubten, sagten sie zu uns: ‚Ihr müßt gehen und den Rosenkranz im
cuadro beten.' Darauf antworteten wir: ‚Man hat uns noch nicht
gerufen.' Und sie überlegten und sagten dann: ‚Wie? Euch gerufen?'
Und wir haben ihnen dann erzählt, daß es wie eine innere Stimme ist:
Wir hören sie nicht mit den Ohren; wir hören keineswegs unsere
Namen rufen. Es ist eine ‚FREUDE'".*

Pater Eusebio Garcia de Pesquera OFM führt in seinem Buch dazu
aus: *»Da Conchita uns nicht zu sagen vermag, was diese Anrufe sind,
deutet sie uns einige ihrer Wirkungen an. Wir befinden uns vor
einem Fall von direkter Verbindung von Gott zur Seele ohne Vermittlung von Zeichen und Sprache. Unter der Einwirkung des göttlichen Wehens, das sie überfällt, ist die Seele von Licht, von Gewißheit, von freudiger Empfangsbereitschaft im Hinblick auf Gott oder
die Heilige Jungfrau erfüllt, die sie ruft.«*

Conchita aber fährt in ihrer Beschreibung fort: *„Es gibt drei Anrufe:
Der erste ist eine sehr schwache Freude, der zweite ist schon ein wenig stärker, aber beim dritten sind wir sehr erregt, und wir werden
von Freude ganz durchströmt, und dann ist die Erscheinung da! Wir
brechen beim zweiten Anruf auf; denn wenn wir beim ersten Anruf
aufbrechen, müssen wir manchmal sehr lange warten, weil sehr viel
Zeit zwischen dem ersten und dem zweiten Anruf vergeht."*

„Nach dieser Unterhaltung (mit den Eltern) *hatten wir einen Anruf,
und wir haben ihn ihnen* (den Eltern und Umstehenden) *mitgeteilt.*

Wir vier waren beisammen, und es gab viele Leute; solche, die nicht daran glaubten, ... sagten zu Don Valentin, dem Pfarrherrn: ‚Warum nicht zwei von ihnen ins Haus von Loli und die beiden anderen ins Haus von Conchita setzen?' Und Don Valentin sagte: ‚Das ist eine gute Idee'" Die Eltern erlaubten es und so wurde es also gemacht. Loli und Jacinta bei Loli zu Hause und Marie-Cruz und Conchita bei Conchita zu Hause. „*Eine halbe Stunde später hatten wir den zweiten Anruf ... dann fanden wir uns alle vier zu gleicher Zeit im cuadro ein, und die Leute waren erstaunt.*" Dabei muß ergänzend bemerkt werden, daß die Kinder weder eine Uhr noch den Zugang zu einer Uhr gehabt hatten und von den Erwachsenen auch absichtlich nicht über die Zeit informiert wurden.

„*Im Augenblick, als wir im cuadro ankamen, erschien uns die Heilige Jungfrau mit dem Jesuskind, aber die Engel waren nicht da. Die Heilige Jungfrau lächelte sehr, ebenso das Jesuskind; ...*".

Die Art und Dauer der Erscheinungen

Später sprach man davon, daß die Allerseligste Jungfrau Maria in Garabandal über lange Zeit hin bei den Kindern und mit ihnen in Garabandal gelebt habe. So oft kam sie in den ersten beiden Jahren, manchmal mehrmals am Tage und auch bei Nacht. Schon bald erschien sie ihnen nicht nur im cuadro, sondern auch in den Häusern, auf den Gassen, sie ging mit ihnen durch das Dorf, besuchte mit Ihnen zusammen Kranke in den Häusern, oder sie ging mit ihnen zum Friedhof, um sie dort aufzufordern, für die Verstorbenen zu beten. Oft aber ging sie mit ihnen in die Kirche vor das Allerheiligste, um Jesus zu besuchen im Allerheiligsten Sakrament, bis es den Kindern auf Geheiß des Bischofs verboten wurde, die Kirche zu betreten. Pfarrer Don Valentin mußte die Kirche verschlossen halten. So kam es zu eindrücklichen Ekstasen an der verschlossenen Kirchentür. Besonders oft aber erschien sie ihnen bei einer Baumgruppe von Kiefern auf einer Anhöhe über dem Dorf, „los pinos" genannt, wohin der steinige Hohlweg, la calleja, hinaufführt. Maria liebte diesen Ort besonders und sie sagte einmal zu den Kindern: *„Dieser Ort ist heilig, denn Gott liebt diesen Ort".*

Dazu sei kurz bemerkt, daß diese Bäume einmal am Weißen Sonntag von den Kommunionkindern des Dorfes anläßlich ihrer Erstkommunion gepflanzt worden sind. Jedes Erstkommunionkind pflanzte dort einen Baum, symbolisch für sein Leben. Das berichtete Aniceta González und sagte, daß es eine Idee des längst verstorbenen Großvaters von Conchita gewesen sei.

Die Visionen fanden häufig für alle vier gemeinsam statt, aber es kam auch vor, daß nur dem einen oder dem anderen Mädchen allein eine solche zuteil wurde. Die Ekstasen konnten mehrere Stunden, aber auch nur wenige Minuten dauern. Zu beobachten war jedoch, daß die kleinen Visionäre dabei jegliches Zeitempfinden vermissen ließen, denn sie bettelten auch nach langen Erscheinungen von zwei Stunden und mehr: *„Oh, Ihr wollt schon gehen? Ihr seid ja nur eine kleine Minute hier gewesen ... Wartet doch noch ein klein wenig!"* Gewissermaßen als Trost ließ sie dann die Heilige Jungfrau in einer "großen Freude" zurück, die den lebhaften Drang ihre Fehler zu

◁ *Die vier Mädchen in normalem Zustand, Conchita, Marie-Cruz, Jacinta und Marie-Loli in der Küche von Aniceta González, unbeschwert, offen und fröhlich.*

Zuweilen sah man bei den Kindern ernste Gesichtszüge. Conchita und
Marie-Cruz.

bekämpfen und den Entschluß, ihren Eltern besser zu gehorchen, beinhaltete. Eine im Hinblick auf den Ursprung der Geschehnisse bemerkenswert positive Auswirkung auf das Wesen und das Verhalten der Visionäre in dem durch sie danach ausgeübten Gehorsam.

Als es für die Umstehenden feststand, daß die Kinder während der Ekstasen jeglicher Beeinflussung entzogen waren, versuchte man sie zu irgendeiner Reaktion zu bringen. Man stach sie mit Nadeln bis zu einigen Zentimetern tief oder hielt eine brennende Kerze unter die kleinen Arme; man blendete sie mit starken Lampen von 1000 Watt nur wenige Zentimeter vor ihren Augen. Dabei zuckten sie nicht einmal mit den Wimpern. Einige Male versuchten starke Männer die kleinen Körper vom Boden aufzuheben. Trotz großer Kraftanstrengung gelang es ihnen nur um wenige Zentimeter, denn sie schienen wie angewurzelt zu sein. Wenn sie das betreffende Kind losließen, krachte es gut hörbar mit den Knien auf die Steine, so daß die Umstehenden von schmerzhaftem Grausen und von der Furcht ergriffen wurden, dem Kind könnte ein Schaden zugefügt worden sein. Aber alle diese Manipulationen hinterließen jeweils keinerlei Folgen.

Wenn man die Seherkinder danach befragte, so wußten sie nichts davon und konnten sich nicht daran erinnern, daß ihnen solches widerfahren wäre. Die Einstiche sah man zwar auch hinterher noch, aber sie waren für die Kinder völlig schmerzfrei und blieben es auch. Conchita erzählte dem Autor einmal davon und sagte: „Ich sah an meinem Oberarm mehrmals kleine Stichwunden und wußte lange nicht woher sie kamen, bis mir meine Mutter sagte ‚Der gewisse N.N. hat dich dort während der Erscheinung (aparición) mit einer Nadel gestochen, er hat es mir gesagt, damit ich mich nicht beunruhigen soll wegen dieser kleinen Wunden.' Ich habe davon jedenfalls nichts bemerkt".

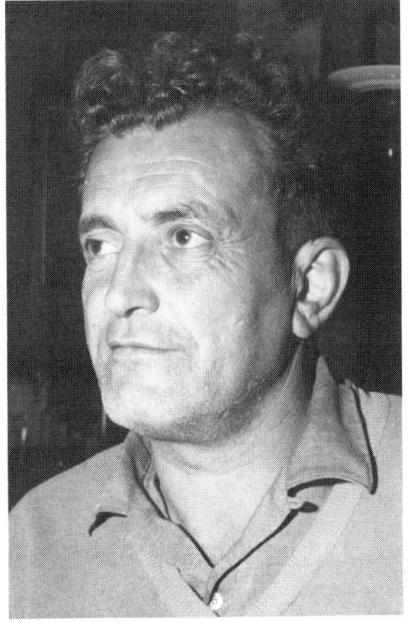

Ceférino Mazón,
Vater von Marie-Loli.

Oft aber ging die Heilige Jungfrau mit ihnen in die Kirche vor das Allerheiligste, wie bei dieser Erscheinung auch.

Die Eltern von Marie-Loli waren in einer Winternacht einmal sehr besorgt um ihr Kind, daß es sich erkälten würde, als es nur mit dünner Bettbekleidung in Ekstase aus dem Haus lief und einer langen Erscheinung der Gottesmutter gewürdigt wurde. Der Vater lief ihr nach und stand selbst frierend die ganze Zeit neben ihr. Er faßte das Kind immer wieder an. Es war bettwarm. Als sie ins Haus zurück kehrten war sie immer noch bettwarm, keine Spur von Kälte war an ihr zu bemerken. Das berichtete der Vater von ihr, Ceférino Mazón, dem Autor persönlich und versicherte, daß er das ja selbst an ihr überprüft habe. Während der Ekstasen waren die Sinne der kleinen Sehermädchen für das natürliche Leben wie ausgeschaltet, sie waren aber wie geöffnet gegenüber der Erscheinung. Ihre Erinnerung bezog sich für die Zeit der Ekstasen ausschließlich auf das Geschehen

... *so kam es zu eindrücklichen Ekstasen an der verschlossenen Kirchentür. Jacinta, Conchita und Marie-Loli.*

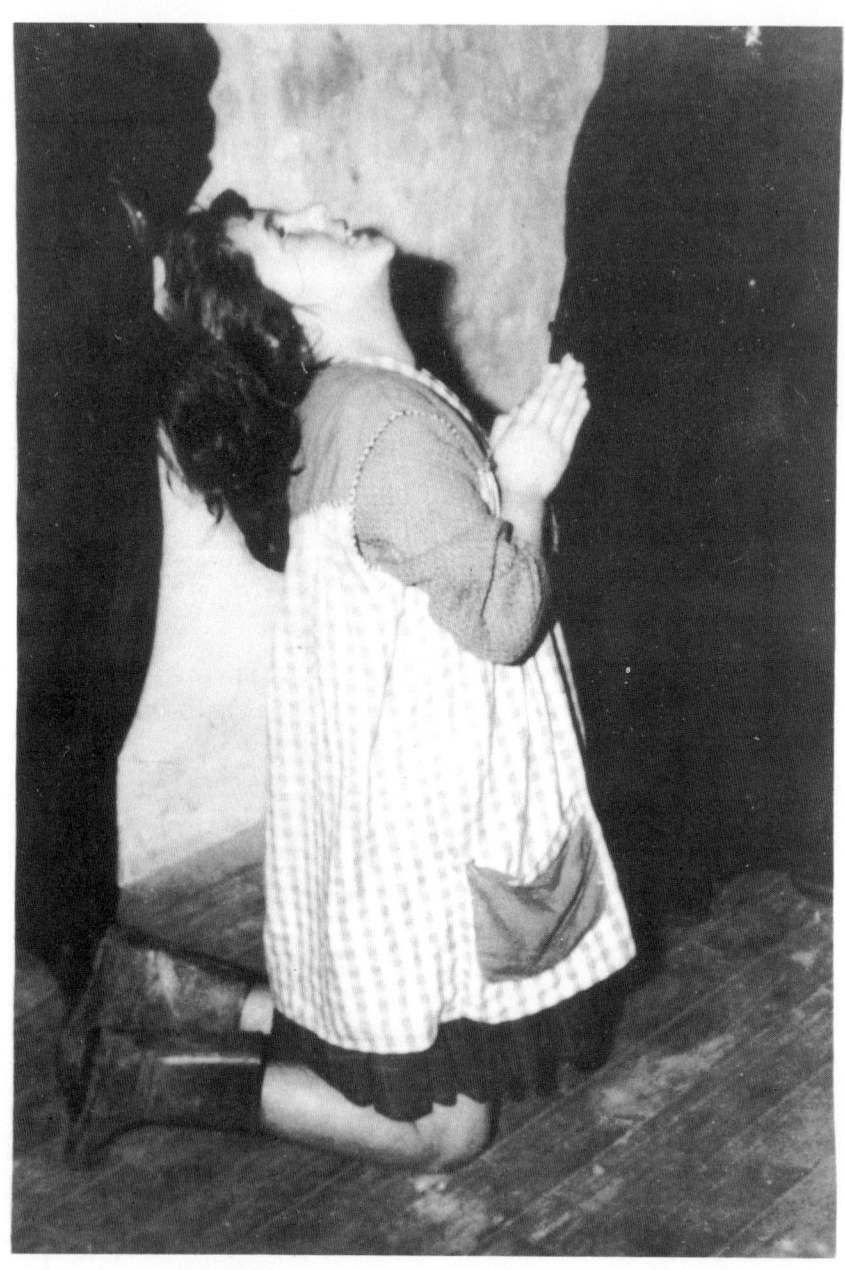

Marie-Loli in Einzelekstase, vermutlich in ihrem Elternhaus.

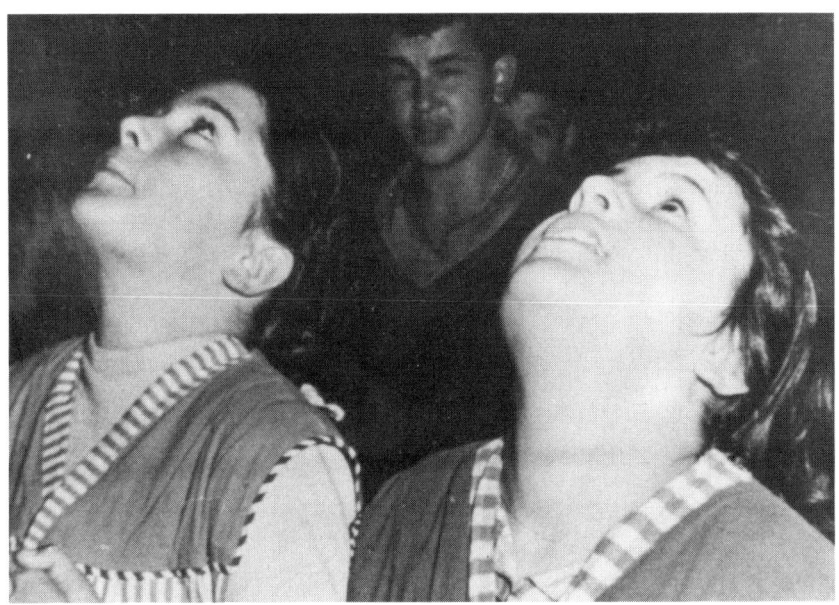

Jacinta und Marie-Loli in Ekstase.

der Vision und nicht auf das, was um sie herum geschah. Sie waren jeweils wie losgelöst, physisch und psychisch, von der um sie herum existierenden Wirklichkeit und wie eingetaucht in die transzendente Wirklichkeit der ihnen widerfahrenen Erscheinung. Ihr Zustand war für die Umstehenden und oft prüfend kritischen Anwesenden dafür ein nicht zu leugnender Beweis.

Des öfteren betete die Erscheinung auch mit ihnen und sie lehrte die Kinder mit Andacht und Innerlichkeit zu beten. Davon zeugen beeindruckende Tondokumente. Ganz langsam und ehrfürchtig wurden das ‚Vaterunser' und die ‚Gegrüßet seist du, Maria' gebetet, wobei die Heilige Jungfrau nur das ‚Vaterunser' mitbetete. Sehr oft führten die Kinder auf Geheiß der mütterlichen, unwiderstehlich schönen Frau ein Kreuz zu den Lippen dieser oder jener Person. Das geschah mit traumwandlerischer Sicherheit und oft ohne daß sie sich zu dieser Person umdrehten oder sie anblickten. Ihr Blick blieb dabei zumeist auf die Erscheinung gerichtet und ihre Hand bewegte sich, wie unsichtbar geführt, zielsicher zum Munde der betreffenden Person, die so zur Verehrung des Kreuzes und zum Kuß desselben aufgefordert wurde. In gleicher Weise gaben sie so auch Gegenstände

51

zurück, die ihnen von bestimmten Personen vor der Ekstase gegeben wurden. Dabei konnten sie nicht wissen, wo diese Personen während der Erscheinung standen. Zu Verwechslungen kam es dabei aber niemals. In dieser Geste kam für viele der Betroffenen zum Ausdruck: Nimm dein Kreuz an und trage es meinem Sohn Jesus nach, so wie ich, eure Mutter, das Kreuz meines geliebten Sohnes mit schmerzendem Herzen in der Ergebenheit in den Willen des Vaters in Liebe mit ihm bis nach Golgatha getragen habe.

Maria ging stets auf die kleinen Dinge des einfachen ländlichen Alltages der Kinder ein oder lächelte zur einen oder anderen Begebenheit, wie eine gütige Mutter, die der Begeisterung ihres kleinen Kindes mit Interesse zuhört. Einmal sagte sie zu ihnen: *„Ihr habt bei euch hier viele Dinge noch so, wie ich sie in meinem Leben auch*

Sehr oft führten die Kinder auf Geheiß der Erscheinung ein Kreuz, welches sie schon sehr bald zu den Ekstasen mit sich führten, zu den Lippen dieser oder jener Person.

„Ihr habt bei euch hier viele Dinge noch so, wie ich sie in meinem Leben auch gehabt habe", sagte die Heilige Jungfrau.
Maria González, die Mutter von Jacinta, am häuslichen Herd.

habt habe". Gemeint waren die einfachen häuslichen Verhältnisse, wie z. B. der Herd mit offenem Feuer oder die einfachen Schlafplätze aus Laub und Stroh.

Eine andere auffallende Tatsache war die der ekstatischen Gänge, manchmal rückwärts, den Kopf weit nach hinten geworfen und steil gen Himmel zur Erscheinung hochblickend. Hindernisse, wie Gräben oder große Steine, die dabei im Weg lagen, wurden mühelos, ohne auch nur einmal zu stolpern, überwunden oder umgangen, und das hin und wieder mit solch flinker Schnelligkeit, daß selbst sportlich trainierte Personen, die sie begleiteten, nur mit Mühe folgen konnten. Es schien dabei gelegentlich, daß in Anwesenheit der Heiligen Jungfrau Maria die physikalischen Gesetze der Schwerkraft aufgehoben wurden, wenn sich eines der Kinder plötzlich so vom Boden erhob, daß ein Mann seinen Spazierstock unter dessen Füßen hin und her bewegen konnte. Einmal gingen alle vier, an den Armen eingehängt, nebeneinander über die kleine schmale Brücke des Dorfbaches auf dem Vorplatz der Kirche. Während nur zwei mit ihren Füßen auf der Brücke nebeneinander gehen konnten, gingen die anderen beiden links und rechts, ohne Boden unter den Füßen zu haben, schwebend über den Bach. Das wurde von mehreren Anwesenden unabhängig voneinander beobachtet und berichtet. Auch geschah es, daß sie flach nach rückwärts geneigt und waagrecht über dem Boden schwebend, liegend, mit den Füßen den Boden berührend, gingen oder so längere Zeit verharrten. Zu beobachten war dabei, daß ihre Kleidung sich so verhielt, als ob sie aufrecht stehen würden.

Solche und noch andere außerordentliche Begebenheiten ereigneten sich zumeist dann, wenn irgendwelche Personen unter den Anwesenden waren, die entweder quälende Zweifel an der Echtheit der Phänomene und der Erscheinungen hatten oder überhaupt dadurch vom Zustand des Unglaubens in den des Glaubens gelangten. Darunter waren auch Priester, wie z. B. der Jesuit Pater Ramón Andréu.

Ein Priester stellte Conchita einmal vor die Probe: „Wenn Dir ein Engel erscheint und in demselben Augenblick ein Priester begegnet:

Ekstatischer Gang. Von links: Conchita, Marie-Loli, dahinter ihr Vater Ceférino, Marie-Cruz und Jacinta.

Rückwärtsgehend in Ekstase ohne zu stolpern Conchita links und Marie-Loli rechts. Erwachsene hatten Mühe zu folgen.

wen grüßt Du zuerst?" Nach einer kurzen Überlegung verbarg sie ih-re Unsicherheit in der Antwort: *„Das war noch nie, ich weiß es nicht."* Der Priester aber wollte die Art und Herkunft der Erschei-nung prüfen und bat sie, die Erscheinung deshalb zu fragen, was als-bald geschah. *„Die Heilige Jungfrau hat mir gesagt, daß ich zuerst den Priester begrüßen soll, denn nur er hat die Vollmacht Brot und Wein in Leib und Blut Jesu zu verwandeln. Deshalb steht er höher als der Engel".* Der fragende Priester glaubte daraufhin an die Er-scheinungen der Heiligen Jungfrau und man beobachtete, daß ihm

In dieser Haltung kam Conchita in Gegenwart von Pater Ramon Adréu in Ekstase aus der Kirche heraus und ging wieder hinein.

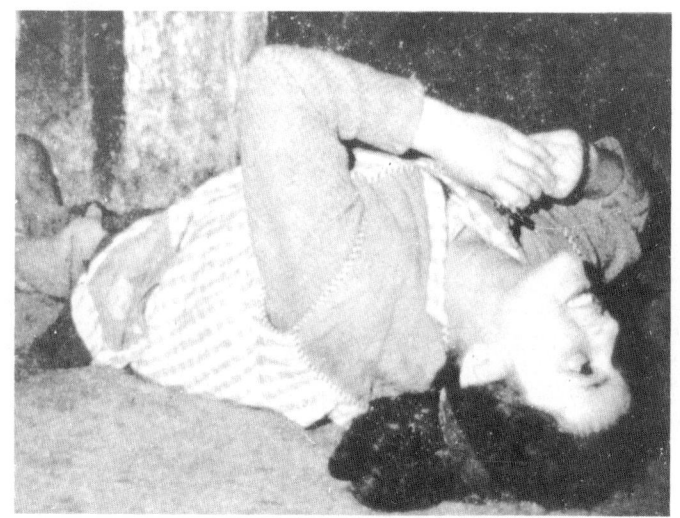

Marie-Loli rückwärts liegend in Ekstase.

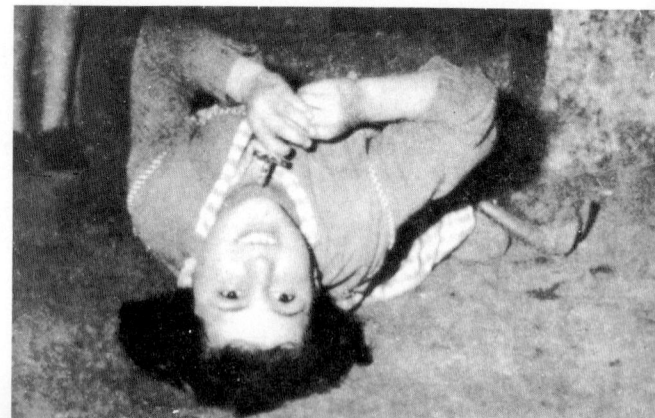

Tränen über die Wangen liefen. „Du bist ein Kind der göttlichen Gnade," stammelte er erschüttert, aber Conchita machte sich nichts daraus, sie war nur sehr glücklich darüber, daß dieser Priester jetzt glauben konnte.

Maria griff oft zu außerordentlichen Mitteln, um ihrer mütterlichen Sorge um die Bekehrung Nachdruck zu verleihen, weil für den modernen aufgeklärten Menschen natürliche Vorgänge mit natürlichen Ursachen erklärt werden können und somit zur Ablehnung dessen führen, was man ja nicht sehen kann, eben die Erscheinung. Wenngleich dadurch auch die Vision im wissenschaftlichen Sinne nicht nachprüfbar wurde, so wurden derartige Vorgänge doch zum nicht wegzuleugnenden Zeichen für die Wirklichkeit dessen, was die Kinder erlebten und sahen. Die dabei immer wieder erfahrbare Tatsache, daß auf den jeweiligen außerordentlichen Zustand der Seherkinder überhaupt kein Einfluß genommen werden konnte, ist oftmals und gründlich von vielen unabhängigen Fachleuten, wie Ärzten, Psychologen, Theologen und urteilsfähiger Intellektueller zweifelsfrei festgestellt worden. Nur überhebliche Ignoranz konnte daran achtlos vorbeigehen und behaupten, daß das suggestive Kinderträume und Spiele kleiner Mädchen seien, die mit natürlichen Mitteln zu erklären sind. Behauptungen, die übrigens die Tätigkeiten der vom damaligen Bischof eingesetzten Prüfungskommission nicht gerade von Ehrlichkeit und sachbezogener Kompetenz geprägt erscheinen lassen. Ein Faktum, das für den heutigen Bischof zum Dilemma wird, da er das Gegenteil nicht mehr beweisen kann, denn was will er prüfen? Der einzige Weg wäre eine von allen noch lebenden Mitgliedern der Prüfungskommission unterzeichnete Revidierung ihrer damaligen Prüfungsergebnisse. Aber auch dann bliebe der Zugzwang bei der nicht mehr zu rekonstruierenden Situation stehen, da die Zeit der Erscheinungen vorüber ist und kein Gegenstand der Prüfung mehr gegeben ist. Doch die Großherzigkeit des Dreifaltigen Gottes hat im Geschehen von Garabandal die Kleingläubigkeit der Menschen bereits eingeplant: Die Prophetie der noch angekündigten Ereignisse. Ihre Erfüllung wird dann der Beweis sein dafür, daß Gott der Urheber dieser Ereignisse war. Unwiderlegbar und endgültig. Wird es aber dann nicht bereits zu spät sein, wie an anderer Stelle näher ausgeführt wird?

Heute sind wir um das Bekenntnis des damaligen Leiters der kirchlichen Prüfungskommission Dr. Luis Morales Noriega reicher, der in einem vielbeachteten Vortrag im Mai 1983 im Ateneo von Santander

Dr. Luis Morales Noriega bei seinem Vortrag im Ataneum in Santander.

vor Priestern, Intellektuellen, Ärzten und einer überaus großen Zahl von interessierten Zuhörern in Gegenwart des zuständigen Bischofs von Santander über die Ereignisse von Garabandal sinngemäß sagte: „Als wir vom damaligen Bischof beauftragt wurden, die Angelegenheiten in San Sebastián de Garabandal zu prüfen, sind wir mit der vorgefaßten Absicht dort hingegangen, Gründe für die Ablehnung zu finden, die überall zu finden sind, wo man sie ernstlich sucht. ... Ich bin heute davon überzeugt, daß wir wahrscheinlich an einem der größten Gnadenerweise Gottes für unsere Zeit und die ganze Kirche achtlos vorübergegangen sind. Ich bin überzeugt davon, daß es die Allerseligste Jungfrau Maria war, die uns und damit die Kirche aufgesucht hat."

Oft mögen es die Bedürfnisse und Nöte der vielen Menschen gewesen sein, die um der Anwesenheit der Heiligen Jungfrau willen hilfesuchend nach Garabandal kamen, und von deren innerer Not und äußerer Bedrängnis ihre Anwesenheit und mütterliche Sorge herausgefordert wurde. Bekehrungen und Heilungen, Tröstungen und Hilfen in geistlicher und leiblicher Not wurden in beachtlicher Zahl bekannt. Der Glaube der jeweils Beschenkten führte sie auf das direkte Eingreifen und die Fürsprache der Jungfrau Maria zurück.

Das Geschenk der segnenden Küsse

Pater Eusebio schreibt dazu in seinem Buch: „An diesem Montag des Monats Juli, dem Tag der zweiten Erscheinung Mariens, der Königin und Mutter, stellte man nicht nur das Phänomen der Anrufe fest, sondern auch ein anderes Phänomen, von dem ich in der Kirchengeschichte kein Beispiel kenne, das aber in der Geschichte von Garabandal ganz charakteristisch ist und das ich ‚die Gnade der Küsse' zu nennen wage. "

Im Tagebuch der Conchita finden wir dazu die Zeilen: „*Man gab uns Gegenstände, damit wir sie von der Jungfrau küssen ließen, und sie küßte sie alle.* "

Im Verlaufe der Geschichte der Erscheinungen von Garabandal stößt man sehr häufig auf diese Art von Freigebigkeit der Jungfrau Maria. Es ist unmöglich hier auf alle Fälle einzugehen, aber einige Beispiele mögen diese außergewöhnliche Handlungsweise für den kritischen, nach dem Glauben suchenden Menschen verstehbarer machen.

Sogar kleine Steine, die sie zuvor gesammelt hatten, boten die Kinder der Erscheinung zum Kuß an. Eines Tages hatte eines der Mädchen einen kleinen Haufen solcher Steine vorbereitet, um sie der Erscheinung zum Kuß anzubieten. Während sie einen der kleinen Steine darreichte, hörte man die Kleine sehr deutlich sagen: „*Wie? Dieser ist schon geküßt worden? Aha! Es ist der von Andreas.* " Das berichtete Pater Ramón Andréu SJ, der es selbst miterlebt hatte. Es zeigt, daß die von Maria geküßten Gegenstände für uns unsichtbar gezeichnet sind und daß sie jederzeit von ihr erkannt werden.

Ein kleiner Stein hat keinerlei Wert in sich, aber von der Jungfrau Maria geküßt wird er zu einer unschätzbaren Kostbarkeit, zu einer Brücke zu ihr, der fürbittenden Allmacht. Die Muttergottes dehnte die Wirkung ihres Kusses sogar noch auf jene Gegenstände aus, die mit Glauben und im Vertrauen in der Absicht, die Verheißungen ihres Kusses weiterzugeben, an den von ihr geküßten Gegenständen berührt werden.

Aber die Heilige Jungfrau küßte nicht nur Steine, einfache Steine mit dem Klang biblischer Symbolhaftigkeit, sie küßte besonders auch

Jacinta reicht unter aufmerksam prüfender Beobachtung zweier Theologen der Heiligen Jungfrau einen Rosenkranz zum Kuß.

unzählige Medaillen, Rosenkränze, Kreuze, Bildchen und Eheringe. Gleicherweise küßte sie auch Gegenstände, die anderen Anwesenden für die Lippen der Jungfrau Maria sehr unwürdig erschienen. Eines Tages erwartete Conchita, umgeben von zahlreichen Personen, in ihrer Küche die Erscheinung. Auf dem kleinen von der Wand abklappbaren Tisch häuften sich die Gegenstände, die sie zum Kuß darreichen sollte. Ein Mann stellte dort eine hübsche Puderdose dazu. Conchita und die Umstehenden wollten ihn daran hindern, in der Meinung, daß die heilige Jungfrau keinen Gegenstand küssen werde, der zur menschlichen Eitelkeit gebraucht wurde. Die Puderdose blieb aber stehen zum Verdruß einiger besorgter Anwesender.

Der Augenblick der Ekstase war gekommen und die Umstehenden sahen mit Überraschung, wie die Hand der Seherin sich zuerst und ohne zu zögern zu der Puderdose wandte, sie ergriff und sie zur Erscheinung emporhob. Mit größter Ehrfurcht setzte Conchita sie zurück auf den Tisch. Die Anwesenden werden wohl in diesem Augenblick von Zweifeln geplagt gewesen sein, ob es tatsächlich die Allerseligste Jungfrau Maria war, die da erschien, oder ob es sich um einen Spuk des Teufels handeln könnte, der sich dem Gegenstand menschlicher Eitelkeit zuerst zuwandte. Unmittelbar nach Beendigung der Ekstase befragte man Conchita sofort deswegen. Sie erklärte, daß die Heilige Jungfrau ohne zu Zögern von ihr zuerst diese Puderdose verlangt habe, indem sie sagte: „Das ist etwas von meinem Sohn." Conchita wußte nicht mehr darüber zu sagen, aber derjenige der sie hingestellt hatte, enthüllte den Anwesenden, daß diese Puderdose im Bürgerkrieg in der roten Zone, in der die Priester verfolgt wurden und sich verstecken mußten, dazu diente, die Heiligen Gestalten zu einigen zum Tode verurteilten Gefangenen zu bringen. Die unwürdig scheinende Puderdose hatte als Hostienbehälter ihrem Göttlichen Sohn gedient. Sie wurde darüber hinaus für deren Eigentümer und auch für die Umstehenden zum Beweis, daß hier die Mutter dessen anwesend war, dessen Gegenwart diese Puderdose in den heiligen Hostien einmal umschlossen hatte.

Eine oft festzustellende Tatsache war, wie bereits im vorigen Kapitel angedeutet, daß sich die Mädchen trotz der großen Zahl von Gegenständen bei der Rückgabe an ihre jeweiligen Besitzer während der Ekstasen niemals irrten, auch wenn sie diese nicht sehen konnten oder diese absichtlich ihren Standort gewechselt hatten. Wenn sie Gegenstände zurückgaben, behielten sie immer die Blickrichtung zur Erscheinung bei. Für alle Anwesenden war jeweils gewiß, daß eine unsichtbare Person die Kinder bei diesen Handlungen führt und ihnen dazu die Anweisungen geben mußte. Anders ließe sich solches Verhalten auf keine Weise erklären.

Von außerordentlichen Gnadenerweisen und Heilungen berichtet man, auch wenn diese in der Mehrzahl weder aufgezeichnet noch überprüft worden sind. Sie wurden in dem Augenblick erlangt, in dem die Gegenstände der Erscheinung gereicht wurden oder während sie den Eigentümern zurückgegeben wurden oder aber auch später, wenn sie mit Vertrauen und unter Anrufung ihrer Fürsprache gebraucht wurden.

In den vergangenen Jahrzehnten sind eine ganze Reihe medizinisch unerklärbarer Heilungen bekannt geworden, die anscheinend darin ihre Ursache haben, daß die Betroffenen voll Glauben und Ver-

Marie-Loli reicht einen Rosenkranz zum Kuß.

trauen Hilfe und Heilung durch die Verehrung und den Gebrauch solcher von der Heiligen Jungfrau geküßter Gegenstände suchten. Das wiederum entsprach dem Rat, den sie einmal den Menschen über die Seherkinder gab: *„Die von mir geküßten Gegenstände bringt zu den Kranken und Leidenden. Mein Göttlicher Sohn Jesus wird diesen Menschen dadurch Trost, Hilfe im Leiden oder Heilung gewähren.“* Darüber hinaus versprach sie allen, daß diejenigen, die diese Gegenstände verehren und mit Vertrauen an sich oder bei sich tragen, ihren besonderen Schutz und ihre Führung erfahren werden. Zugleich aber sagte sie auch, daß sie ihnen nicht versprechen könne, dadurch ein leichteres Leben zu haben, vielmehr würden sie ihr Fegfeuer schon in der Zeit ihres irdischen Lebens durchmachen. Sie kündigte weiterhin an, daß ihr Sohn Jesus durch die Verehrung dieser Gegenstände Wunder wirken werde. [*]

Zweifellos eine ungeheure Verheißung, deren Bedeutung auf das ewige Heil der Seelen ausgerichtet ist. In der Konsequenz bedeutet es, daß sie, Maria, sich für diese Menschen in außerordentlicher Weise einsetzen will, damit sie das Ziel, das ewige Leben, erreichen. Zugleich aber bedeutet das auch, daß sie sich um den Glauben dieser Menschen kümmern will und darum, daß er diesen Menschen nicht verloren geht. Ja, sie geht sogar noch weiter, sie schafft mit der Verheißung zu den von ihr geküßten Gegenständen ihren armen glaubensschwachen Kindern eine Brücke zum Verstehen der Worte ihres Sohnes: „Habt Glauben an Gott! Wahrlich, ich sage euch: Wer zu diesem Berge sagt: Hebe dich hinweg und stürze dich ins Meer, und nicht zweifelt in seinem Herzen, sondern glaubt, daß alles geschieht, was er sagt, dem wird es geschehen. Darum sage ich euch: Bei allem, um was ihr betet und fleht, glaubt, daß ihr empfangen habt, und es wird euch zuteil werden (Mk 11,22–24)“.

Maria ist für uns das einzigartige Vorbild eines festen Glaubens ohne Zweifel, eines starken Glaubens, wie ihn Petrus nicht hatte, als er

---

[*] Wenn jemand sich danach sehnt einen Gegenstand, Medaille oder Rosenkranz, zu besitzen, der an einem von der Heiligen Jungfrau Maria geküßten Gegenstand berührt wurde im Glauben und mit Vertrauen, daß die Verheißungen Ihres Kusses übertragen werden, der wende sich an den Autor über den Verlag. Sinnvoll ist es dazu einen Gegenstand gleich mitzusenden, der dann an einer von der Heiligen Jungfrau Maria geküßten Medaille berührt wird. Hilfreich ist auch die Beifügung des Rückportos.

Viele Rosenkränze, Medaillen und Ringe gaben die Leute den Kindern vor den Ekstasen, in der Hoffnung, daß sie von der Heiligen Jungfrau Maria geküßt werden. Die Erscheinung selbst verlangte oft nach diesen Gegenständen und bekundete damit ihre Zuneigung zu den Anwesenden.

aus dem Boot auf die Wasserfläche trat, um seinem Herrn entgegen zu gehen. Der Zweifel war es, der ihn vor den Augen seines Herrn in den Fluten versinken zu lassen drohte, hätte nicht Jesus ihn ergriffen und vor dem Untergang gerettet. Bei Maria war das ganz anders: Sie glaubte ohne zu zweifeln. Von Zweifeln blieb sie verschont, da sie frei von der Erbsünde war. Elisabeth hat es vom Heiligen Geist erfüllt ausgesprochen: „Selig, die geglaubt hat, daß in Erfüllung gehen wird, was ihr gesagt worden ist vom Herrn" (Lk 1,45).

Durch ihren Kuß bindet sie sich mit ihrer Verheißung an uns, wenn wir uns mit unseren Bitten an sie wenden, und sie kommt unserem von Zweifeln geschwächten Glauben zu Hilfe mit ihrer Fürsprache, wenn wir uns in der Absicht ihrer Demut zu folgen an sie wenden. Sie ist es dann, die für uns im Vertrauen auf die Kraft Gottes bittet und unserem schwachen Glauben zu Hilfe kommt. Ihre mütterlich fürsorgliche Liebe zu uns, ihren Kindern, vermittelt uns die Gnade Gottes, von der sie selbst über und über voll ist. „Gebenedeit bist du unter den Frauen, und gebenedeit ist die Frucht deines Leibes!" (Lk 1,42).

Hinter diesen Feststellungen verbirgt sich das Geheimnis ihrer Gnadenvermittlung. Gott selbst hat ihren demütigen Glauben erkannt, den Glauben an das menschlich Unmögliche, empfangen zu haben, ohne einen Mann zu erkennen. Sie hat „ja" dazu gesagt, weil sie glaubte, weil sie vertraute, und weil sie sich zugleich vollkommen, anbetend und dienend in den Willen des Allerhöchsten ergab. So ist Maria zum Brückenpfeiler **der** Brücke geworden, über die Gott als Mensch zu den Menschen gegangen ist. Niemals wird ein anderes Geschöpf von solchem Glück erfüllt worden sein und werden wie Maria, die Jungfrau von Nazareth. In diesem Augenblick der höchsten Freude spannte sich bereits der Bogen zur Erfahrung des tiefsten Schmerzes, der ihr Herz durchdringen sollte, wenn ihr geliebter Sohn unsäglich leidend die Schuld der Welt auf sich nimmt. Zwischen ihrer unbeschreiblichen Freude und ihrem unsagbaren Leid wird die ganze Größe und Tiefe ihrer Liebe sichtbar, mit der sie zum Brückenkopf der Gnadenvermittlung für die ganze Menschheit wurde im Ozean des Verlorenseins durch die Erbsünde. Kein Leid und kein Schmerz reichen heran an ihren Schmerz, aber auch keine Freude, denn indem Gott selbst in ihr Mensch geworden ist, besaß sie IHN, der die Erfüllung, der die Liebe ist, als Ganzes. Weil in ihr das ganze Spektrum menschlicher Erfahrbarkeit Wirklichkeit wurde, sind auch kein Leid und keine Freude so groß, daß sie über den Rahmen ihres mütterlichen Mitgefühls hinausgehen könnten. Sie selbst wurde zum kostbaren Gefäß der göttlichen Liebe zu den Menschen, und so ist ihre Liebe zu den Menschen ungeteilt und ohne Grenzen. Sie wurde zur Quellmündung der göttlichen Gnade aus der die Liebe des Dreieinigen Gottes zu uns Menschen unaufhörlich fließt.

Ihr Kuß ist das Symbol dieser tiefinnigen Liebe zu uns, ihren Kindern. Zugleich aber erkennt sie uns an der Verehrung dieses liebevollen Kusses des von uns verehrten Gegenstandes und kommt uns

Marie-Cruz in ekstasischer Freude im Gespräch mit der Heiligen Jungfrau Maria, der sie soeben Gegenstände reichen will zum Kuß, scharf bewacht und beobachtet durch die Guardia Civil.

entgegen mit ihrer überaus mütterlichen Fürsorge. Aber nicht nur sie erkennt uns, sondern ihr Göttlicher Sohn Jesus erkennt uns gleichermaßen daran, denn sie sagt: „... Mein Sohn wird ... dann Wunder wirken." Übrigens auch ein lichtvoller Beweis für die in Ewigkeit andauernde innige Verbindung mit ihrem Sohn, der Gott selbst ist. So wie wir im Glauben tatsächlich über die Kraft Gottes verfügen können, wenn unser Glaube nur groß genug ist, so verfügt sie mit ihrer Verheißung, unserem kleinen Glauben durch ihre Fürsprache zuhilfe kommend, über die Kraft Gottes. Wenn wir uns also mit Bitten an Maria wenden, so ist nicht sie es, die dieses oder jenes bewirkt, sondern ihre Fürsprache ist es, mit der sie unseren kleinen unvollkommenen Glauben ergänzt und uns zu Hilfe kommt, um das Herz Gottes zu rühren und seine Kraft zu benutzen. „Wenn ihr Glauben hättet wie ein Senfkorn groß, so könntet ihr zu diesem Maulbeerbaum sagen: Nimm deine Wurzeln heraus und verpflanze dich ins Meer! Und er würde gehorchen" (Lk 17,6). Wer von uns normalen Menschen könnte von sich behaupten, daß sein Glaube auch nur so groß wie ein Senfkorn sei?

In einer nicht ganz selbstverständlichen Betrachtung dieser Zusammenhänge kann man erkennen, daß Maria neben den Nachfolgern der Apostel jetzt für uns, in menschliche Begriffe gefaßt, die Aufgaben erfüllt, die ihr Sohn Jesus zu seinen Lebzeiten seinen Mitmenschen gegenüber beim Vater erfüllt hat. Wenngleich wir auch feststellen, daß nur ganz vereinzelte Nachfolger der Apostel die Größe des Glaubens besitzen, die jenem senfkorngroßen Glauben gleichkommt; so zum Beispiel bei Menschen wie Pater Pio, der vor den Augen der ganzen Welt Wunder zu wirken im Stande war, wie sie uns im Evangelium von Jesus überliefert sind und der auf geheimnisvolle Weise auch mit dem Geschehen in Garabandal verbunden war. Wie Jesus den Vater anrief, um dieses oder jenes zu bewirken, und damit den betreffenden Wunsch eines einzelnen Menschen zu seinem eigenen machte, so ist es jetzt Maria, die sich unsere Bitte an sie zu eigen macht und Fürsprache einlegt für uns in ihrer von Gott verliehenen Stellung als Mutter seines Sohnes, weil sie ohne zu zweifeln geglaubt hat. Jesus sprach von diesem Glauben zu seinen Jüngern und machte auf diese Weise deutlich, daß sie die Größe dieses Glaubens nicht ohne weiteres besitzen. Maria aber hat die Prüfung ihres Glaubens vor dem Engel bestanden, und sie wurde von Gott ausgezeichnet und zur Mutter seines Sohnes erhoben.

Trotz alledem werden wir durch ihre Fürsprache nicht von der demütigen Annahme des göttlichen Willens befreit. „Vater, Dein Wille geschehe, nicht der meine!" Wenn nun dieser Wille, der immer unser Heil im Auge hat, besagt, daß wir dieses oder jenes Kreuz tragen sollen, so ist es bei aller Schwere das Allerbeste, wenn wir es zu tragen versuchen. Wir werden ihre Hilfe kraftvoll verspüren, je williger wir das Kreuz annehmen. Wir dürfen davon ausgehen, daß sie uns das Kreuz umso kräftiger tragen hilft, je mehr wir mit unserem Kreuz das Kreuz Jesu entlasten wollen. Das bedeutet, daß wir auch lernen müssen das Kreuz für Jesus zu lieben. Diese Zusammenhänge kommen in der Geschichte von Garabandal, die die über vierjährige Geschichte Mariens mit den Menschen ist, klar zum Ausdruck.

Es führt allerdings in diesem kleinen Buch zu weit, das nur einen kurzgefaßten Überblick über das Geschehen geben will, alle diese Zusammenhänge durch Geschehnisse in Garabandal zu belegen.

An den Beispielen, wie Maria den Umgang mit den vier Seherkindern in Garabandal gepflegt hat, erkennen wir, was für eine Mutter wir an ihr haben, obwohl sie unserem Auge verborgen bleibt. Bernhard von Clairvaux hat die Süßigkeit, mit der Maria seine Verehrung zu ihr erwiderte, erkannt und benannt. In der Geste ihres Kusses leuchtet diese Erwiderung auf. Wenn das Herz als der Ort der Güte und Liebe betrachtet wird, so ist der liebevolle Kuß Ausdruck der liebenden Innigkeit.

Wiederum verspricht sie das ewige Heil, wie bereits in Fatima. Das ewige Heil! Wer von uns kann ermessen, was das zu bedeuten hat? Ist nicht gerade das für viele von uns in einer allzu nüchternen, materiellen und wohlhabenden Zeit zu einem ungewissen und unwirklichen Wert geworden, weil wir nur zu leicht die Verpflichtungen, die aus dem Glauben an Gott erwachsen, in die Zeit des Alters aufschieben, wenn wir nicht mehr fähig sind, uns an den „unbegrenzten" Möglichkeiten des modernen Lebens zu berauschen? Wenn wir nicht mehr machen können, was wir für machbar halten. Wenn wir nicht mehr erreichen können, was wir für erreichbar halten. Wer aber kennt seine Zeit? Kann nicht die nächste Stunde schon die letzte sein? Die Stunde der Wahrheit über unser ganzes Leben. Die Stunde der Entscheidung für die ganze Ewigkeit; für immer bei Gott zu sein oder in der nicht mehr aufhörenden unerträglichen Trennung von IHM zu schmachten. Auch können wir uns bei keiner Versicherung dagegen versichern, von irgendeiner Krankheit befallen zu werden, die den Lebensspielraum entscheidend einschränkt.

Sicherlich aber sollten wir es nicht so verstehen, daß wir solche von Maria geküßten Gegenstände achtlos beiseite legen dürfen, um sie dann mit der Gewißheit, ein Patentrezept zu kennen, hervorzuholen, wenn der Schuh unserer Schuld zu drücken beginnt, in der Absicht dadurch von unbequemen Kreuzen befreit zu werden. Solche Gegenstände sind über das besondere Geschenk durch die Allerseligste Jungfrau Maria hinaus vor allem eine Verpflichtung für den, der einen solchen Gegenstand besitzt. Trotz aller menschlichen Schwäche bleibt ein von der Jungfrau Maria geküßter Gegenstand eine ständige Verpflichtung zur Umkehr und Demut. Er wird zur Brücke des Glaubens an die Kraft ihres Glaubens vor Gott, wenn sie für uns Fürsprache einlegt vor seinem Thron. Zugleich aber vermittelt ein solcher Gegenstand das Gefühl ihrer Nähe und der Geborgenheit bei ihr, der Himmlischen Mutter. Wenngleich wir auch den Kuß der himmlischen Mutter selbst nicht verspüren können, so bietet sie uns die Möglichkeit an, ihren Kuß mit Glauben und Vertrauen durch ihre Fürsprache erfahren zu können.

Die vier Mädchen in glücklicher visionärer Gemeinschaft mit ihrer himmlischen Mutter.

Marie-Loli und Jacinta.

Die erste Botschaft

Die Erscheinung am 4. Juli 1961 war von großer Bedeutung, nachdem die überaus schöne Dame ihnen am Vortag angekündigt hatte, daß sie am nächsten Tag wiederkommen werde. Unsere Liebe Frau vom Berge Karmel brachte den Kindern die Botschaft mit, von der sie zu ihnen schon bei der ersten Erscheinung gesprochen hatte. Und das geschah so:

Als die Kinder im cuadro, im Hohlweg, angekommen waren, fielen sie, wie an den Vortagen auch schon, unmittelbar auf die Knie. Dieser Fall mit den Knien auf die harten Steine bereitete den Zeugen wiederum schmerzhaftes Grausen, weil man meinte, die zarten Knochen der Kinder seien dadurch gebrochen. Doch weder äußerliche, noch innerliche Spuren von diesem „Hinfallen" auf die Knie wurden bei den ekstatischen Kniefällen damals und auch später durch Ärzte festgestellt.

Im selben Augenblick erschien ihnen auch schon die über alles schöne Frau und lächelte sie mütterlich an. Begleitet wurde sie wiederum von einem Engel, in dem die Kinder den schon bei der ersten Erscheinung anwesenden „Zwillingsbruder" des Erzengel Sankt Michael erkannten. Er hatte eine Tafel mit Schriftzeichen bei sich, die den Kindern unbekannt und unverständlich waren. Sogleich aber fragte die Heilige Jungfrau die Kleinen: *„Wißt ihr, was die Schrift bedeutet, die der Engel bei sich hat?".* Sie riefen wie mit einer Stimme: *„Nein, wir wissen es nicht."* Darauf sagte sie ihnen: *„Es ist eine Botschaft, die ich euch geben werde und die ihr am 18. Oktober bekannt geben sollt."* Dann erklärte sie Ihnen den Inhalt und die Bedeutung der Botschaft. Sie sprach darüber sehr lange mit ihnen, wie wir später aus den Aufzeichnungen von Conchita erfahren. Sie hat ihnen aber deren Text nicht wortgenau gesagt. Vielmehr hat sie ihnen zu verstehen gegeben, daß sie das, was sie ihnen jetzt erklärt hatte, mit ihren eigenen Worten aufschreiben sollten. Trotz mehrmaligem Fragens der Mädchen, ob sie ihnen denn nicht die Worte sagen wolle, mit denen sie das ausdrücken könnten, was sie ihnen erklärt hatte, versicherte ihnen die Heilige Jungfrau, daß ihnen die richtigen Worte dazu schon einfallen würden. Sie sollen darüber in Ruhe etwas nachdenken, es sei dazu ja genügend Zeit.

Später wird Conchita in ihrem Tagebuch schreiben, daß Maria zu ihnen schon am ersten und zweiten Tag von der Botschaft sprach, doch sie verstanden diese noch nicht. Am vierten Tag aber erklärte die Heilige Jungfrau ihnen den Inhalt und den Sinn dieser Worte. Trotzdem taten sich die Kinder mit der Interpretation schwer; denn sie wußten ja nicht das Geringste vom weltweiten Zustand der Menschheit und von dem beginnenden Abfall vom Glauben. Ihr Bewußtsein wurde auch überhaupt nicht von der Tatsache belastet, daß bald ein großes Konzil beginnen werde, welches das Angesicht der Kirche entscheidend verändern würde. Probleme, die in einem kleinen abgeschiedenen Bergdorf weder in den Familien, noch in der Schule behandelt wurden. Solche Geschehnisse ereignen sich in der großen Welt, sie aber lebten immer nur in ihrer kleinen Welt, der Welt des verträumten Bergdorfes San Sebastián de Garabandal. Maria fand sie dort völlig unberührt und unvorbelastet, geöffnet wie Blumen, die im Schein der Sonne von ihrem Lichte trinken.

Ganz entscheidend ist es, diese Umstände klar zu erkennen, um auf die übernatürlich göttliche Herkunft der Botschaft schließen zu können, und das schon deshalb, weil ja unmittelbar bekannt wurde, daß diese erst am 18. Oktober bekannt gegeben werden sollte. Man kann sich unschwer die vielen lästigen und bohrenden Fragen vorstellen, mit denen die vier Mädchen in der Zwischenzeit überhäuft und belästigt wurden. Zweifellos Strapazen denen diese einfachen Bergbauernkinder ohne den Schutz und die unsichtbare mütterliche Führung nicht gewachsen gewesen wären. Die Neugierde der Menschen, besonders die der religiös interessierten, kann erbarmungslos sein, wenn es darum geht, dem lieben Gott in die Karten schauen zu wollen. Hatten wir nicht weiter vorne schon bemerkt, daß wir im Evangelium alles erfahren, was zu unserem Heil notwendig ist? Ja, natürlich, aber Hand aufs Herz, trachten wir nicht allzugerne danach, über die Strafe für die Ungläubigen etwas mehr wissen zu wollen, um uns bewußt oder unbewußt über diese zu erheben, anstatt das eigene Herz zu verändern und gemäß dem Anruf im Evangelium zuerst mit der Umkehr bei uns selbst zu beginnen? Das Pharisäertum läßt sich eben nicht ganz ausschalten, und irgendwann wird davon jeder versucht und befallen, du und ich.

Ein Augenzeuge berichtete nach Pater Eusebio, daß die Mädchen bei dieser Ekstase im cuadro sehr ernst waren und aufmerksam auf das hörten, was ihnen die Heilige Jungfrau sagte und anempfohlen hat. Sie weinten dabei auch, und die Erregung übertrug sich auf die Anwesenden. Als die Ekstase beendet war, sprach Don Valentin mit

... daß die Mädchen bei dieser Ekstase sehr ernst waren ...

den Kindern. Er sagte darauf zu den Anwesenden: „Die Jungfrau hat den Mädchen eine Botschaft gegeben, die sie jetzt (zum gegenwärtigen Zeitpunkt) weder mir noch ihren Eltern noch dem Bischof enthüllen können."

Von überschäumendem Glück erfüllt und vom Herzklopfen aufgetragener Pflicht erregt, so könnte man wohl die Verfassung der jungen Mädchen beschreiben. Sie sahen sich einer Aufgabe gegenüber, der sie sich absolut nicht gewachsen fühlten. Marie-Loli hat dem Autor einmal gesagt, daß sie große Angst davor gehabt hätten, daß sie wegen der Botschaft und deren Inhalt verspottet würden und daß man ihnen nicht glauben werde. Daß sie das Anliegen der Botschaft so auszudrücken vermögen, daß die Menschen es auch verstehen und daran glauben, sei die eine Furcht gewesen, durch das eigene Unvermögen die Heilige Jungfrau Maria zu enttäuschen, sei für sie die noch schwerere Last auf ihrem Gemüt gewesen. Sie hätten nicht verstehen können, warum ihnen die Heilige Jungfrau nicht genau den

Text gesagt hat. Sicher wisse **Sie** aber warum und sicher deshalb, weil es der Wille Gottes war.

Die chronologische Entwicklung der Erscheinungen und Ereignisse der nächsten Zeit ist unmöglich in Einzelheiten zu schildern, da vieles davon gar nicht mehr mit Tag und Datum zu bestimmen und auch in den Erinnerungen der erwachsen gewordenen Seherinnen nicht mehr klar zu ordnen ist. Sie unterliegen der gleichen Menschlichkeit, wie auch wir anderen alle. Autoren früherer Veröffentlichungen, wie etwa F. Sanchez-Ventura oder Père Laffineur, haben von zahlreichen Einzelheiten zur damaligen Zeit berichtet. Der Kapuziner, Pater Eusebio Garcia de Pesquera, der für seine Studien auf das umfangreiche Archiv von Placido Ruiloba aus Santander zurückgreifen konnte, hat in dem wohl ausführlichsten Buch über die Geschehnisse eine große Zahl von für die Wesenserkennung des Vorgefallenen wichtigen Ereignissen und Aussagen zusammengetragen und in den Rahmen der dortigen Verhältnisse vor den Hintergrund der Weltentwicklung gestellt.[*]

Der Dominikaner, Pater François Turner, hat eine Summa Theologica geschrieben, und er hat in leicht verständlicher Form aus dem ganzen Geschehen die mütterliche Katechese nachgezeichnet, die die Heilige Jungfrau den Seherkindern als Bestätigung der grundlegenden Glaubenswerte und Verhaltensweisen christlich-katholischen Lebens gab. Auch verschiedene andere Autoren haben sich um die Dokumentation der Ereignisse verdient gemacht. Allerdings muß man dabei auch wissen, daß alle Spekulationen über Daten und Zeichen nicht nur bisher nicht aufgegangen sind, sondern der Glaubwürdigkeit der ganzen Sache bis heute unermeßlichen Schaden zugefügt haben.

Wenden wir uns also dem Herannahen des 18. Oktobers zu und betrachten, was für eine Situation die Entwicklung in Garabandal und die Erwartung der Menschen bis dahin geschaffen hatten.

Die Bewohner des Dorfes waren mit ihren einfachen Behausungen durch den ungeheuren Zustrom von Pilgern völlig überfordert und nicht wenige wurden davon derart überrollt, daß sie am liebsten ge-

---

[*] Dieses Werk erscheint in zwei Bänden im WETO-Verlag.

Don Valentin Marichalar im Gespräch mit Conchita und Marie-Cruz.

habt hätten, die Jungfrau Maria hätte sich für ihre Erscheinungen einen anderen Platz auf der weiten Erde ausgesucht. Zudem wurde bei einigen, trotz der Möglichkeit der Beobachtung außergewöhnlicher Verhaltensweisen und Zustände bei den vier Seherkindern, der Zweifel über die Ursachen nicht ganz ausgeräumt. Der Gründe, um daran zu glauben sind viele, aber um daran nicht glauben zu müssen auch, wenn man die täglichen Bedürfnisse des dortigen harten Bergbauernlebens zugrunde legt. Kurzum, der Ort fühlte sich in seinem ursprünglichen Frieden bei der Mehrheit der Bewohner gestört. Es blieb daher nicht aus, daß auch unter der Bevölkerung immer wieder das Für und Wider zu heftigen Gesprächen führte, obwohl die Angst vor dem Ungewissen, das sich dahinter verbarg, dem Temperament die Zügel anlegte. Wußte man doch genau, wie sehr man von der Gnade des Schöpfers beim Wetter auf der Weide und im Stall abhängig war. Eine schier ausweglose Situation für die einen und eine ganz außergewöhnliche für die anderen, die fest daran glaubten und sich in solcher Nähe der Himmlischen Mutter unter festem Schutz fühlten.

Seit Monaten erwartete man also sehnsüchtig und neugierig den Tag des 18. Oktobers 1961. Die Kunde von dem Geschehen und von der angekündigten Botschaft hatte sich nicht nur über ganz Spanien, sondern auch bis in das benachbarte Ausland verbreitet. In den Erwartungen der Menschen wollte man mit der Bekanntgabe der Botschaft außergewöhnliche Ereignisse verbunden wissen, und so kam es, daß eine für dortige Verhältnisse unübersehbare Menschenmenge das Dorf überflutete.

Noch etwas anderes überflutete das Dorf, allen Anwesenden zum Verdruß: Der Regen. Es waren so viele Menschen, daß die Mehrzahl von ihnen, Rosenkranz betend, durchnäßt und frierend die Nacht vor dem 18. Oktober unter freiem Himmel verbrachten. Mit völlig aufgelöstem Schuhwerk wateten sie durch den Sumpf der kleinen Gassen und lenkten sich gegenseitig von der Unbill der Zustände ab, indem Bekanntschaften geschlossen wurden und Interessen sich fanden. Wie sehr erhoffte man sich doch Hilfe im persönlichen Bereich und im weltgeschichtlichen Geschehen von der gebenedeiten Jung-

Die Menschen drängten an diesem 18. Oktober 1961 bei strömendem Regen zu den Häusern der Seherkinder, wie hier vor dem Elternhaus von Marie-Loli, um nach Bestätigungen für ihre Erwartungen bezüglich dessen, was ihnen möglich schien, zu suchen: Einem spektakulären Ereignis.

frau, die voll der Gnade ist. Man sehnte sich gar danach, ihr an diesem Tage besonders nahe sein zu können. Die Spannung wuchs bis zum Zerreißen, hatte doch Conchita mehrmals von einem Geheimnis gesprochen, das sie bis zu diesem Tag bewahren müßten.

Wo wird sie erscheinen? Was wird sich ereignen? Was für eine Botschaft wird es sein? Diese Fragen und viele andere erregten die Gemüter in sehnsüchtiger Erwartung. Wohl manche hatten an den 13. Oktober 1917 in Fatima denken müssen, an dem auch eine Menschenmenge in ähnlicher Weise durchnäßt und frierend in die Cova da Iria gekommen war. Dort ereignete sich dann das Sonnenwunder. Warum könnte sich so etwas nicht vielleicht auch hier ereignen? Die Vermutungen, Erwartungen und Wünsche wucherten im Für und Wider in alle Richtungen.

Die vom Bischof von Santander entsandte Kommission wollte angesichts der katastrophalen Wetterverhältnisse erreichen, daß die Botschaft schon am Morgen bekannt gegeben werde, denn es war völlig unmöglich geworden, der riesigen Menschenmenge Schutz zu bieten. Die Bewohner von Garabandal verhielten sich außerordentlich freundlich und halfen mit ihren wenigen Möglichkeiten, wo sie konnten. Doch allmählich wurde der Zustand unerträglich. Einige begaben sich daraufhin an die verschiedenen Plätze, an denen es sich nach ihrer Vorstellung hätte ereignen können. Andere versuchten die Seherkinder zu finden, um zu erfahren, wann es soweit sei, doch vor jedem Haus der Seherkinder waren zwei Polizisten der Guardia Civil zu Pferd postiert und verwehrten jedem den Zugang. Don Valentin wurde von allen Seiten bedrängt und konnte, selbst hilflos der Regie des Himmels ausgeliefert, den Bedürfnissen nicht mehr gerecht werden. Im Tagebuch von Conchita heißt es unter dem 4. Juli dazu weiter: „... *das ist eine Botschaft, die ihr am 18. Oktober bekanntgeben sollt.*" Weiter sagte Maria, nachdem sie ihnen die Botschaft erklärt hatte," was sie zu bedeuten hat, und daß sie wünsche, daß sie diese unter dem Kirchenportal verlesen sollten. Don Valentin sollten sie sagen, daß er sie am Abend um 22.30 Uhr noch einmal bei den Kiefern (los pinos) verlesen solle.

Don Valentin machte sich am Abend gegen 20 Uhr auf zu den Mädchen und versuchte einen Kompromiß zu finden zwischen den Anweisungen der Jungfrau Maria und denen der Mitglieder der Kommission, die der ganzen Angelegenheit nicht nur des miserabel schlechten Wetters wegen möglichst rasch ein Ende bereiten wollten.

... Ein Teil wartete bei den Kiefern (los pinos) frierend und durchnäßt.

Plötzlich verbreitete sich der Ruf zwischen den wartenden Leuten: Zu den Kiefern! Zu den Kiefern! Die Menge versuchte durch das aufgeweichte Erdreich auf dem schnellsten Wege dorthin zu gelangen. Einige warteten dort schon und fanden sich in der Richtigkeit ihres Wartens durch die Ankunft der übrigen Leute bestätigt. Nach einer Weile erschienen von der berittenen Guardia Civil umringt die verschüchterten Gestalten der kleinen Sehermädchen mit Don Valentin. Von Conchita weiß man, daß sie sich gegen die durch Don Valentin geänderte Regie heftig zur Wehr setzte. Im Gehorsam gegenüber ihm, als ihr Pfarrer, willigte sie dann offenbar doch ein, zu den Kiefern mitzukommen, und auf das Verlesen der Botschaft unter dem Kirchenportal zu verzichten.

Als die durch die überwältigende Menschenmenge eingeschüchterten Kinder und ihre Begleitung ankamen, hörte es plötzlich auf zu regnen; in den Regen hatte sich am Abend noch nasser Schnee gemischt. Die Wolken wurden wie ein Schleier weggezogen, und es wurde der matte Schein eines wäßrigen Mondes sichtbar, der die Kiefern, die Menschen, die Guardia Civil und die Sehermädchen in einen geheimnisvoll glänzenden Schein hüllte.

Die Mädchen gaben Don Valentin ein armseliges Papierstück, auf dem sie die Botschaft aufgeschrieben hatten; denn nach den Anweisungen der Heiligen Jungfrau sollte ja Don Valentin bei den Kiefern die Botschaft bekannt geben. Er aber las sie nur still für sich, dann gab er den Zettel den Kindern mit einem Gefühl zurück, das ihn am liebsten in einem unterirdischen Schacht hätte versinken lassen. Er war bedrückt von der Kindlichkeit der Botschaft und hatte nicht den Mut, sie selbst vorzulesen. Und das noch, während das Auge der kirchlichen Obrigkeit ihm in Form der Mitglieder der ihm nicht wohl gesinnten Kommission direkt gegenüber stand.

Schließlich verlasen die Kinder die Worte der Botschaft mit ihren kleinen Stimmen in dem Ton, den sie im Unterricht pflegten:

> **„Man muß viele Opfer bringen, viel Buße tun;**
> **(oft) das allerheiligste Sakrament besuchen.**
> **Aber vor allem müssen wir sehr gut sein.**
>
> **Wenn wir das nicht tun,**
> **dann wird ein Strafgericht kommen.**
>
> **Der Kelch füllt sich,**
> **wenn wir uns nicht ändern,**
> **wird ein sehr großes Strafgericht über uns kommen. "**

Man verstand sie schlecht, das war auch der Grund dafür, daß zwei Männer dann die Botschaft noch einmal laut und deutlich vorlasen, die im spanischen Originaltext so lautet:

> *„Hay que*
> *hacer muchos sacrificios, mucha penitencia;*
> *y hay que visitar al Santísimo;*
> *pero antes, tenemos que ser muy buenos.*
>
> *Y si no lo hacemos,*
> *nos vendrá un castigo.*
>
> *Ya se esta llenando la copa,*
> *y si no cambiamos,*
> *nos vendrá un castigo grande. "*

Die Stimmung der Menge reichte von Ergriffenheit über Enttäuschung bis zur Empörung. Hatte man doch etwas erwartet, das zumindest ungewöhnlich, wenn nicht gar spektakulär sein würde. Man raunte: „Das ist das Ende von Garabandal." Nur wenige verstanden den Ernst dieser mahnenden Worte kindlich einfacher Natur, den Ruf zur Mitte umzukehren, zur Mitte unseres Glaubens, der Gegenwart Christi im Allerheiligsten Sakrament des Altares. Aber nicht nur das. Es bedarf hier einer Erläuterung, was der Begriff »tener que ser muy buenos« im spanischen beinhaltet: Vor allem aber müssen wir im Sinne der Gebote Gottes ein sehr gutes Leben führen in Ehrfurcht vor IHM und uns bemühen die Sünde zu meiden. Mit einem Wort: Umkehr! Sofort! Sonst trifft uns, die ganze Menschheit, der Zorn Gottes in einem großen Strafgericht. Was aber ist mit der Schale oder dem Kelch (la copa) gemeint, der sich füllt? Ist uns nicht die Zornesschale Gottes vom Alten Testament her ein wohlbekannter Begriff?

Angesichts der heutigen Entwicklung in der Welt erübrigen sich hier weitere Überlegungen und Feststellungen über den durch die Menschen verursachten Zorn Gottes. Die Gründe sind allen bekannt und sie vermehren sich von Tag zu Tag. Wie aber steht es mit dem Glauben, dem Glauben an das Allerheiligste Altarsakrament, das, – einmal ganz abgesehen davon, daß es liturgisch heute viel weniger verehrt und vor allem viel weniger angebetet wird – zum manipulierbaren Objekt erniedrigt und Menschen in ungeweihte Hände gelegt wird, die zum Teil nicht wissen, oder oftmals nicht mehr glauben, was die konsekrierte Hostie ist.

Im katholischen Katechismus von PIUS X. ist das im Kapitel IV klar ausgesagt. Wir lesen dort als Antwort auf die Frage: „Was ist das Altarsakrament? ‚Das Altarsakrament ist das Sakrament, das unter den Gestalten von Brot und Wein wahrhaft den Leib und das Blut, die Seele und die Gottheit unseres Herrn Jesus Christus zur Nahrung der Seelen enthält.'"

Im neuen Katechismus finden wir diese Aussagen in den Kurztexten der Artikel 1410, 1413 und 1418 noch besser und ausführlicher beschrieben. Es ist überdies festzustellen, daß dem Allerheiligsten Altarsakrament als Glaubenssatz im Zweiten Teil in Artikel 3 insgesamt eine viel ausführlichere und bessere Erklärung mit klaren Festlegungen zuteil wird als in früheren Katechismen.

Der Engel von Fatima hat bei seiner dritten Erscheinung diesen Glaubenssatz eindrucksvoll bestätigt, obwohl namhafte Theologen den Zusammenhang zwischen dem Gebet des Engels und diesem Glaubenssatz bis in unsere Tage hinein nicht zu erkennen vermochten.

Daß der Dreifaltigkeit in diesem Gebet die Gottheit Jesu Christi aufgeopfert wird, brachte ein unüberwindliches theologisches Problem mit sich, denn Gott kann sich ja nicht selbst aufgeopfert werden. Dies stimmt aber nur, wenn man es auf die Person Jesu Christi bezieht, nicht aber wenn das auf die konsekrierte Hostie bezogen wird, wie es in dieser Situa-

Der Engel beim Loca de Cabeço.

tion der Fall war. Erinnern wir uns anhand der Memoiren von Schwester Lucia, was damals geschah.

„... wir gingen zum Loca do Cabeço. Dort beteten wir zuerst den Rosenkranz und das Gebet, das uns der Engel bei seiner ersten Erscheinung gelehrt hatte. Während wir dort weilten erschien der Engel zum dritten Mal. Er hielt einen Kelch in der Hand, darüber eine Hostie, aus der Blutstropfen in den Kelch fielen. Er ließ den Kelch und die Hostie in der Luft schweben, kniete sich auf die Erde nieder und wiederholte dreimal das Gebet: ‚*Heiligste Dreifaltigkeit, Vater, Sohn und Heiliger Geist, in tiefer Ehrfurcht bete ich Dich an, und opfere Dir auf den kostbaren Leib und das Blut, die Seele und die Gottheit Jesu Christi, gegenwärtig in allen Tabernakeln der Erde zur Wiedergutmachung für alle Schmähungen, Sakrilege und Gleichgültigkeiten, durch die Er selbst beleidigt wird. Durch die unendlichen Verdienste Seines Heiligsten Herzens und des Unbefleckten Herzens Mariens bitte ich Dich um die Bekehrung der armen Sünder'*".

Der Engel kniete sich also hin und sprach dieses Gebet vor der in der Luft schwebenden Hostie, aus der Blutstropfen in den Kelch darunter fielen. Es ist unschwer zu erkennen, daß er damit nicht die Gottheit in der Person Jesu Christi der Dreifaltigkeit aufopferte, sondern die konsekrierte Hostie und was darin verborgen ist. – Er tat das, was der Priester in der hl. Messe auch tut, wenn er die Hostie nach den Wandlungsworten anbetend erhebt. – Bestätigt wird das durch die unmittelbar folgenden Worte: ..., gegenwärtig in allen Tabernakeln der Erde ...". Damit folgte er dem, was die Lehre der Kirche in dem damals für die ganze Kirche verbindlichen Katechismus aussagt. Nicht nur das, er bestätigte sogar das, was darüber in dem von der Kirche für die Gläubigen ausgegebenen Katechismus steht. Er bestätigte gewissermaßen im Auftrag des Allmächtigen Vaters, – denn ohne dessen Willen konnte sein Erscheinen bei den Hirtenkindern ja nicht erfolgt sein, – die Lehre der Kirche über die Realpräsenz.

Vor dem Hintergrund dieses Glaubenssatzes und der Bestätigung dessen durch den Engel in Fatima, überkommt einem ein schmerzhaftes Grausen angesichts der heutigen Praxis des Kommunionempfanges, der nicht nur ehrfurchtslos vor diesem Geheimnis erscheinen muß, sondern in sich eine hochmütige Ehrfurchtslosigkeit im Vollzug der Handlung darstellt. Der Engel kniete sich zuerst hin und betete die Hostie an und opferte auf, was darin verborgen ist, bevor er den **knienden** Kindern die Hostie, bzw. den Kelch reichte. (Lucia hatte bereits die Erstkommunion empfangen und bekam demzufolge eine Hostie gereicht, während Jacinta und Francesco aus dem Kelch zu trinken bekamen, denn sie hatten noch keine Erstkommunion.)

Es wird viel zu wenig darüber nachgedacht, welcher Widerspruch darin besteht, daß man das „zeichenhafte" Brot, das durch die Wandlung Leib und Blut, Seele und Gottheit Jesu Christi enthaltend umschließt, zum einen aus der Distanz auf den Knien anbetet und zum anderen in die Hand gelegt bekommen kann, um es, mit den eigenen Fingern betastend, zum Munde zu führen. Es vollzieht sich über die Sinne beim Anfassen der Hostie unbewußt, und in der Mehrzahl unbeabsichtigt, eine Überprüfung des Gegenstandes auf seine Beschaffenheit, die dann als Erfahrungswert im Unterbewußtsein abgelegt und für die Begründung von Zweifeln automatisch herangezogen wird. Die Anbetung der Hostie wird somit unbewußt absurd. Die Gefahr der Entweihung entwickelt sich und es entsteht durch diese Praxis eine individuelle Situation, die der Bildung von

Zweifeln an die verborgene Gegenwart des Herrn in diesem kleinen Stück Brot Tür und Tor öffnet und damit den Glauben an die Realpräsenz erschüttert, oder zunichte macht.

Der Unterschied besteht nicht darin, ob die Hand oder der Mund mehr oder weniger geheiligt sind, weil es auf die Haltung im Herzen ankommt. Der Unterschied besteht darin, daß die eine Form ein passiver Empfang der Heiligen Gestalten ist und in der menschlichen Psyche eine Haltung größerer Ehrfurcht hervorruft, während die andere Art ein aktiver Empfang ist und durch das Anfassen dieses Brotes im Bewußtsein quasi automatisch eine Überprüfung des Glaubens stattfindet. Sei es gewollt oder ungewollt: Das anbetungswürdige Allerheiligste wird anfaßbar, es wird unbewußt zum anfaßbaren Gegenstand und damit weitgehend seines transzendenten Geheimnisses beraubt. Daraus entwickelt sich ihm gegenüber eine andere Haltung des Herzens. Eine gleichgültigere Haltung dem gegenüber, was das Allerheiligste ist. Zweifellos nicht absichtlich, aber für den persönlichen Glauben maßgeblich und vielfach entscheidend.

Beim Priester ist das etwas ganz anderes als beim Laien, denn kraft seiner Weihe hat sich ja in seinen Händen die „Verwandlung" vollzogen. Diese vorausgehende Erfahrung läßt ihn, um das Geschehene wissend, naturgemäß eine andere Haltung dazu einnehmen. Er hat von seinem Wissen her ganz andere Maßstäbe als Beurteilungsgründe zur Verfügung wie der Laie, womit nicht auszuschließen ist, daß sich auch bei ihm am Glauben nagende Zweifel bilden können.

Daher trifft man bei Laien, die sich die Handkommunion zur Praxis gemacht haben, oder dazu verführt worden sind, heutzutage auch kaum noch auf die Gewissensprüfung vor dem Empfang der hl. Kommunion, die sich gemäß dem Pauluswort unbedingt einzustellen hätte: „Wer daher unwürdig dieses Brot ißt oder den Kelch des Herrn trinkt, der wird schuldig an Leib und Blut des Herrn. Es prüfe ein jeder sich selbst, und so esse er von dem Brot und trinke aus dem Kelch. Denn wer (unwürdig) ißt und trinkt, der ißt und trinkt sich das Gericht, wenn er den Leib (des Herrn) nicht würdig unterscheidet" (1 Kor 11,27–29).

Die Hemmschwelle zum Empfang der Heiligen Gestalten ist dadurch und durch die einseitige Bezeichnung der Hostien als „Brot des Lebens" oder als „heiliges Brot" und sogar mancherorts nur als „ge-

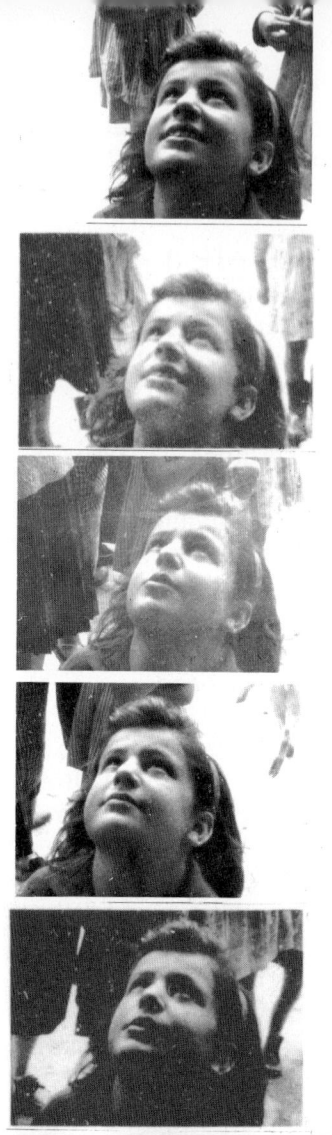

Maria-Dolores Marzón.

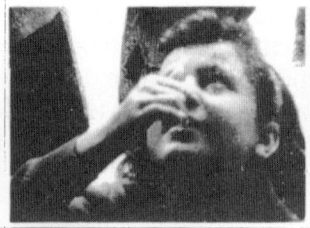

weihtes Brot" auf die Ebene der reinen Nahrungsaufnahme heruntergezogen worden. Um Brot solcher Art zu essen, ist keine Gewissenserforschung zwingend einsichtig. Es auf den Knien anzubeten wird unbewußt zur sinnlosen Handlung. Es gibt aber noch einen anderen Grund für die Form des Empfanges der heiligen Kommunion in der althergebrachten Weise: Der Engel in Fatima und der Engel in Garabandal haben die Seherkinder den würdigen Empfang der hl. Kommunion kniend gelehrt.

Unwissenheit und Unbekümmertheit über diese Zusammenhänge hat wohl zu der heutigen Praxis geführt, ohne daß man den Vorwurf erheben darf, daß die Folgen von den Konzilsvätern beabsichtigt waren. Hergeholte vordergründige Begründungen, wie zum Beispiel der Gesichtspunkt der besseren Hygiene, haben die Minderung der Ehrfurcht ganz von selbst bewirkt. Diese Minderung der Ehrfurcht vor dem Allerheiligsten Sakrament hat zu einer Abstumpfung der Gewissen geführt und das Sündenbewußtsein mit dem dazu noch allzudeutlich verkündeten Heilsoptimismus seit dem II. Vatikanischen Konzil eingeschläfert. Ein Verhängnis, durch dessen Auswirkungen sowohl die Bischöfe, wie auch der Papst mit erschreckenden Entwicklungen in der Kirche konfrontiert werden. Diesen Grund jedoch will man nicht sehen, da er das eigene Handeln in Frage stellen würde, und ein „Zurück", eine Umkehr von der „fortschrittlichen" Praxis zur Folge hätte. Das hat Maria in Garabandal vorausgesagt, besonders in der zweiten Botschaft, von der wir später hören. Sie ist für die Kirche zum erhobenen Zeigefinger Gottes geworden.

Weit schlimmer aber ist, daß die Vorbereitung durch den Empfang des Bußsakramentes auf die Vereinigung mit dem Herrn in der heiligen Kommunion fast völlig zum Erliegen gekommen ist und angesichts des oben Dargelegten für die Mehrzahl der Kommunizierenden auch überflüssig zu sein scheint. Wie sehr müssen viele Priesterherzen bluten, wenn sie allsonntäglich der ganzen Gemeinde die Kommunion austeilen und dabei wissen, daß der Beichtstuhl zum antiquierten, unbenutzten Möbelstück geworden ist. Ein hochmütiger Heilsoptimismus in der nachkonziliaren Verkündigung hat die Fol-

◁ *In dieser Bildserie, die der Priester Ramon Garcia de la Riva aufgenommen hat, sieht man den Verlauf einer mystischen Kommunion von Marie-Loli. Der Engel brachte ihr die hl. Hostie, die den Umstehenden unsichtbar blieb.*

gen der Sünde hinter dem als Alibi vorgehaltenen Schleier falsch interpretierter göttlicher Barmherzigkeit verborgen, wodurch von den einzelnen Menschen nicht mehr erkannt wird, daß die Sünde die Schmierseife auf der abschüssigen Bahn zum Verderben ist. Das Verschwinden des Sündenbewußtseins und die Zerstörung des Gewissens sind die unausweichlichen Folgen. Der Ungeist, der neben dem Heiligen Geist offenbar den Anspruch auf Anteil während des Konzils und besonders danach geltend machen konnte, bewirkte es, daß ein zentrales Sakrament fast völlig aus dem Leben der Kirche verschwunden und damit zerstört worden ist, übrigens unreparierbar in der pastoralen Praxis. Wenn der Ungeist sogar bei der leiblichen Gegenwart Jesu im Abendmahlsaal einen seiner Jünger befallen konnte und ihn umzustimmen vermochte, um wieviel wahrscheinlicher ist es, daß das bei einer Versammlung der viel größer gewordenen Schar seiner Jünger in dieser Zeit der Fall sein konnte. Die Folge daraus: Die schwindende Ehrfurcht vor den anderen Sakramenten ist nicht ausgeblieben, wenn man an das Sakrament der Ehe und an das Sakrament des Priestertums denkt; und der Verfall schreitet fort.

Auf diese Weise deutete sich in der mit kindlichen Worten abgefaßten Botschaft der zentrale Grund für die Erscheinungen der Mutter des Herrn in Garabandal an, der darin besteht, auf die rechte Anwendung der Gnadenmittel im Liebesbündnis ihres göttlichen Sohnes hinzuweisen, bzw. an deren rechten Gebrauch zu erinnern. Oder wie ist das, haben wir nicht alle einen nach und nach ermüdenden Eifer, auch die Nachfolger der Apostel angesichts der sich verändernden Welt? Solch eine Feststellung soll kein Urteil bedeuten, sondern eine liebevoll gemeinte und freundschaftlich gesprochene Erinnerung an die einstmals allen Katholiken gemeinsamen Ideale als Grundlage katholischen Lebens und Glaubens.

Damals, am 18. Oktober 1961, war das alles noch weitgehend intakt, aber wenige Tage zuvor, am 11. Oktober 1961, hatte in Rom das große II. Vatikanische Konzil begonnen. Maria, die sicher nicht ohne den Auftrag des Allerhöchsten nach Garabandal gekommen war, deutete hier bereits eine Entwicklung an, die sich in der folgenden Zeit anbahnen sollte. Wer aber hat sie gehört? Wer hat diese Mahnung mit allen Mitteln zum verstummen bringen wollen? Eines steht fest, wenn die Kirche eines Tages das Geschehen von Garabandal als übernatürlichen göttlichen Ursprungs anerkennen wird, wie es von der Erscheinung angekündigt wurde, aber erst nach einem von ihr versprochenen Wunder, dann wird zugleich feststehen, daß die Nachfolger der Apostel die Stimme Gottes in dieser Zeit zur rechten Zeit nicht erkannt haben. In diesem Zusammenhang sei die Frage erlaubt und gestellt: Wurde Jesus von Nazareth damals zu seiner Zeit von den Trägern der religiösen Verantwortung erkannt? Und wie leuchtet einem da der Messiasruf des Herrn im Geiste auf: „... »Ich preise dich, Vater, Herr des Himmels und der Erde, daß du dies vor Weisen und Klugen verborgen, Kleinen aber geoffenbart hast. Ja, Vater, so entsprach es deinem Willen.« (Lk 10,21)". „Und den Jüngern allein sich zuwendend, sprach er:»Selig die Augen, die sehen, was ihr seht! Denn ich sage euch: Viele Propheten und Könige verlangten zu sehen, was ihr seht, und haben es nicht gesehen, und zu hören, was ihr hört, und haben es nicht gehört.« (Lk 10,23–24)".

Ein schwacher Trost bleibt der kleinen Schar, die Maria in Garabandal als die Himmlische Mutter und Mutter des Erlösers erkannt hat: Es lebt heute dieselbe Sorte Menschen, wie zu Lebzeiten Jesu auch, und die Menschheit kann dem durch den Sündenfall ausgelösten Schicksal nicht entrinnen. Seine Macht über die Menschen hat der Verführer durch den Ungehorsam der Stammeltern erlangt und Gott abgetrotzt, und der Nebel seiner Verführungskünste wird uns, solange das Reich Gottes noch nicht Wirklichkeit geworden ist, den Blick auf die Weisungen und Verheißungen Gottes zu verschleiern suchen. Indem er uns stolz und hochmütig macht durch die Erkenntnisse unseres Wissens und unserer Möglichkeiten, macht er uns blind für die Wahrheit göttlicher Offenbarung. Wäre uns vom Herrn nicht der Geist der Wahrheit als Beistand verheißen worden, „... der Euch in alles einführen wird" und der die Nachfolger der Apostel durch alle Jahrhunderte begleitet hat, – auch durch die dunklen Zeiten der Kirchengeschichte –. Wir wären, genauso wie die Israeliten, zu allen Zeiten vom Glauben an den Allmächtigen zum Götzendienst an von uns ernannten Göttern abgefallen.

Die Hohenpriester wußten aus den Schriften der Propheten den Namen und die Geburtsstadt des Erlösers und noch mehr, doch die äußeren Umstände seiner Geburt wurden von ihnen als nicht standesgemäß dafür empfunden, daß dieses Kind der Sohn Gottes sein sollte. Er stand sogar vor ihnen, bestätigt durch sein Wirken im Tempel und sie erkannten ihn nicht. Da halfen auch seine Wunder nicht und auch nicht deren Zeugen, und es wurde zum ersten Mal offenbar, daß durch Wunder nicht zwangsläufig alle Menschen zum

Glauben kommen; denn der Glaube bleibt das einzigartigste und größte Geschenk, das Gott außer dem des irdischen Lebens den Menschen seiner Gnade einzeln und persönlich zukommen läßt. Zugleich aber wird dieser Glaube an seine Gegenwart und an sein Wort zum immerwährenden Prüfstein für die Menschen aller Zeiten. Das war schon zur Zeit seines Lebens so, als er in der Synagoge von Kafarnaum lehrte und davon sprach: „Ich bin das lebendige Brot, das vom Himmel herabgekommen ist. Wenn einer von diesem Brot ißt, wird er leben in Ewigkeit, und das Brot, das ich geben werde, ist mein Fleisch für das Leben der Welt." Da stritten die Juden untereinander und sagten: „Wie kann dieser uns sein Fleisch zu essen geben?" Jesus aber sagte zu ihnen: „Wahrlich, wahrlich, ich sage euch: Wenn ihr das Fleisch des Menschensohnes nicht eßt und sein Blut nicht trinkt, habt ihr nicht (das) Leben in euch. Wer mein Fleisch ißt und mein Blut trinkt, hat ewiges Leben, und ich werde ihn auferwecken am Jüngsten Tag" (Joh 6,51–54).

Schon damals wurde die Realpräsenz zum Prüfstein des Glaubens und zum Grund der Ablehnung seiner Lehre und seiner Person, denn das mosaische Gesetz hat den Juden streng irgendwelchen Genuß von Blut untersagt. „Gegen jeden im Hause Israel und von den Fremden in seiner Mitte, der irgendwie Blut genießt, richte ich mein Antlitz und vertilge ihn aus seinem Volk. Denn das Leben des Leibes ist im Blut; … Niemand von euch darf Blut genießen, auch nicht der Fremde in eurer Mitte" (Lev 17,10–12). So, wie das Leben des Leibes im Blut ist, so gab uns Jesus das ewige Leben in seinem Blute. Für die Juden wurde er damit zum Gesetzesschänder und sie verurteilten ihn, weil er gegen das Gesetz zu lehren schien, weil sie ihn weder kannten noch erkannten. Er wurde für viele Juden zur unerträglichen Provokation, die den gebildeten Verstand herausforderte und die den Sohn Gottes mit den Maßstäben des Üblichen maß.

Die Botschaft Mariens vom 4. Juli 1961, verkündet am 18. Oktober des gleichen Jahres durch die vier einfachen Bergbauernmädchen, ist in ihrer Schlichtheit eine unaussprechliche Gnade Gottes an die Menschheit, mit einer besonderen Bedeutung für die Katholiken, und sie wurde in ihrer einfachen Sprache zu einer provokativen Herausforderung des gebildeten Verstandes. Sie war ebensowenig standesgemäß, wie es das Kind in der Krippe für Herodes und die Hohenpriester war. Und doch war diese Botschaft ein entscheidender Ruf zur Umkehr, ein Glockenton vor der Überschreitung jener

Grenze der Gottlosigkeit, die das Verderben des ganzen Geschlechtes der Menschheit in dem darin angesprochenen großen Strafgericht heraufbeschwören wird. Wir brauchen übrigens nicht so zu tun, als sei das etwas Neues. Ist uns das nicht schon im Evangelium angekündigt worden? Niemals hat Gott die Menschen je bestraft, ohne daß ER es zuvor angekündigt hat. Ein Lernprozeß, der aus dieser Erfahrung resultieren könnte, setzte aber kraft des Einflusses des Verderbers und seinen intellektuellen Verführungen zu hochmütigem Denken und Wissen nur selten ein.

+

Hay que hacer muchos sacrificios mucha pe nitencia y hay que visitar mucho al Santísi mo pero antes tenemos que ser muy buenos y si no lo hacemos nos vendrá un castigo. Ya se esta llenando la Copa y sino cambiamos nos vendra un castigo muy grande. Lo haras sino? no se como te llamas aslo y az que lo agan. Adios

Conchita

Diese Kopie der ersten Botschaft wurde von Conchita für Placido Ruiloba angefertigt. ... sie wurde zu einer provokativen Herausforderung des gebildeten Verstandes.

Zwischen diesen Häusern ereignete sich das „Hostienwunder", etwa an der Stelle, die der Mann im Bild durchschreitet.

Ein Wunder ereignet sich, das Hostienwunder.

Schon bald baten die vier Mädchen die Allerseligste Jungfrau Maria um ein für alle sichtbares Wunder, damit die Skeptiker, ja, damit alle an das glauben könnten, was für sie selbst zur normalen Lebenserfahrung wurde: Ihr Umgang und ihr Leben mit der Himmlischen Mutter, die uns alle unsagbar liebt. Die Kinder waren weit entfernt von der Erkenntnis, daß ja Wunder nicht zwangsläufig den Glauben der Menschen hervorzurufen vermögen, ganz im Gegenteil, sie erhofften sich davon, daß die Zweifler endlich überzeugt würden.

In den vier Evangelien werden 10 Naturwunder, 21 Heilungswunder und drei Totenerweckungen berichtet, die Jesus gewirkt hat, abgesehen von dem Wunder seiner eigenen Auferstehung. Dabei sagt Johannes, daß Jesus noch viele andere Wundertaten vollbracht habe, die in den Evangelien nicht aufgezeichnet sind. Den Evangelisten genügten diese 35 Wunder, um den Nachweis der Herkunft des eingeborenen Sohnes des Vaters zu erbringen. Damit aber zwangsläufig den Glauben an ihn in **allen** denen zu erwecken, für die sie Zeugnis gaben, ist ihnen nicht gelungen. Selbst unter denen, die jeweils Zeugen der Wunder Jesu waren, konnten diejenigen nicht an ihn zum Glauben finden, die nicht durch die Gnade Gottes vorher geöffnet waren. Das ist die entscheidende Voraussetzung dazu, die dem direkten menschlichen Zugriff vorenthalten bleibt. Wie anders kann man erklären, daß etwa die Pharisäer trotz der Wunder nicht an ihn glaubten, obwohl sie aus der Schrift auf sein Kommen vorbereitet gewesen sein mußten. Zugleich aber müssen wir erkennen, daß es bei einem Wunder sehr wohl um den Glauben geht, und zwar in zweierlei Hinsicht. Es geht um den Glauben dessen, der um das Wunder bittet und um den Glauben dessen, der durch das Wunder gestärkt werden soll; den Glauben an die Macht Gottes, die nicht dort am Ende ist, wo die Möglichkeiten der beeinflußbaren Wirklichkeit der Menschen aufhören. So kann auch von einem Wunder nur im Zusammenhang mit Glauben gesprochen werden, denn es muß für den Verstand unerklärbar bleiben.

Die kleinen Mädchen glaubten an die Macht Gottes, die durch die Vermittlung der Heiligen Jungfrau ein solches Wunder zu wirken imstande ist, und sie wünschten damit den Glauben derer zu festigen, die es erleben würden oder davon hören sollten. Ein Wunsch, der *„über allen unseren anderen Wünschen (an die Heilige Jungfrau) war"*, sagte Conchita.

Die Bekanntgabe der Botschaft ist für die kindlichen Seherinnen zu einem enttäuschenden Erlebnis geworden. Sie fühlten sich durch die daraufhin ausgelöste Reaktion an die Grenzen ihrer Möglichkeiten gedrängt. Sie waren ratlos. Ihre Bitte an die Heilige Jungfrau um ein Wunder wurde noch sehnsüchtiger, denn sie fühlten sich unfähig ihre Mitmenschen überzeugen zu können. Sie litten darunter sehr, daß sie ihre Unfähigkeit für die Ursache hielten, daß die Menschen ihnen nicht glauben konnten. Sie wußten sich einfach nicht mehr zu helfen.

Die einfachen Worte dieser Botschaft und die schlechte Orthographie waren alles andere, als ein Zeugnis für die in Gott begründete Übernatürlichkeit ihrer Herkunft. Man muß zur Verdeutlichung wiederholend bemerken, daß Maria ihnen ja diese Botschaft nicht diktiert hat, sondern ihnen nur den Inhalt der Botschaft und die sich daraus ergebenden Konsequenzen erklärt hatte, weil sie deren Wortlaut mit ihrem eigenen damaligen Erfahrungsschatz überhaupt nicht verstehen konnten. Die Abfassung des auf diese Weise Erlernten und Gehörten überließ sie, um die Kindlichkeit ihrer kleinen Botschafter wohl wissend, den Mädchen selbst. Diese bemühten sich redlich und ehrlich darum, das, was ihnen zu verkünden aufgetragen wurde, in Worte ihres Sprachschatzes zu fassen. Dazu sagte dem Autor Conchita einmal, daß sie den Text mehrmals geändert und immer wieder sogar untereinander gestritten hätten, wie sie es denn am besten ausdrücken könnten, was die Erscheinung meinte. Sie hätten es ja auch mit niemandem, wie etwa mit der sprachgewandteren Lehrerin, besprechen können. Sie seien sich dabei überfordert vorgekommen. Die Heilige Jungfrau habe ihnen zu verstehen gegeben, daß sie glaube, daß sie das sehr wohl selbst könnten, denn sie gehe davon aus, daß sie verstanden hätten, worum es geht. Welch eine Hochachtung vor der Freiheit zur Entscheidung gegenüber diesen heranwachsenden Mädchen kam darin zum Ausdruck, durch deren Mitwirkung und eigene Verantwortung. Zugleich aber wurde dadurch der Glaube der Kinder an die Erscheinungen geprüft, denn es wäre unzweifelhaft einfacher für sie gewesen, sich durch die Verleugnung des für die Mitmenschen sowieso nicht nachprüfbaren Geschehens aus der Affäre zu ziehen. Alle Probleme wären auf einmal gelöst gewesen, nur eben nicht das des zur Wahrheit drängenden Gewissens. Ein Echtheitsmerkmal, ganz unzweideutig. – Die Heilige Jungfrau hätte sicher andere Worte gefunden für die Botschaft, die die Leute besser überzeugt hätten. Warum nur hat Sie uns in diese Situation gebracht. Wenn Sie uns doch nur helfen würde. Es ist doch so wichtig, daß die

Die vier Mädchen, oben Conchita und Maria-Dolores, unten Maria-Cruz und Jacinta. Gesichter natürlich wirkender Mädchen, die trotz der seelischen Zerreißproben in ihrem Umfeld fröhlich und offen geblieben sind.

Menschen daran glauben, denn das Strafgericht kommt doch über alle. Was sollen wir nur tun? – Das waren die unüberwindlichen Sorgen der Gemüter dieser von Gott erwählten und für IHN begeisterten vier kleinen Mädchen, die jedes Opfer für den Glauben ihrer Mitmenschen zu bringen bereit waren.

Die großen Dinge geschehen bei Gott immer in der Klarheit der Einfachheit, um für alle Menschen verständlich zu werden. Erst die Verführung zum Intellekt durch die Schlange hat im Menschen das Bewußtsein für die Erkenntnis der Komplexität der Zusammenhänge geweckt und ihn mit dem Stolz des „Wissens" und „Erkennens" erfüllt, der die Türe zum Paradies der göttlichen Klarheit zugeschlagen und für den Verstand unpassierbar gemacht hat. Gott selbst ist Mensch geworden in einem Stall. Die ersten, die ihm huldigten waren primitive und von der zivilisierten Klasse der damaligen Gesellschaft eher verachtete Menschen, einfache harte Männer: Hirten! Zu ihnen kam der Engel, zu ihnen auf die Weide und nicht in den Palast des Königs oder zu den ernannten Dienern Gottes, den Hohenpriestern. Vielleicht können wir heute sagen, daß Gott auf diese Weise den Glauben der alttestamentlichen Priester und der damaligen Intellektuellen prüfte, die ja aus der Schrift sehr wohl um das Kommen des Messias wußten, ja sogar den Ort kannten, seine Ankunft aber in der Einfachheit des Stalles nicht gelten lassen wollten. Damals wie heute: Menschliche Vernunft mißt göttliches Geschehen mit den unbrauchbaren Maßstäben des Erschaffenen in der von Menschen aufgestellten Ordnung ihrer Erkenntnisse und schließt die unbegrenzten Möglichkeiten Gottes, zu wirken, wann und wo und wie er will, aus. Eine Spätfolge der Verführung durch die Schlange, die die Menschheit bis zum Eintreffen des „Reich Gottes" gefangen halten wird.

Kehren wir zurück nach Garabandal, so bietet sich in der Einfachheit der Sprachrohre und deren Ausdrucksweise für die Botschaft Gottes an die Menschen ein Vergleich an. Wer würde im Ernst Menschen aus solchen Verhältnissen, und dazu noch in kindlichem Alter, zubilligen, daß sie für gelehrte und privilegierte Theologen verbindliche und anerkennenswerte Wahrheiten aussprechen könnten. Auch bei einer wohlwollenden Betrachtung bliebe immer der unüberbrückbare Bildungsunterschied das entscheidende Hindernis für die Anerkennung. Daher verlangen solche Aussagen nach der Bestätigung durch ein Wunder, einem Geschehen, in dem man die menschliche

Vernunft nicht als treibende Ursache vermuten kann. Auf diese Weise prüft Gott, der Allmächtige, auch heute noch unseren Glauben. Läßt sich nicht auch hier der Messias-Ruf Jesu trefflich anführen, um die Kluft zwischen menschlichem Wissensstolz und der schlichten Einfachheit göttlicher Offenbarung deutlich zu machen? Ist es nicht von neuem ein Beweis dafür, daß sich uns Gott dort vermittelt, wo Er es will und nicht wo wir Menschen es gerne haben möchten?

Die gesicherte Erkenntnis, daß diese ungebildeten Kinder Inhalte solcher Tragweite ja nicht erfunden haben können und sie noch mit solcher Einigkeit zu verkünden suchten, vermochte den Hochmut und die Intelligenz der Mitglieder der Prüfungskommission keineswegs zu überzeugen. Vielmehr stellten sie solche Überlegungen gar nicht erst an und konnten daher auch nicht zu solch einer Erkenntnis kommen!

Wenn wir das alles konsequent bedenken und in den Parallelen zum Leben Jesu einen Maßstab zu finden imstande sind, werden wir erkennen, was den Geschehnissen von Garabandal in Bezug auf die Anerkennung zum Verhängnis wurde. In Fatima war es ja, wie an anderen Orten auch, zu Beginn ähnlich, bis am 13. Oktober 1917 das große Sonnenwunder in Anwesenheit einer großen Menschenmenge darüber jeglichen Zweifel beseitigte, nicht aber die theologischen. Und trotzdem reichte es nicht aus, um dem Bischof die Entscheidung zur Anerkennung der Erscheinungen von Fatima zu ermöglichen. Erst der angesehene deutsche Theologe Prof. Fischer aus Freiburg war es, der dem Bischof über die Echtheit der Übernatürlichkeit des Geschehens theologisch kompetent den Rücken stärken konnte, so daß es zur Anerkennung kam. Das erklärte dem Autor ein portugiesischer Theologe im Heiligtum von Fatima und bemerkte: „Heute würde das Geschehen von Fatima vermutlich nicht mehr anerkannt werden, denn zuviele theologische Widersprüche finden sich in den Aussagen Schwester Lucias von damals und heute. Ist aber eine Anerkennung erfolgt, so spielen diese keine übergeordnete Rolle mehr. Das Sonnenwunder war sicher der stärkste äußerliche Beweis, aber er war nicht der entscheidende".

In Garabandal erhoffte man sich ein Ende des oft beißenden Spottes gegenüber den Mädchen und dem von ihnen Erlebten nur von einem Wunder, das auch die Besucher immer wieder forderten, ungeachtet dessen, was sich während der Ekstasen an Unerklärlichem, ja Wun-

Conchita empfängt die mystische Kommunion.

derbarem, alles zutrug. Nur ein allgemeines und von allen unbezweifelbares Wunder konnte imstande sein, die Maßstäbe des Unglaubens der „Bischöflichen Kommission" zu brechen und die Zweifel der Besucher zu zerstreuen, um den Glanz der Unendlichkeit Gottes in ihrer hier zutagegetretenen Einfachheit glaubend anzunehmen. Schon bald hatte der Erzengel St. Michael sie gelehrt, wie man ehrfürchtig und richtig die heilige Kommunion empfängt. Er sagte ihnen, daß er es zuerst mit nicht konsekrierten Hostien vor-

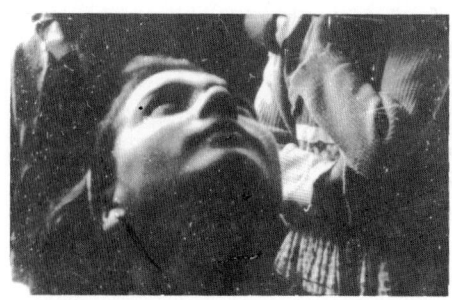

nehmen werde, bis sie gelernt hätten, mit Andacht zu kommunizieren. Das geschah von der äußeren Haltung her so, daß sie sich hinknieten, die Hände über der Brust falteten, den Kopf zum Nacken hin zurücklegten und die Zunge zum Empfang der hl. Hostie aus dem Mund heraushielten.

Danach aber brachte er ihnen öfters die heilige Kommunion. Sie erzählten davon auch den Leuten, und ein Priester brachte die Mädchen dabei einmal sehr in Verlegenheit, weil er ihnen erklärte, daß das gar nicht sein könne, da ein Engel ja nicht konsekrieren könne.

Eine Antwort darauf wußten sie aus sich nicht zu geben, und so fragte Conchita schließlich den Engel, woher er denn die geweihten Hostien nehme, die er ihnen bringe. Der Engel sagte ihr: „Ich nehme sie aus Tabernakeln auf der Erde". Das Problem schien gelöst zu sein, – und doch nicht, denn niemals hatte man, wenn der Engel die Kommunion brachte, die Hostie gesehen. Die Kinder nahmen lediglich die Haltung von Kommunizierenden ein und verhielten sich wie diese, sie schluckten auch. Für die Umstehenden blieb es aber trotzdem nur eine Trockenübung, die höchstenfalls in der andächtigen Haltung beeindruckend war und beispielgebenden Charakter hatte, aber ohne die sichtbare Hostie als Beweis. Die Seherinnen wußten aber nicht, daß das stets unsichtbar für die Umstehenden geschah. Die Fotoserie, die der Priester Don Ramon Garcia de la Riva einmal von Marie-Loli machte, bei einem solchen mystischen Kommunionempfang, läßt das in den einzelnen Phasen deutlich und gut erkennen. Sie ist auf Seite 84 zu finden.

„Weil wir bei der Heiligen Jungfrau aber immer wieder um ein Wunder bettelten, sagte mir der Engel eines Tages", so berichtete Conchita: „*Gott wird ein Wunder wirken und zwar durch dich und mich.*" Darauf fragte sie: „*Was wird das sein?*" Der Engel antwortete ihr: „*Wenn ich dir die heilige Hostie reiche, wird man sie auf deiner Zunge sehen.*" Einen Moment wurde sie nachdenklich und sagte zum Engel: „*Aber wenn Ihr mir die heilige Kommunion reicht, dann muß man sie doch immer sehen auf meiner Zunge.*" Der Engel: „*Das ist nicht so, Conchita. Niemand sieht sie. Am Tag des Wunders aber wird man die Heilige Hostie sehen.*" Conchita sagte ihm darauf verwundert und etwas enttäuscht: „*Das ist aber ein kleines Wunder.*" Der Engel lächelte darauf, ließ sie aber noch im Ungewissen darüber, wann das geschehen sollte und verschwand. Das ereignete sich am 22. Juni 1962.

Am darauf folgenden Tag fragte sie den Engel, wann das von ihm angekündigte Wunder denn geschehen würde. Dieser aber gab ihr zu verstehen, daß die Heilige Jungfrau ihr das Datum mitteilen werde. Bei der nächsten Erscheinung fragte sie sogleich danach, worauf Maria sagte: „*Am Freitag wirst du eine Stimme hören, die dir das Datum des Wunders sagt.*" Am darauf folgenden Freitag hörte sie, wie angekündigt, bei den Kiefern eine Stimme, die ihr sagte, daß das Wunder am 18. Juli 1962 stattfinden werde. Die Stimme fügte noch hinzu: „*Das kleine Wunder (el milagruco), wie du es nennst.*"

Nach dieser Ankündigung begann Conchita vom 3. Juli an mit unbefangener Sicherheit das Wunder anzukündigen. Sie schrieb sogar einen Brief an den Bischof, der ihm persönlich von einem guten Kenner der Vorkommnisse in Garabandal überbracht wurde. Don Valentin erfuhr davon, daß Conchita auch an andere Leute Briefe mit der Ankündigung des Wunders schrieb und riet ihr davon ab, in der Befürchtung, es könnte sich nicht ereignen. Das Mädchen aber ließ sich von ihm nicht abbringen und offenbarte ihm, daß sie das im Auftrag des Engels tue. Sie war sich ihrer Sache ganz sicher.

Der Kalender zeigte den 18. Juli 1962. Das Dorf füllte sich schon früh mit Pilgern und Neugierigen, obwohl der Zeitpunkt für den Abend vorausgesagt war. Die Leute wurden in ihrer Erwartung zusehends von Unruhe ergriffen, die bei einigen zur Ungeduld wurde, weil man in der Nähe des Hauses von Conchita zum Klang einfacher Instrumente etwas tanzte. Man glaubte die Szene würde dadurch gestört. Genau am 18. Juli wird im Dorf nämlich seit langer Zeit, das auf den Sommer verlegte Fest des Patroziniums mit Hochamt und eucharistischer Prozession und mit allerlei Folklore und festlichem Brauch gefeiert. Darauf nahm der Engel Rücksicht und verlegte die heilige Kommunion in die Abendstunden. Da das Fest aber an diesem Tag etwas länger als gewöhnlich dauerte, wurde der Zeitpunkt des angekündigten Wunders dann in die Nachtzeit verschoben. Dadurch, so sei nebenbei bemerkt, wurde die Opferbereitschaft und der Glaube an das Eintreffen des Wunders bei den Anwesenden durch längeres Warten zu ihrem eigenen Wohle auf die Probe gestellt.

Die Leute fragten das Kind schon, ob es nicht besser wäre, das Tanzen zu verbieten, aber Conchita antwortete, wie ihrem Tagebuch zu entnehmen ist: *„Ob sie tanzen oder nicht, es wird auf alle Fälle geschehen."* Bei Einbruch der Dunkelheit wurden die Leute schon recht ungeduldig. Nicht zuletzt, weil sie meinten, dann nichts mehr von dem angekündigten Wunder sehen zu können. Conchita aber schrieb in ihr Tagebuch: *„Ich war ohne Sorge, weil der Engel und die Jungfrau mir das Wunder versprochen hatten. Niemals haben der Engel oder die Jungfrau etwas Unrichtiges gesagt, etwas, das geschehen sollte und dann nicht eintraf."* Niemals …, eine Erfahrung zur Unterscheidung der Geister, die zeitlos der göttlichen Offenbarung vorbehalten ist.

Gegen 22.00 Uhr hatte sie dann nach ihren Aufzeichnungen den ersten Anruf und ungefähr um 24.00 Uhr den zweiten. Um 1 Uhr nachts verließ sie nach dem dritten Anruf, bereits in Ekstase, ihr Zimmer, kam die Treppe herunter, ging aus dem Haus und in einem ekstatischen Gang schnellen Schrittes, aber in andächtiger würdiger Haltung, etwa 50 Meter weit um die nächste Hausecke, um dann zwischen zwei Häusern auf die Knie zu fallen. Dicht gedrängt standen die Leute um sie herum und wenige Taschenlampen waren auf ihr Gesicht gerichtet. Nachdem sie den Engel gesehen hatte, forderte er sie auf, das Confiteor zu beten. Er sagte ihr, sie solle die Zunge solange nicht in den Mund zurückziehen, bis er gegangen und die Heilige Jungfrau gekommen sei. Als diese kam, sagte sie ihr sogleich, daß immer noch nicht alle glauben würden.

So ereignete es sich aus der Sicht Conchitas. Wie aber wurde es von den Umstehenden wahrgenommen?

Unter den Personen, die dicht dabei standen waren Pepe Diez aus Garabandal, Benjamin Gomez aus Pesués und auch Alejandro Damians aus Barcelona. Letzterer hatte von seinem Vetter, der wegen einer Verhinderung nicht selbst nach Garabandal gehen konnte, eine 8 mm Filmkamera mitgegeben bekommen, um für ihn dort zu filmen. Von der Bedienung der Kamera hatte er jedoch keine rechte Ahnung. Er stand unmittelbar in einem Abstand von ca. einem halben Meter vor Conchita und sah, wie sie ihre Zunge heraushielt. Plötzlich wurde ein weißes Licht auf ihrer Zunge sichtbar, das sich zu einer Hostie formte. Während er noch fassungslos darauf starrte, kam ihm plötzlich die Kamera an seinem Handgelenk in den Sinn. Er richtete sie auf das Gesicht des Mädchens und betätigte den Auslöser solange, bis Conchita die Zunge in den Mund zurückholte, ohne damit zu rechnen, daß der Film überhaupt belichtet wurde. Das zweite Wunder ereignete sich für ihn dann, als der Film entwickelt war und genau 69 Bilder belichtet waren, worauf man das Phänomen gut erkennen konnte.

Benjamin Gómez, ein derber, aber gütiger Mann, berichtete mit seinen einfachen Worten, daß er ebenfalls unmittelbar bei Conchita stand und gesehen habe, wie die Hostie sich scheinbar sogar noch vergrößert habe, während sie auf der herausgehaltenen Zunge lag. Er sagte, daß sie mit eigenem hellweißem Licht leuchtete, nicht vom Schein der Taschenlampen, so, wie wenn die Sonne schräg auf ein Schneefeld fällt und dieses ganz hell wird. Das Licht habe aber die Augen nicht geblendet, es sei eher weicher Natur gewesen. Man

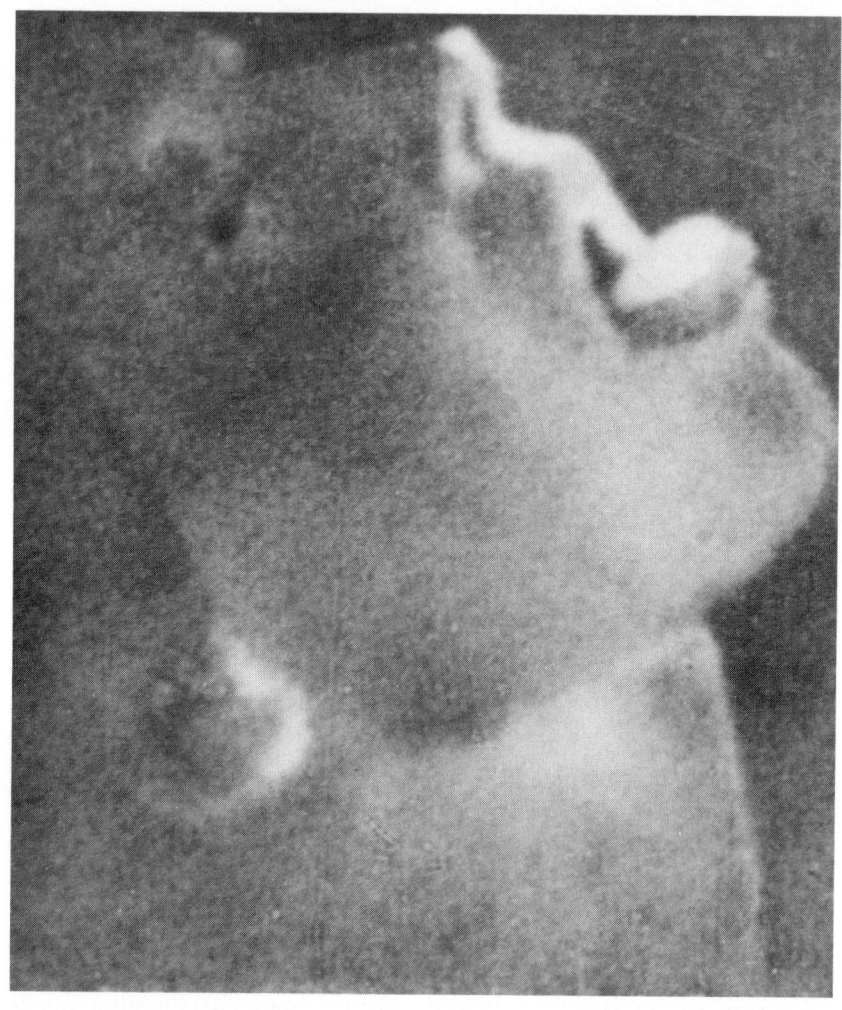

Eines dieser Bilder vom „Hostienwunder", in starker Vergrößerung, aus dem 8 mm Schmalfilm von Alejandro Damians.

könne ihn dafür einsperren, sagte er noch viele Jahre später, als der Autor ihn noch einige Monate vor seinem Tode mit seinem Tonbandgerät und Freunden besuchte. Er habe sich nicht getäuscht und alle anderen Anwesenden hätten es ja auch gesehen.

Für Pepe Diez, der mit seiner Taschenlampe ständig auf das Gesicht leuchtete, und der ebenfalls weniger als einen Meter von Conchita

Benjamin Gómez.

entfernt stand, kommt eine eigene Handlung des Mädchens überhaupt nicht in Betracht. Lieber lasse er sich die Hand abhacken, als daß er sagen würde, sie habe sich die Hostie selbst auf die Zunge gelegt. Das sei ganz ausgeschlossen, denn sie habe die Hände, vor und während die Hostie sichtbar wurde, nicht ein einziges Mal zum Gesicht bewegt.

Conchita aber betete nach dem Empfang der heiligen Kommunion das ‚Seele Christi heilige mich', wie es ihr der Engel aufgetragen hatte. Danach entfernte sie sich von diesem Ort, ohne mit jemandem zu sprechen. Später erfuhren die Anwesenden, daß die Ekstase danach noch über eine Stunde angedauert hatte.

Wenn man über das Geschehen bei diesem Wunder noch eine Weile nachdenkt, so tritt klar zutage, daß wiederum das zentrale Geheimnis katholischen Glaubens im Mittelpunkt steht, die heilige Eucharistie. Nicht die Person der Erscheinung, noch irgend ein spektakuläres Ereignis, sondern schlicht und erhaben zugleich „Jesus", der in der heiligen Hostie den Mittelpunkt dieses wunderbaren Geschehens bildet. Seine geheimnisvolle Gegenwart ist umstrahlt von einem ebenso geheimnisvollen wie symbolhaften Licht, welches ausgereicht hat, um in der Dunkelheit dieser Nacht ein Stück Film zu belichten. Sagte er nicht von sich: „Ich bin das Licht der Welt; wer mir nachfolgt, wird nicht im Finsteren gehen, sondern das Licht des Lebens haben" (Joh 8,12)?

Pepe Diez.

Die zweite Botschaft vom 18. Juni 1965

Die zahlreichen wunderbaren Vorkommnisse in Garabandal haben zwar eine große Menge Menschen über die Jahre hin angelockt und auch gelegentlich in Erstaunen versetzt. Immer gab es Neues zu berichten, das Gesprächsstoff neugierigen Wissensdranges wurde. Das Anliegen der Heiligen Jungfrau Maria aber, dem Allerheiligsten Sakrament mehr Verehrung zu bezeigen und die Wiederholung der Forderung des Evangeliums nach Umkehr und Buße blieben in Kirche und Welt weithin ungehört. So kam es, daß Maria sich gegenüber Conchita beklagte, daß ihre Forderungen nicht erfüllt würden. Am 8. Dezember 1964 verkündete sie Conchita, daß sie durch den Mund des Erzengels St. Michael ihr eine zweite Botschaft für die Welt zukommen lassen werde und kündigte diese für den 18. Juni 1965, den vierten Jahrestag der ersten Erscheinung des Engels in Garabandal an.

Über zweitausend Besucher kamen zu diesem Tag nach Garabandal. Sie kamen aus allen Erdteilen und aus den Ländern Europas. Auf Veranlassung Padre Pios kam das Italienische Fernsehen, und noch andere Fernsehgesellschaften hatten ihre Teams zur Dokumentation dieses Ereignisses entsandt. Gegen 23,45 Uhr fiel Conchita im Cuadro in Ekstase, umringt von Reportern, Polizisten und einer großen Menschenmenge. Unter den Augen der Öffentlichkeit und der Medien, in gleißendes Licht der Film-Scheinwerfer gehüllt, und mit vor ihren Mund gehaltenen Mikrofonen trat sie in die Unterhaltung mit dem Engel ein. Er übermittelte ihr, für die Umstehenden und Medienträger zwar unhörbar, aber für Conchita umso eindrücklicher, die von der Muttergottes angekündigte Botschaft.

Noch in der Nacht schrieb sie diese auf und übergab sie am anderen Morgen nach der heiligen Messe einem Jesuitenpater (Pater Luna), der sie dann unter ihrer Haustür in spanischer, französischer und italienischer Sprache verlas. Zahlreiche Menschen, die bis zu diesem Augenblick die ganze Nacht über betend vor dem Elternhaus Conchitas ausharrten, hörten diese Botschaft schweigend und ergriffen, sie nahmen sie, teilweise mit Tränen in den Augen, an. Mehrmals wurde sie langsam in verschiedenen Sprachen vorgelesen, zum Mitschreiben.

◁ *Der Hohlweg etwas unterhalb der Stelle, an dem die zweite Botschaft vom Engel übermittelt wurde.*

Auf dem Zettel, der die Niederschrift Conchitas trug stand:

Botschaft, die die Heilige Jungfrau durch den Mund des heiligen Michael an die Welt richtet:

Der Engel hat gesagt:

„Weil man meine Botschaft vom 18. Oktober weder erfüllt noch der Welt bekannt gegeben hat, so kündige ich euch an, daß diese hier die letzte ist.

Zuvor hat sich der Kelch gefüllt, jetzt läuft er über.

Viele Kardinäle, Bischöfe und Priester gehen den Weg des Verderbens und ziehen viele Seelen mit sich. Man mißt der hl. Eucharistie immer weniger Bedeutung zu.

Wir müssen durch unsere Anstrengungen dem Zorne Gottes über uns entgehen. Wenn wir ihn aufrichtig um Verzeihung bitten, wird er uns verzeihen.

Ich, eure Mutter, bitte euch durch die Vermittlung des heiligen Erzengels Michael darum, daß ihr euch bessert. Ihr befindet euch in den Zeiten der letzten Warnungen. Ich liebe euch sehr und will eure Verdammung nicht.

Bittet uns aufrichtig, und wir werden euch erhören. Ihr müßt euch mehr heiligen. Denkt an die Passion Jesu!"

Conchita González. 18. 6. 1965

Im Spanischen lautete die Botschaft wie folgt. Dabei sei bemerkt, daß Conchita die Botschaft mehrmals aufgeschrieben hat und dabei die grammatischen Zeiten und die Wortstellung manchmal veränderte. Sinngemäß vermittelte sie stets den gleichen Inhalt. Es handelt sich ja um ganz außerordentlich wichtige Zusammenhänge, die das Schicksal der Kirche und der ganzen Menschheit in elementarer Weise betreffen. Deshalb ist es wichtig, daß der Sinn der Botschaft zutreffend vermittelt wird. Hier die Wiedergabe einer handgeschriebenen Form der Botschaft, wie sie Conchita an verschiedene Personen gab.

In gleißendes Scheinwerferlicht gehüllt empfing Conchita am 18. Juni 1965 um 23.45 Uhr die zweite Botschaft.

»El mensaje que la Santisima Virgen ha dado al mundo por la intercesión de San Miguel.

El angel ha dicho:

Como no se ha cumplido, y no se ha dado a conocer al mundo mi mensaje del 18 de octubre, os diré que éste es el último. Antes, la copa estaba llenando; ahora, esta rebosando. Los sacerdotes van muchos por el camino de la perdición y con ellos más almas.

La Eucaristia se da menos importancia.

Debemos evitar la ira de Dios sobre nosotros con nuestros esfuerzos. Si le pedís perdón con nuestras almas sinceras, El os perdonará. Yo, vuestra Madre, que por intercesión del angel San Miguel, os quiero decir que os en mendéis.

¡Ya estais en los últimos avisos! Os quiero mucho, y no quiero vuestra condenación. Pedimos sinceramente, y nosotros os lo daremos. Debéis sacrificaros mas. Pensad en la Pasión de Jesús.«

(Conchita González, 18-VI-1965).

Bei späteren Veröffentlichungen hat Conchita die Worte „Kardinäle" und „Bischöfe" wieder angefügt, die sie auf Anraten des Jesuiten Luis Jesús Luna Guerro bei der ersten Verkündigung aus Furcht vor der Hierarchie zunächst weggelassen hatte. Später bestätigte sie, daß der Engel diese aber ausdrücklich genannt habe. Dazu finden sich im Buch von Pater Eusebio de Pesquera ausführliche Erklärungen und Begründungen, die hier nicht wiederholt zu werden brauchen.

Aus diesem Text aber ist die mütterliche Sorge unserer Himmlischen Mutter um unser Heil unabweislich klar zu entnehmen. Sie sagt nichts Neues, aber sie wiederholt, was schon von den Propheten des Alten Testamentes, ebenso wie im Neuen Testament und in der Apokalypse vorhergesagt ist. Sie spricht dieselben Tadel aus, die die Propheten im Alten Bund über das Volk verkündeten, deren sich die Apostel in der Apostelgeschichte auch mit Sorge zugewendet haben. Theologisch ist dagegen nichts einzuwenden, wohl aber menschlich, denn es berührt **den** Teil menschlicher Freiheit, der zur Verletzung der Ehre des Allmächtigen führt; sei es durch Gleichgültigkeit und

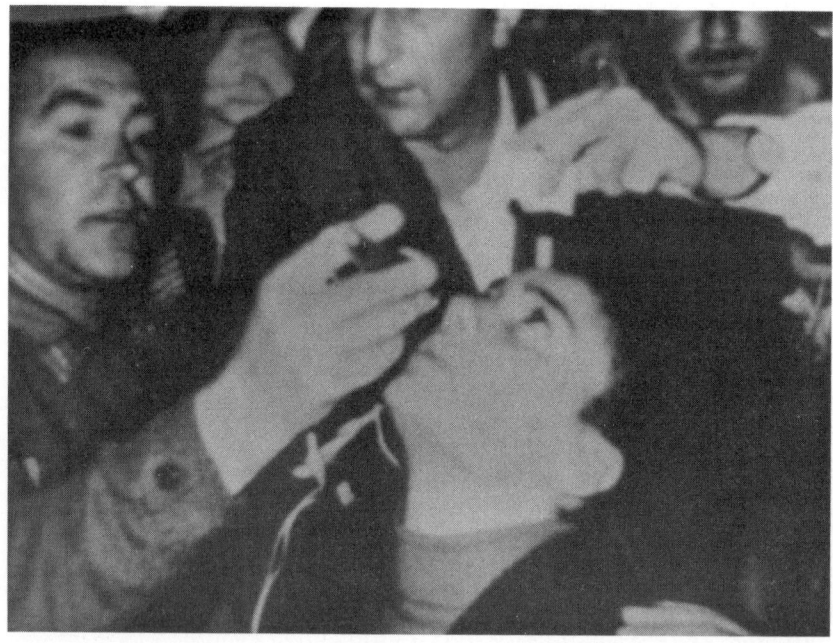

Conchita in Ekstase, die Botschaft des Engel hörend.

Bequemlichkeit oder durch Selbstherrlichkeit, gepaart mit falsch verstandenem Selbstbewußtsein.

Nicht sie selbst, sondern ein Engel überbrachte diese Botschaft. Der Erzengel Michael überbrachte sie, zeichenhaft für die damals vor der Tür stehende theologische Abschwächung des Glaubens an die heiligen Engel. Und damit hat Maria uns einen weiteren Beweis des göttlichen Ursprungs dieser Botschaft an die Hand gegeben, denn die heiligen Engel sind die „Boten Gottes", die nicht aus sich, sondern aus der Kraft Gottes uns seinen Heiligen Willen kund tun, wie wir bei Lukas 1,26–33 und auch an anderen Stellen der Hl. Schrift klar erkennen können. So dürfen wir annehmen, daß diese Botschaft aus der Gnade Gottes zu uns geflossen ist, zu uns, die wir uns oft so undankbar und uneinsichtig gegenüber dem Allmächtigen Vater erweisen.

Das Eintreffen dieser Ekstase, die Conchita über ein halbes Jahr vorausgesagt hatte, wurde allein schon für viele zu einer Bestätigung des übernatürlichen Ereignisses, wenngleich sich dabei auch nichts Spektakuläres ereignet hat. Man beache den relativ großen zeitlichen Abstand zwischen der Ankündigung und der Verkündigung der Botschaft, ebenso wie bei der ersten Botschaft auch. Gott läßt dem Menschen Zeit, Zeit, um sich auf Ihn und das, was von Ihm kommt, vorzubereiten. Eile und Hetze, Erfindungen des Täuschers, kommen hier nicht zum tragen. Ruhe und Entschlossenheit aber sind gefordert. Es sind Grundprinzipien, die zum Bekenntnis des Glaubens und zu einem gottesfürchtigen Leben gehören. Zeit also für die Menschen, um sich auf eine zweite Botschaft innerlich und äußerlich vorbereiten zu können.

Die Botschaft aber leuchtete damals schon tief in die Entwicklung des Konzils hinein, die von Außenstehenden noch nicht ganz erkannt werden konnte. Was aber die verminderte Ehrfurcht vor der hl. Eucharistie anbelangt, so nahm diese Botschaft die verheerende Entwicklung in der Zeit nach dem Konzil schon vorweg und setzte sie in Bezug zum ersten Gebot Gottes, IHM allein Ehre zu erweisen.

Vor diesem Hintergrund läßt sich die gigantische Schuld erahnen, die durch die verminderte Ehrfurcht vor der Anwesenheit Gottes im Allerheiligsten Sakrament in der heutigen kirchlichen Praxis aufgetürmt wird. Dabei sei wiederum auf Paulus verwiesen, der über den unwürdigen Genuß der heiligen Geheimnisse unmißverständlich klare Worte sagt.

Das Bedrückende an dieser Situation ist, daß weit und breit keine verantwortungsvolle Lösungsmöglichkeit in Sicht ist. Ganz im Gegenteil, eine fortschreitende Liberalisierung und Einschränkung des Schuldbewußtseins durch einseitig verkündeten Heilsoptimismus, der auch aus einer gewissen menschlichen Unfähigkeit den Problemen gegenüber resultiert, lassen die Stellung des Menschen vor Gott in die letztlich teuflische Anmaßung einer Partnerschaft Gottes mit den Menschen einmünden. Satan ist es, der sich in seinem verblendeten Stolz als Partner Gottes bezeichnet, und er erreicht auf diese Weise scheinbar sein Ziel. Aber nur scheinbar, wenngleich er dabei eine übergroße Ernte einfährt. Den Kindern von Garabandal wurden der Weg zur Hölle gezeigt und die unübersehbare Masse Menschen, die sich leichtfertig und fröhlich tanzend freiwillig darauf zubewegt, wie es nachfolgend ausführlicher beschrieben wird. Nur eine veränderte Interpretation zentraler Glaubensgeheimnisse konnte als Voraussetzung zu einer solchen Veränderung führen, die unter dem Vorwand der konzentrierenden Vereinfachung zur Entweihung führt.

Das bestätigt sich auch in anderen Aussagen der Heiligen Jungfrau in Garabandal. Einmal sagte sie zu den Kindern: „Ihr geht jetzt in eine Zeit so großer Verwirrung hinein, in der ihr vielen von euren Priestern, (auch guten) keinen Glauben mehr schenken könnt. Wenn ihr nicht mehr aus noch ein wißt flüchtet euch zu uns (Jesus und Maria) und besucht oft das Allerheiligste Sakrament. Bittet uns um die Erkenntnis was wahr ist. Wir werden euch dann mit Erleuchtung stärken. Betet viel zum Heiligen Geist, damit er euch führen kann." Führen heißt hier auch erziehen und heranbilden zu erlebnisfähigen und urteilfähigen Menschen, zu Menschen, die dem Schöpfungsplan Gottes entsprechen.

Wie vielfältig und offenkundig bestätigt sich die reiche Ernte des Widersachers gerade in der heutigen Zeit, auch deshalb, weil es an der mutigen und verantwortungsvollen Erziehung der Jugendlichen mangelt, weil es an einer gottesfürchtigen Religionslehre mangelt, weil es an der überzeugenden Verkündigung mangelt und weil die Befriedigung von Bedürfnissen Vorrang vor der Anleitung zum Verzicht hat. Das Verzichten als hingebungsvolle Form der Liebe, ohne das die Liebe niemals bestehen kann, weder vor Gott, noch vor dem Menschen. Das Verzichten, in dem man dem geliebten Menschen die Größe der Freiheit schenkt und in dem man sich Gott gegenüber als inniges Geschenk in nicht zu überbietender Form darbringen kann. Konsequent zu Ende gedacht, findet man darin die Hauptursache für den beispiellosen Zerfall der christlichen Zivilisation und der Moral. Das „Nicht mehr verzichten können" wurde vom Vater des Bösen zum unverzichtbaren Wert erhoben. In den ins Unermeßliche ansteigenden Möglichkeiten der Menschen werden die Ansprüche, die man als selbstbewußter Mensch an das Leben und an Gott stellen kann, zum erstrebenswerten Ziel und zur Hauptaufgabe erkoren. Die Geschenke Gottes werden zum „einklagbaren" Recht auf Glück uminterpretiert.

Einmal wurde den Kindern die Hölle gezeigt. Den Anwesenden mußten die Kinder vor dieser Vision sagen, daß sie am Fuße des Berges, auf dem die Kiefern stehen, verweilen sollen, denn die Heilige Jungfrau wünsche es dieses Mal so. Als die zurückgebliebene Menge die Kinder vor Furcht laute und entsetzte Schreie ausstoßen hörte, fing man an den Rosenkranz zu beten. Die Schreie verstummten, doch als man mit dem Gebet aussetzte, begannen die Kinder sofort wieder ängstlich zu schreien. Hinterher befragt, sagten sie, daß die Heilige Jungfrau sie an den Rand der Hölle geführt habe und ihnen die Hölle gezeigt worden sei. Dabei hätten sie große Angst gehabt hineinzustürzen, obwohl sie zugleich die Heilige Jungfrau gesehen hätten. Sie hätten aber gespürt, als für sie gebetet wurde und sofort habe sich ihre Furcht in Vertrauen gewandelt. „Betet für die Sünder, um sie vor der Hölle zu bewahren," so hatte Maria in Fatima schon 1917 gesagt. Hier hat sie es wiederholt und anschaulich verdeutlicht. Ferner berichteten die Kinder, daß sie einen unübersehbaren Menschenstrom sich auf die Hölle zubewegen sahen. Die meisten seien sogar Jugendliche gewesen, vermerkten sie mit furchtsamem Erstaunen. Maria habe ihnen auf ihre Fragen dazu gesagt, daß zu keiner Zeit der Menschheit so viele Seelen der Hölle zugefallen seien, wie in unseren Tagen.

Wen wundert das angesichts der heutigen Verhältnisse in Kirche und Welt. Wie schon vorher gesagt wurde, ist es doch weithin so, daß die Gewissen in ihrer Grundstruktur zerstört sind und daher kein gottesfürchtiges Verhalten mehr gelehrt, noch gelebt wird. Von den letzten Dingen wird in der Verkündigung nur noch verkürzt, wenn über-

Die Haltung und der Gesichtsausdruck lassen auf die Art der erlebten Vision schließen, wie hier bei Conchita und Jacinta.

haupt noch, gesprochen. Die Mystik als Bestätigung für das, was wir als Christen glauben, ist aus der Verkündigung durch allzu rationelles Denken herausgedrängt worden. Man überläßt es „Randgruppen", aus denen sich zum großen Teil die getreuesten Beter in der Kirche rekrutieren, die aber aus Furcht vor der Abschreckung gegenüber ungläubigen oder lauen Kirchenmitgliedern nicht mehr ernst genommen werden. Dadurch besteht unter den „Getreuen" die Gefahr der Verirrungen in pseudomystische Täuschungen. Es entsteht auch mancherorts eine regelrechte kirchliche Subkultur, die einer gemeinsamen Pastoral nicht mehr zugänglich ist. Es entsteht damit zwangsläufig eine vagabundierende Herde verirrter Schafe. Hat aber davon nicht Jesus bereits gesprochen? Klingt es nicht auch in der zweiten Botschaft an, zwischen den Zeilen?

»Wir müssen uns ernstlich bessern. Wir müssen durch unsere Anstrengungen dem Zorne Gottes entgehen«, dem Strafgericht, das uns allen in der ersten Botschaft mit einfachen Worten bereits deutlich angesagt wurde.

Dabei hat Maria bei einer anderen Gelegenheit die Konsequenz aus ihren Bemühungen um die Menschen in ein so mütterlich einfaches Prinzip gefaßt. So sagte sie: *„Ich verlange von euch nichts Außergewöhnliches* (nichts Übertriebenes), *aber ich bitte euch und erwarte von euch, lebt euer tägliches Leben würdig als Menschen und gebt dabei Gott, dem Allmächtigen, den IHM gebührenden Platz in eurem Leben. "* Hinter diesen einfachen Worten verbirgt sich ein ganzes Lebensprogramm. Zweifellos eine zentrale Aussage Mariens in Garabandal, eine Aussage, die zutiefst dem Evangelium entspricht. Es heißt, daß wir Gott einen Teil unserer Zeit schenken sollen in Form von Anbetung und persönlichem Gebet, aber auch, daß wir dem Angebot der Kirche zum Empfang der hl. Sakramente folgen und uns als ihre Glieder bekennen sollen. Ist das nicht die Forderung des

Evangeliums, die Sie da zu unserer Erinnerung aufs neue wiederholt? Ja, gewiß, denn wir sind schwach und hängen allzusehr unseren
Neigungen und dem Erwerb materieller Güter nach, genauso wie das
von Gott erwählte Volk der Israeliten im Alten Bund. Damals waren
es die großen biblischen Führergestalten und Propheten, die die
Menschen zur Umkehr riefen und sie an die Pflicht vor Gott erinner-
ten und ihnen sein Wehe und seine Strafen verkündeten, heute ist es
Maria, die Königin der Propheten.

El mensaje que la Santísima Virgen
a dado al mundo por la intercesión de
San Miguel. El Ángel ha dicho Como no
se ha cumplido, y no se ha dado a conocer
al mundo mi mensaje del 18 de Octubre
os diré que este es el último.
Antes la Copa estaba llenando ahora esta
rebosando. Los sacerdotes van muchos por
el camino de la perdición y con ellos más
almas. La Eucaristia se dá menos impor
tancia. Debemos evitar la ira de Dios sobre
nosotros, con nuestros esfuerzos. Si le
pedís perdon con nuestras almas sinceras
Él os perdonará yo vuestra Madre que por
intercesión del Ángel San Miguel os quiere
decir que os enmendeis ya estais con los
últimos avisos os quiero mucho y no quiero
vuestra condenación. Pedidnos sinceramente
Nosotros os lo daremos. Deveis sacrificaros más
Pensad en la Pasión de Jesus
18-XI-1965
Conchita Gonzaler
✝

*Eine handschriftliche Abschrift Conchitas von der zweiten Botschaft, an-
gefertigt für Placido Ruiloba.*

111

Schafe tragen zur Existenz der Dorfbewohner bei und gehören zum täglichen Bild im Gebirgsdorf San Sebastián de Garabandal.

Pater Luis Andréus unerklärlicher Tod

Am 8. August 1961 begab sich der junge Theologieprofessor Pater Luis Maria Andréu S.J. als einer von vier Brüdern, Alejandro, Ramón, Marcellino und Luis, die alle Jesuiten sind, nach Garabandal. Es war von ihm bekannt, daß er nicht mit einer vorgefaßten ablehnenden Haltung sich zur Aufgabe gemacht hatte, das Geschehen in Garabandal genauestens zu prüfen. In der Dorfkirche zelebrierte er die hl. Messe am Altar des heiligen Sebastián. Alle Anwesenden bemerkten bei ihm die außergewöhnliche Andacht, mit der er die heiligen Geheimnisse feierte, wie innig er den Schlußsegen erteilte und danach das Gebet zum hl. Erzengel Michael sprach, der in der Gestalt eines römischen Zenturion als Statue in der Kirche bei der Türe stand, zum gewaltigem Speerstich gegen den Drachen ausholend.

Danach wohnte er im Verlaufe des Tages verschiedenen Erscheinungen bei und beobachtete die in Ekstase befindlichen Kinder aufs genaueste. Er vernahm auch, daß die Kinder an diesem Tage die Erscheinung wieder flehentlich um ein Wunder, als Bestätigung für

Pater Luis Andréu bei seiner ersten heiligen Messe.

113

die Erscheinungen baten. Conchita hörte er sagen: *„Warum wirst du immer so ernst, wenn wir dich um einen Beweis bitten?"* Und Marie-Loli darauf fortfuhr: *„Gib ihn uns sofort!* (den Beweis) *Du sagst doch immer, daß du ihn geben wirst!"* Pater Luis machte sich gelegentlich Notizen und verfolgte das Geschehen tief bewegt.

Als der Abend gekommen war, folgte er den Kindern zu den Kiefern, wohin sie die Erscheinung geführt hatte. Unter den Bäumen sangen sie zu Ehren des hl. Erzengel Michael ein Lied, denn die Heilige Jungfrau hatte ihnen soeben ihren Wunsch nach einer Kapelle zu Ehren des hl. Michael anvertraut. Pater Luis hielt sich in ihrer Nähe auf, und Umstehende bemerkten, daß sich auf einmal seine Haltung und sein Aussehen merkwürdig veränderten. Er wurde ganz bleich und man hörte ihn deutlich viermal rufen „Milagro, milagro, ... (Wunder, Wunder,...)". Anwesende beobachteten, daß Tränen über seine Wangen liefen und bemerkten stille Zeichen seiner Rührung. Das kannte man an ihm, dem gefaßten und beherrschten Theologen nicht. Schweigsam und mit den Zügen inneren Glücks ging er nach dem Ende der Erscheinung weg, um noch an demselben Abend im Auto von Freunden den Weg nach Valladolid anzutreten.

An diesem Tage aber hatte er Marie Loli einen kleinen runden Pilgerrosenkranz gegeben, um ihn der Heiligen Jungfrau zum Kuß zu reichen. Die Kinder rannten aber, noch in Ekstase, in schnellem Tempo bei schon völliger Dunkelheit ins Dorf und über die kleine Brücke zur Kirche. Marie Loli hatte diesen Rosenkranz dabei verloren. „Suche ihn morgen," rät ihr Pater Luis, um sie zu beruhigen, „und wenn ich nicht wiederkomme, dann gib ihn meinem Bruder." Gemeint war Pater Ramón Andréu S.J., der ebenfalls gelegentlich Garabandal besuchte und bereits ein wichtiger Zeuge des dortigen Geschehens geworden war.

Auf Anraten des Herrn Rafael Fontaneda und seiner im Auto mitfahrenden Familie schlief Pater Luis etwa eine Stunde auf der ersten Wegstrecke neben ihm auf dem Beifahrersitz. Nachdem er erwachte, wiederholte er immer wieder: „Das ist der schönste Tag meines Lebens. Ach, wie wohl ist mir. Was für ein Geschenk hat mir die Allerseligste Jungfrau gemacht! Welch ein Glück ist es, solch eine Mutter im Himmel zu haben!" Schweigend versank er danach stets in seine Gedanken, um es nach einiger Zeit zu wiederholen, ohne aber im einzelnen über das Erlebte zu sprechen. Er sagte auch, daß es für ihn keinen Zweifel mehr an der Echtheit des Geschehens in Garabandal gebe, er sei absolut überzeugt, daß den vier Seherkindern die Heilige Jungfrau Maria erscheint.

In Reinosa machte man eine kleine Pause, es war mittlerweile gegen 4 Uhr morgens, und er stieg mit den anderen am großen Brunnen am Anfang der Stadt aus, um sich zu erfrischen und etwas zu trinken. Man setzte die Fahrt fort und Pater Luis faßte die vorangegangenen Gespräche noch einmal zusammen. „... Heute ist der glücklichste Tag meines Lebens" hörten ihn alle Insassen deutlich aussprechen, noch während der Wagen durch die Straßen Reinosas rollte. Herr Fontaneda unterbrach darauf ein kürzeres Schweigen mit einer Frage und bekam keine Antwort von ihm. Er hielt sofort an, beugte sich über seinen Mitfahrer und bemerkte, daß Pater Luis Andréu ohne Bewußtsein war. Als er nach dem Puls fühlte war er der Meinung: Sein Herz schlägt nicht mehr. Eilig begibt man sich zum nahegelegenen Krankenhaus und eine Krankenschwester kann nurmehr den Tod feststellen, den dann auch der noch eilig herbeigerufene Arzt, Dr. Vicente González, bestätigte. Der ebenfalls eilig herbeigerufene Pfarrer nahm an ihm noch die Krankenölung vor. Auf dem Antlitz von Pater Luis aber lag ein ruhiges Lächeln und keine Spur von Leiden oder Angst waren an ihm festzustellen. Lautlos war seine Seele zur Ewigkeit gegangen, zur himmlischen Mutter, die ihn nach seinen eigenen Worten noch vor wenigen Stunden so überaus glücklich erfüllend beschenkt hatte.

Vergeblich suchte man nach einer Erklärung für seinen Tod. Nichts deutete auf ein Leiden oder auf eine gesundheitliche Störung hin. Er war stets gesund und im Vollbesitz seiner geistigen und körperlichen Kräfte. Gelegentlicher Heuschnupfen war die einzige bei ihm bekannte Krankheit. Aber zum Tode führen konnte das unmöglich.

Herr Fontaneda und andere ihm nahestehende Personen sprachen davon, daß er wohl am Erlebnis einer übernatürlichen Freude gestorben sein mußte. Eine Feststellung, die übrigens später noch von Bedeutung sein wird, wenn wir auf das durch Maria in Garabandal angekündigte Wunder zu sprechen kommen.

Die Seherkinder aber sagten später zu seinem Bruder Ramón, daß sie Pater Luis bei dieser Ekstase am 8. August bei den Kiefern knien gesehen hatten, obwohl sie während ihrer Visionen sonst niemals

Drei der vier Brüder Andréu, mit ihrer Mutter. Von links Alejandro, Ramón, ihre Mutter und Luis, der jüngste.

jemanden, außer der Erscheinung sahen. Darüber hinaus sagten sie, daß die heilige Jungfrau ihm wohl gesagt habe, daß er bald bei ihr sein dürfe. Sie sagten seinem Bruder auch, daß Pater Luis das Wunder schon gesehen habe, das die Heilige Jungfrau ihnen angekündigt hatte, und dessen Datum Conchita allein anvertraut wurde. Das habe ihn sehr ergriffen, sagten Sie Pater Ramón.

Um diese Begebenheit zu vervollständigen muß noch berichtet werden, daß die kleinen Seherinnen in einer späteren Ekstase mit Pater Luis gesprochen haben, bei der ausgerechnet sein Bruder, Pater Ramón Andréu, zugegen war. Sie sagten, daß sie ihn nicht sehen konnten, daß sie ihn aber an seiner Stimme zweifelsfrei erkannt hätten. Pater Ramón Andréu wurde dadurch von der Richtigkeit dieser Aussagen überzeugt, weil er aus den Worten der Kinder bei dieser Erscheinung interne Dinge seiner Familie hörte, die die Kinder unmöglich wissen konnten, und weil er Einzelheiten von der Beerdigung seines Bruders erfuhr, die er zwar zu diesem Zeitpunkt noch nicht wußte, aber deren Richtigkeit später nachprüfen konnte.

Unmittelbar nach dieser Erscheinung kam Conchita in die Küche zu ihrer Mutter gelaufen und sprach ihr das Ave Maria auf griechisch

vor. Aniceta war, ohne es freilich verstehen und nachprüfen zu können, was dann später der Ortspfarrer nachholte, sehr verwundert
darüber und fragte: „Von wem hast du denn das gelernt?" „Von Pater Luis," bekam sie zur Antwort. „Der ist doch gestorben!". „Ja,
ja, aber heute war er mit der Heiligen Jungfrau und er hat mit uns
gesprochen und uns das gelehrt." Griechisch, und zwar sehr gut ausgesprochen, wie Don Valentin konstatierte, das war für die Bildung
dieser einfachen Kinder absolut unmöglich. Für seinen Verstand
aber war das eine Zumutung, denn er wußte keine Erklärung dafür
zu geben.

Eine weitere Begebenheit sei hierbei noch erwähnt. Die Mutter der
vier Brüder Andréu hatte als Witwe seit einiger Zeit den Wunsch, in
einen Orden einzutreten. Etwa 10 Tage vor seinem Tod hat sie diese
Absicht noch ihrem Sohn Luis anvertraut. Am 19. April 1962 nahm
sie das Habit des Ordens von der Visitation und wurde Ordensfrau.

Conchita betet bei den
los pinos, wo jenes
glückliche Ereignis für
Pater Luis Andréu
stattfand, von dem er
auf der Heimfahrt
immer wieder sprach.

Die von der Heiligen Jungfrau Maria gewünschte kleine Kapelle zu Ehren des heiligen Michael. Sie steht unterhalb der Kiefern in einem umzäunten Garten, der von Garabandal-Freunden angelegt wurde. Ein Denkmal erinnert an die Erscheinungen (links) und Bronzetafeln mit den Botschaften mahnen den Besucher zu Buße und Umkehr. Es ist ein Ort des Gebetes, wie auf einer Tafel am Eingangstor zu lesen ist.

Die angekündigten Ereignisse.

Wie oft hört man die Frage: „Was gibt es Neues in Garabandal?" Darin liegt die Erwartung auf etwas Außerordentliches verborgen, das von der Heiligen Jungfrau im Verlaufe ihrer über zweitausend Erscheinungen angekündigt worden ist, sich aber bis heute noch nicht ereignet hat. Viele, ja man kann sagen, alle, die jemals von den Erscheinungen der Allerseligsten Jungfrau Maria in Garabandal gehört haben, warten darauf und sehnen herbei, was die Seherkinder als Prophezeiung von ihr gehört haben und was für alle Menschen erfahrbare Wirklichkeit werden soll. Nicht zuletzt der zuständige Bischof, der, um eine neue Untersuchung der Ereignisse einleiten zu können, dringend solcher Fakten bedarf, wartet darauf mit großem Interesse. Papst PAUL VI. antwortete auf eine Frage von Pater Escalada S.J. aus Mexico, der den Jesuitengeneral P. Arupe bei einer Audienz vor seiner Visitationsreise nach Lateinamerika begleitete, erstaunlich offen und gut informiert. Pater Escalada sagte zu Papst PAUL VI., daß er in Mexico eine große Propaganda für Garabandal entfaltet habe. Nun aber habe der zuständige Bischof von Santander, Msgr. Puchol,* durch Dekret erklärt, die dortigen Ereignisse seien nicht übernatürlich, und dieses Dekret habe Kardinal Ottaviani bestätigt. Wie er sich denn nun verhalten solle, fragte Pater Escalada den Papst.

Darauf habe ihm der Papst (privat) geantwortet, daß er sich an diesen Entscheid nicht zu halten brauche und fortfahren möge, die Botschaft von Garabandal (wie bisher) zu verbreiten. Er selber, PAUL VI., warte auf ein Ereignis, das ihm die Last von seiner Schulter nehme, oder sie ihm doch wenigstens erleichtern möge ...

Seine Antwort war zumindest sehr ungewöhnlich und zeigte sein persönliches Interesse. Auch Kardinal Ottaviani äußerte sich bis dahin mehrfach sehr positiv zu dem Geschehen in Garabandal, verwies jedoch stets auf die Zuständigkeit des Ortsbischofs, insbesondere nach

---

* Bischof Puchol war kurz nachdem er dieses negative Dekret über Garabandal veröffentlicht hatte am Fest des hl. Erzengel Michael, dem 8. 5. 1967, mit dem Auto, welches er selbst steuerte, auf einer Fahrt von Madrid nach Santander tödlich verunglückt. Sein Begleiter, ein Bediensteter seines Ordinariates, entstieg dagegen der völlig zerstörten Karosse nahezu unverletzt. Der Bischof wurde auf der Stelle getötet.

Pater Luna, Prinzessin Cäcilie von Bourbon, Conchita, ihre Mutter und eine Begleiterin bei ihrem Besuch in Rom am 13. Januar 1966.

der Veröffentlichung des genannten Dekretes. Er hat aber die Hauptseherin auch zu einem über zweistündigen Gespräch im Vatikan empfangen, von dem Conchita später sagte, daß es sehr offen und sehr fruchtbar und mit großem Interesse von Kardinal Ottaviani geführt worden sei. Er habe ihr weder verboten über ihre Erscheinungen zu sprechen, noch habe er gesagt, daß sie die Botschaft nicht verbreiten dürfe. Wohl aber habe er ihr klargemacht, daß die Zuständigkeit dafür bei ihrem Bischof liege.

Immer und immer wieder baten die vier Mädchen die Heilige Jungfrau um ein Wunder, damit alle daran glauben können, daran glauben, daß SIE es ist, die Mutter Gottes, die hier erscheint. Sie baten natürlich auch darum, daß man ihnen Glauben schenken soll, um von den quälenden und bohrenden Fragen der Ungläubigen und Neugierigen befreit zu werden. Sie baten aber auch darum, damit alle den Ruf zur Umkehr und zur Buße ernst nehmen sollten, den der gütige Gott durch Maria und durch den Engel als seine Boten der ganzen Menschheit überbringen ließ. Durch SIE, der die Kirche den Titel „Königin der Propheten" verliehen hat, wie wir in der Lauretanischen Litanei beten.

Erinnern wir uns in diesem Zusammenhang an die den Mädchen schwergefallene Aufgabe, mit ihren eigenen einfachen Worten auszudrücken, was sie von der Heiligen Jungfrau als Botschaft für die Welt vermittelt bekamen. Immer und immer stand ihnen ihre absolute Unfähigkeit vor Augen, die vielen neugierigen und ungläubigen Menschen mit ihren eigenen Worten überzeugen zu können. Es schien für sie, wie auch für jeden von uns, schier unmöglich zu sein, mit Worten und ohne Beweise andere Menschen zu überzeugen. Dabei vergessen wir stets, daß der Glaube ein unverwechselbares und einmaliges Geschenk des Allmächtigen Gottes ist, dessen Vermittlung er weder in die Disposition der Kirche als Institution, noch in das Bemühen des einzelnen Menschen gelegt hat. Unser Beispiel und unser Bekenntnis kann lediglich vorbereitend auf die Gnade des Glaubens bei anderen wirken. Gott selbst aber schenkt den Glauben in unanfechtbarer Souveränität. Ein Geschenk, in dem uns der Gegensatz zwischen Himmel und Hölle zur freien Entscheidung vor Augen gestellt wird. Danken wir dem allmächtigen Gott denn genug dafür, wenn wir das Geschenk des Glauben erhalten haben?

Nach dem Wunder der Hostie hat Conchita oftmals mit der Heiligen Jungfrau darüber gesprochen, daß durch dieses kleine Wunder (el milagruco), wie sie es nannte, die Leute nicht überzeugt worden seien. Sie bat immer wieder sehnlichst um das große Wunder, das die Heilige Jungfrau den Kindern ja schon sehr früh in Aussicht stellte.

Ein Wunder, das ihr Sohn für die ganze Menschheit wirken wird; ein Wunder, das so groß sein wird, daß es über jeden Zweifel erhaben sei und jedermann erkennen könne, daß es von Gott kommt. Sie kündigte auch an, daß die Kirche Ihr Erscheinen und die Geschehnisse in Garabandal erst nach diesem großen Wunder, genauer gesagt, am Tage nach dem großen Wunder anerkennen werde.

Nicht nur ein großes Wunder liegt noch in der Erfüllung der Prophetie von Garabandal verborgen, auch noch zwei andere Ereignisse gehören dazu, die für die Menschheit von weitreichender Bedeutung sein werden. Das eine ist eine Ankündigung, eine Vorwarnung über die ganze Welt, die alle Menschen gleichermaßen treffen wird und das andere ist die große Züchtigung Gottes, das Strafgericht, welches angekündigt wurde, falls sich die Menschheit auf die „letzte Botschaft" hin nicht bekehrt.

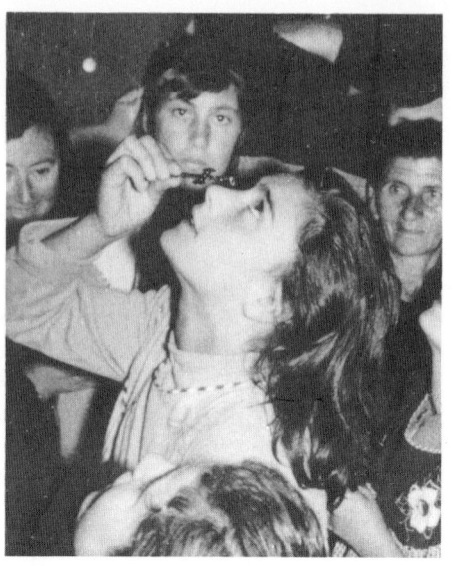

Conchita in Ekstase.

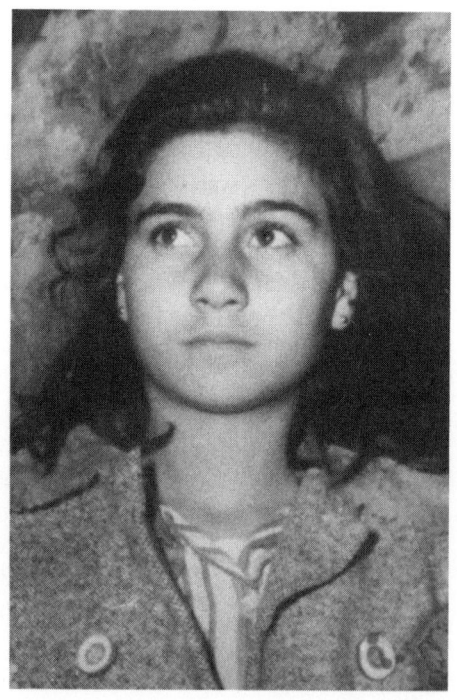

*Conchita
unmittelbar nach der Ekstase.
Ihr Blick scheint noch in eine
andere Welt gerichtet zu sein,
die soeben ihrem Schauen
entzogen wurde.*

Warnung

Die Warnung wird im Spanischen mit dem Wort „aviso" bezeichnet, das nach allen verfügbaren Wörterbüchern zu deutsch Vorwarnung, Warnung, Fingerzeig oder aber Ankündigung bedeutet, und sie ist ein Ereignis, welches Maria im Verlauf der Erscheinungen als letztes ankündigte, das aber als erstes von den drei großen Ereignissen außerordentlichen Geschehens eintreffen soll.

Conchita äußerte sich dazu folgendermaßen: *„Vor dem Wunder, so hat es mir die Heilige Jungfrau am 1. Januar 1965 gesagt, wird sich eine Ankündigung (aviso) ereignen, damit sich die Welt bessere. Diese wird furchtbar wie eine Züchtigung sein, sowohl für die Guten wie für die Bösen. Die Guten werden sich Gott entschiedener zuwenden, die Bösen werden sich mehr von ihm abwenden, zugleich aber werden sie alle erkennen, daß das Ende der Zeiten nahe ist und daß es die letzte Warnung vor der großen Züchtigung ist. Niemand kann mehr verhindern, daß diese Ankündigung eintrifft. Daß sie kommt ist ganz gewiß, obwohl ich weder den Tag noch die Stunde kenne."* Conchita bemerkte weiterhin dazu, daß die Heilige Jungfrau wörtlich gesagt habe, daß es dabei zu einer deutlichen „Scheidung der Geister" kommen werde.

Das „aviso" wird also der ganzen Menschheit die darauf folgenden großen Ereignisse ankündigen und bereits auf das hinweisen, was Gott in seiner Allmacht allen Menschen bereitet. Furchterregend und aussichtslos wird es für den sein, der fern von Gott steht und von zornigem Haß erfüllt darin Seine unentrinnbare Allmacht erkennt; erschreckend, aber mit dem Anruf versehen „fürchtet euch nicht," wird es für den sein, der die Nähe Gottes zu suchen bereit ist.

Worin die Ankündigung besteht durfte Conchita nicht sagen, sie sagte jedoch, daß sie sich selbst sehr vor der Vorwarnung fürchte und sie sich wünsche, die Vorwarnung in einer Kirche vor dem Tabernakel erleben zu dürfen, um Kraft zu bekommen, dieses grauenhafte Erlebnis ertragen zu können. *„Die Ankündigung wird furchtbar sein, wie das Strafgericht, jedoch wird man nicht unmittelbar daran sterben. Wenn trotzdem dabei jemand den Tod erleidet, so geschieht das als Folge aus der Erkenntnis seiner eigenen Situation, aus Erschütterung über sich selbst. Gott will, daß wir uns auf die Vorwarnung hin bessern und weniger Sünden gegen ihn begehen."*

Diese Ankündigung wird für alle Menschen gleichermaßen erfahrbar und furchtbar sein. Es wird etwas sein, das in der Atmosphäre vor sich geht. Es wird sein wie Feuer, das den Körper nicht verbrennt, und doch wird es zugleich körperlich und seelisch wie ein Feuer spürbar sein. Wer sich im Stande der Gnade befinde, werde die Ankündigung gelassener ertragen können, denn jeder werde seine Seele so erkennen, wie sie vor Gott ist. Man kann daraus entnehmen, daß es eine globale Erkenntnis der Gewissen sein kann. *„Die Ankündigung wird die Folge eines direkten Eingreifen Gottes sein. Sie wird von Getauften und Nichgetauften gleichermaßen wahrgenommen,"* sagte Conchita dazu. Und weiter sagte sie: *„Wenn ich das Strafgericht nicht kennen würde, würde ich annehmen, daß die Vorwarnung* (aviso = Ankündigung, Fingerzeig) *bereits das große Strafgericht ist."* Immer wieder versicherte Conchita, so bereits in der Karwoche 1971 gegenüber Irmgard Hausmann: *„Es ist gewiß, daß alles bereits sehr nahe ist."*

Der Begriff „sehr nahe" ist als biblischer Terminus wohlbekannt. Zugleich ist er mit der Erfahrung von Generationen als ein nicht mit unserem Zeitmaß übereinstimmender Zeitbegriff göttlicher Offenbarung behaftet, den sowohl die Propheten, als auch Jesus selbst mehrfach gebrauchten. Er bezeichnet weniger einen Zeitpunkt oder Zeitablauf, als den Zustand einer Entwicklung, einer Folge von etwas.

„Noch vor der Warnung," so erfuhr sie von der Heiligen Jungfrau, *„wird der Bischof von Santander ein persönliches Zeichen für die Echtheit der Erscheinungen von Garabandal bekommen und daraufhin das Verbot für Priester, dorthin zu gehen, wieder aufheben."* Conchita betonte: *„Es ist gewiß, daß das vor der Warnung geschehen wird, denn danach hätte es keinen Wert mehr."* Diese Aufhebung des Verbotes für Priester kann man gewissermaßen als Vorzeichen für das Eintreffen der Ankündigung betrachten. Und in der Tat, das Verbot für Priester ist durch den Bischof bereits aufgehoben worden, was von niemandem vorherzusehen war. Priester und Ordensleute können ohne jede Einschränkung und ohne Verletzung des Gehorsams nach Garabandal gehen und auch die hl. Messe darf dort in Übereinstimmung mit dem dortigen Pfarrer von ortsfremden Priestern gefeiert werden, wie es überall sonst auch üblich ist.

Im Gegensatz zu Conchita wurde Marie Loli von der Heiligen Jungfrau der Zeitpunkt der Vorwarnung mitgeteilt, jedoch mit der Aufla-

Am Mittwoch, dem 21. Dezember 1977, machte der neu ernannte Bischof von Santander, Juan Antonio del Val, seinen ersten Pastoralbesuch im Dorf San Sebastián de Garabandal. Am Ende seiner Predigt sagte er: „Ich werden nun einige Worte über die Ereignisse in Garabandal an Sie richten ... Sie wissen, daß meine Vorgänger im Bischofsamt erklärt hatten, daß das, was hier passiert ist, nicht übernatürlichen Ursprungs sei ... Ich habe die Meinung meiner Vorgänger respektiert. Nun aber will ich Ihnen mitteilen, daß der Heilige Stuhl in Rom eine offizielle Kommission ernennt, die das, was sich hier ereignet hat, gründlich prüfen soll ... Ich selbst werde mit Wärme und Respekt alle konkreten Zeugnisse, die von Ernst und Verantwortung getragen sind, an den Heiligen Stuhl weiterleiten. Ich bitte Sie um Ihr Gebet ..." Was daraus geworden ist findet sich im Kapitel „Garabandal und die Kirche".

ge, diesen niemandem bekannt zu geben. Das wurde erst später bekannt. Frau Ch. Bocabeille führte im Verlaufe der Vorbereitung eines Garabandal-Kongresses in Madrid mit allen vier Seherinnen ein Telefongespräch. So auch mit Marie-Loli am 9. Mai 1983. Dabei versuchte sie von ihr dadurch etwas über das Eintreffen der Warnung zu erfahren, daß sie Loli mitteilte, daß ihr eine außerordentliche Person, die beiden bekannt ist, das Datum der Ankündigung bereits mitgeteilt habe. Dadurch ergäbe sich die Gelegenheit das Datum zu vergleichen. Sie fragte Marie Loli darum, ob sie das Datum der Vorwarnung noch immer wisse und welches es sei.

Interessant war die Antwort. *„Ich weiß das Datum der Warnung, aber die Heilige Jungfrau hat mir streng befohlen, es niemandem zu sagen, auch nicht Ihnen. Wenn Sie es von N. N. wissen, so kann Ihnen das ja genügen.“* „Wenn du mir schon nicht das Datum sagen darfst, dann kannst du mir vielleicht sagen, zu welcher Zeit es sein wird,“ fragte Frau Bocabeille. *„Ja, es wird in dem Augenblick sein, wenn die Welt die Ankündigung am notwendigsten braucht.“* Darauf die Frage: „Wann ist das?“ *„Es ist dann, wenn Russland einen großen Teil der freien Welt unvorhergesehen und plötzlich überfallen und überfluten wird ... Gott will nicht, daß das so schnell geschieht. Auf alle Fälle wird die Vorwarnung kommen, wenn sie sehen, daß die hl. Messe nicht mehr frei gefeiert werden kann; dann wird die Welt es am notwendigsten haben, daß Gott eingreift.“*

Das gibt auch einem kühlen Betrachter zu denken, denn es stellt uns eine Entwicklung vor Augen, die allen politischen Entwicklungen am Beginn des neunten Jahrzehntes unseres Jahrhunderts zuwider läuft, wäre darin nicht „unvorhergesehen und plötzlich“ gesagt. Alle Spekulationen dazu müssen aber ins Leere treffen, denn Gott läßt sich nicht in die Karten schauen, auch nicht von sogenannten und angeblichen Sehern. Vielmehr ist es in der Vergangenheit bezüglich der Voraussagen über die angekündigten Ereignisse in Garabandal stets so gewesen, daß alle nicht von der Prophetie von Garabandal ausgehenden Informationen zu Spekulationen führten, die nicht aufgegangen sind. Auch Vorhersagen sogenannter Begnadeter trafen immer, und das ist wichtig, nicht zu. Sie waren stets nur dazu geeignet, den Glauben an die Erscheinungen von Garabandal zu mindern, es unglaubwürdig zu machen. Alle, die in dieser Weise tätig wurden und noch werden wollen, sollten sich dringend fragen lassen, ob sie damit der Befriedigung der Neugierde und dem Verwirrer dienen wollen, oder ob sie bereit sind in Geduld und Vertrauen auf Gott zu warten, so, wie es Maria gewünscht hat.

Häuser im Dorf, hinter der Kirche. ▷

Auch daran kann man ablesen, ob man es mit einer vom Verwirrer eingefädelten Abwerbungs- und Ablenkungs-Mystik zu tun hat oder mit der durch Gott gegebenen Offenbarung, die immer und stets den Glauben und die Hoffnung an die erste Stelle setzt. Botschaften neuerer Zeit, in denen auf Garabandal und die Voraussage der Termine der angekündigten Ereignisse Bezug genommen wird, sind deshalb von vornherein als Machwerk teuflischer Täuschung zu erkennen, auch wenn sie, wie zumeist üblich, selbstverständliche Wahrheiten enthalten. Der Diabolus, was Verwirrer oder Durcheinanderwerfer heißt, will durch die Befriedigung der Neugier auf das, was kommt, erreichen, daß die Menschen versäumen ein Leben im Stande der Gnade zu führen, um allezeit für das Angesagte bereit zu sein. Das ist es nämlich, was seine Scheunen füllt. Wenn eine solche Voraussage also nicht stimmt und nicht eintrifft, so kann man erkennen, daß sie vom Vater der Lüge stammt und niemals von Gott. Es sei dies als Hilfe zur Unterscheidung der Geister dem Leser an die Hand gegeben. Konsequent angewendet, wird es zu einem Geländer für den gesunden Glauben, an dem man sich festhalten kann, zu einem Maßstab, den man an sogenannte „Botschaften vom Himmel" anlegen kann.

Das große Wunder als Zeichen von Gott

Das große Wunder ist von den angekündigten Ereignissen das am sehnlichsten erwartete. Hat doch die Allerseligste Jungfrau Maria im Zusammenhang damit bei vielen gläubigen Menschen sehr große Erwartungen geweckt, besonders bei Kranken. Durch den Mund der Seherkinder hat sie ankündigen lassen, daß bei dem großen Wunder, welches ihr Sohn Jesus wirken werde, die Ungläubigen unter den Anwesenden bekehrt und die Kranken geheilt würden. Sie hat nicht gesagt „einige Kranke", aber auch nicht gesagt „alle Kranke", sondern „die Kranken", was einer Verheißung gleich kommt, wie sie bisher noch nicht gegeben wurde. Zugleich aber muß man wissen, daß das konkrete Versprechen der Heilung bei diesem großen Wunder nur zwei Menschen gegeben wurde. Einem blinden Amerikaner wurden neue Augen versprochen, und das erste, was er damit sehen werde, wird das Wunder sein. Einem teilweise gelähmten, damals jungen Mann aus Spanien, wurde ebenfalls Heilung versprochen, wenn er zum Wunder nach Garabandal komme. Bei diesem ist es jedoch zur Zeit zweifelhaft, ob er beim Wunder geheilt werden wird, da er nicht mehr an Garabandal glaubt, sich als Gegner entwickelt hat, und so möglicherweise nicht zum Zeitpunkt des Wunders nach Garabandal gehen wird. Er gehört zu den Enttäuschten, die so lange schon auf das Wunder gewartet haben und nicht mehr glauben können, daß es noch eintrifft. Nicht Wenigen geht es ebenso, denn die allen Glauben zerstörende Spekulation mit dem Datum des Wunders und immer neue Ankündigungen eines möglichen Termins, denen oft auch Glaubwürdigkeit mit angeblichen Botschaften irgendwelcher „Seher" und sogenannter „Begnadeter" anpreisend verliehen wird, vernichten den Glauben an Garabandal und an das Eintreffen des angekündigten Wunders. Dabei erkennen sie aber nicht, daß das zur Taktik des Widersachers gehört, um in vermessenem Hochmut die Sache Gottes zu zerstören. Jeder, der sich dadurch von Garabandal abwendet, wird zu einem Punkt auf der Strategieliste Satans im Kampf um die Abwendung der Seelen von Gott. Dieses zu erkennen fällt einem nicht schwer, denn: *„Es wird das größte Wunder sein, das Jesus jemals für die Menschen gewirkt haben wird*

◁ *Umgeben von Wiesen und Feldern, inmitten von amphitheatrisch ansteigenden Bergen, ist San Sebastián de Garabandal gelegen. Bei der Gruppe der Kiefernbäume, links im Bild, soll sich das große Wunder ereignen. Von den umliegenden Bergen wird man es sehen können.*

Die Kiefernbäume, los pinos genannt, wie sie 1965 ausgesehen haben. „Dieser Ort ist heilig! Gott liebt diesen Ort sehr", sagte Maria zu den Kindern.

und wird zugleich das letzte sein »bis zum Ende der Zeiten«", so sagte es den Sehermädchen die Heilige Jungfrau. Bei den Kiefern (los pinos) wird es geschehen und es wird danach ein andauerndes allgemein sichtbares Zeichen zurückbleiben, das unbestechlich und zweifelsfrei immer an das Wunder erinnern wird. *„Es wird nicht aus Materie sein. Man wird es nicht anfassen können, aber anschauen und fotografieren wird man es können,"* sagte Conchita dazu. Maria nannte diesen Ort „heilig", weil Gott ihn liebt. In diesem Zusammenhang wird dieser Ausspruch Mariens allgemein verstehbar.

Gelegentlich versucht der Diabolus, uns Menschen mit allerhand Spekulationen neugierig zu machen, doch das Geheimnis Gottes bleibt ein Geheimnis Gottes. Dabei bedient er sich des öfteren eben sogenannter Medien, die auch oft zu Unrecht „Begnadete" genannt werden, wenn er sich zur Täuschung in Gestalten des Lichtes kleidet, ja sogar vorgibt die Muttergottes oder gar Jesus selbst zu sein, wenn er diesen mit außerordentlichen Sinnen begabten Menschen erscheint oder zu ihnen spricht. So werden solche mit besonderen Fähigkeiten begabte Menschen zunächst selbst zu Getäuschten, bevor die ihren Aussagen vertrauenden Menschen, über die Neugierde verführt, auch getäuscht werden. Deshalb sollte man den Ausdruck „Begnadete oder Begnadeter" nicht einfach auf alle Personen anwenden, die lediglich außerordentliche Fähigkeiten oder Begabungen besitzen. „Begnadet" bedeutet, daß ein Mensch in außerordentlicher Weise von Gott heimgesucht wird und in Seinen Dienst genommen ist. Wie zum Beispiel Maria. „Sei gegrüßt, Begnadete, der Herr ist mit dir ... (Lk 1,28)". Das ist bei Hellsehern und übersinnlich begabten Menschen nicht unbedingt der Fall. Auch Satan und die Dämonen vermögen sich solcher Personen zu bedienen und sie dabei glänzend über die eigene Identität zu täuschen. Mit frommen Wahrheiten und mit Kritik an der Kirche und an so manchen ehrfurchtslosen Zuständen öffnet er die Herzen der „Gutgläubigen" und narrt sie, indem er mit seinen Voraussagen sehnliche Erwartungen auf die eingreifende Hand Gottes weckt, die dann nicht eintreffen und durch Enttäuschung zur Abwendung führen. Man kann ihn jedoch in dieser Rolle stets daran erkennen, daß er versucht, Geheimnisse, die im Plane Gottes verborgen sind, mit vorgetäuschter Sicherheit vorauszusagen. Wie zum Beispiel mit den angekündigten Ereignissen in Garabandal. Nicht selten sind damit Voraussagen verbunden, die durch das angekündigte Wunder eine Beendigung der Unordnung in Kirche und Gesellschaft versprechen, oder einer Massenbekehrung der vom Glauben an Gott Abgewendeten; der Zustände also, deren Urheber er, Satan, selbst ist. Auch erkennt man ihn daran, daß er bei den so übermittelten angeblichen Botschaften Gottes die freie Entscheidung des menschlichen Willens einschränkt, wie zum Beispiel durch den Zwang zu einem Übermaß an religiöser Verpflichtung und der gleichzeitigen Androhung von Strafe und Verwerfung bei deren Nichterfüllung. Wenn sich also in sogenannten Botschaften, oder anderen als mystisch bezeichneten Quellen, irgendwelche Voraussagen oder auch nur Bestätigungen für die Echtheit von Garabandal befinden, so ist das zumindest ein deutliches Zeichen, daß man von vornherein daran zweifeln muß, daß Gott der Ursprung dieser Aussagen ist. Noch deutlicher wird es, wenn gar auf diesem Wege die Anerkennung der Ereignisse von Garabandal durch die Kirchliche Autorität angeblich von Jesus, Maria, oder einer anderen himmlischen Person gefordert werden. Damit würde sich Gott ja selbst ins Wort fallen, denn Maria hat (in seinem

Auftrag) in Garabandal den Kindern klar vorhergesagt, wie es sich mit der Anerkennung durch die Kirche verhalten wird. Solche Gedanken lassen einem recht einfach etwaige bestehende Zweifel überwinden über die Echtheit irgendwelcher mysteriöser Nachrichtenquellen und Botschaften. Dazu immer wieder die Abschiedsrede Jesu zu seinen Jüngern, Matthäus 24, Markus 13 und Lukas 21, zu lesen und dabei den Heiligen Geist um Erleuchtung zu bitten, verhilft jedem ernsthaft gläubigen Menschen die Fallstricke der religiösen Verwirrung besser zu erkennen.

So kann man sagen, was die Sache der Heiligen Jungfrau von Garabandal anbetrifft und ihre dort gemachten Ankündigungen, daß sie der Widersacher mit unzähligen, meist von leichtgläubigen guten Menschen verbreiteten Voraussagen anderer Seher und außerordentlich begabter Personen unglaubwürdig machen will. Daran ist abzulesen, wie wichtig das ist, was uns Menschen dort durch Maria von Gott gesagt und vermittelt worden ist. Satan will es unbedingt in seiner Klarheit verwirren und verwischen, damit seine Ernte größer wird.

Verständnisvoll, wie eine gute Mutter ist, kam sie nach und nach auch dem ungeduldigen Drängen ihrer Kinder entgegen, die von ihr stets den Zeitpunkt und das Datum wissen wollten, zu dem es sich ereignet. Nur Conchita allein hat sie es anvertraut und ihr zugleich streng geboten, es erst acht Tage vor dem Eintreffen bekannt zu geben. Soviel aber durfte sie sagen: Es werde um dieselbe Stunde geschehen, wie die erste Erscheinung, an einem Donnerstag Abend um 20.30 Uhr. Eine Viertelstunde lang werde es andauern und danach werde niemand mehr einen Zweifel haben, daß es von Gott kommt. Bei den Kiefern werde es sich ereignen und man könne es nur im Ort und von den ihn umgebenden Berghängen aus sehen. Der Tag liege zwischen dem 7. und dem 17. des Monats und es werde zusammenfallen mit einem freudigen Ereignis in der Kirche, welches, so führte Conchita später zur weiteren Erklärung aus, im Leben der Kirche nichts Neues sei, aber zur Zeit ihres Lebens noch nicht stattgefunden habe. So sagte sie im Jahre 1967. Darüberhinaus werde es zusammenfallen mit dem Tag eines Heiligen, der als Märtyrer im Zusammenhang mit der hl. Eucharistie gestorben sei und dessen Gedächtnistag nicht mehr der ursprüngliche Tag ist, sondern verschoben wurde im Kalender der Heiligenfeste. Der Monat wird zwischen Februar und Juli liegen und schließlich, so sagte Conchita einmal, es

Garabandal, umgeben von Bergen, am Fuße einer tribünenartig anstei-genden Anhöhe vor der grandiosen und im Winter verschneiten Kulisse des Peña Sagra Bergmassivs. Jetzt ist es gut erreichbar von Cosio aus über diese in den siebziger Jahren gebaute Straße. „Y haré todo!", „Ich mache alles", sagte die Heilige Jungfrau.

geschehe nach dem großen Schnee. Auf die spontane Vermutung, daß es dann wohl im Frühjahr sei, antwortete sie: „Es kann auch im Sommer schneien."

Beachtlich viel gab die Heilige Jungfrau von dem Geheimnis um den Zeitpunkt preis, jedoch in guter Tradition der göttlichen Offenba-rung nur soviel, daß wir es mit den Spekulationen menschlichen Geistes nicht ergründen können. Wird es erst eingetroffen sein, dann werden alle, die sich die Köpfe heiß gedacht haben, erkennen, daß zwar alles stimmte, was die Heilige Jungfrau sagte, nur eben nicht in den Zusammenhängen, wie es menschlicher Forschungsdrang zu er-gründen vermag. Sind wir doch in dem, was wir zu erkennen imstan-de sind, in jedem Falle von der Güte und der Gnade des Vaters ab-hängig, so auch in der Erkenntnis um das Datum des Wunders. Einmal sagte die Heilige Jungfrau zu Conchita: *„Kurz vor dem Wunder werden nur noch ganz wenige daran glauben ... ".*

Schon in den Tagen der ersten Erscheinungen versprach die Heilige Jungfrau ein großes Zeichen, welches durch die Kraft Gottes in Garabandal geschehen soll. Conchita begann schon im ersten Jahr von diesem großen Wunder zu reden und es anzukündigen, das man nur in Garabandal und von den Berghöhen rund um das Dorf sehen könne. Daß es erst nach der Vorwarnung, dem „aviso", geschehen soll, wurde erst im Jahre 1965 bekannt und Conchita sagt es so bis heute.

Am 1. September 1961 hörten sie Umstehende während der Ekstase flüstern: *„Wie schön das Wunder ist! Ich möchte so gerne, daß Du es bald wirkst .... Warum nicht?"* Es wird bei allen eine große innere Ruhe, Zufriedenheit und Freude hervorrufen, die es sehen werden, und es wird danach kein Zweifel mehr bestehen, daß es von Gott kommt.

„Alle werden die Kraft und die Gnade erhalten, es ertragen zu können ... ", sagte sie, nachdem man sie fragte, ob man daran auch sterben könne, wie es Pater Luis Andréu erging, der es schon vor Conchita im August 1961 sehen und erleben durfte. Sie fügte hinzu, daß auch der Papst es sehen werde, ganz gleich wo er sich befindet, und auch Pater Pio werde es sehen. Darauf angesprochen, daß der heiligmäßige Padre ja bereits 1968 gestorben sei, sagte sie später mit nachdrücklicher Überzeugung: „Ich weiß nicht, wie das geschehen wird, aber Pater Pio wird hier sein. Daran zweifle ich keinen Augenblick." Wer kennt die Möglichkeiten Gottes oder wer vermag sie auszuloten?

Eine weitere Voraussage konnte Conchita aus dem Munde der Jungfrau Maria verkünden, die unzählig vielen Menschen zum Faden der Hoffnung wurde. *„Man soll die Kranken zum Tag des großen Wunders nach Garabandal bringen; auch diejenigen Schwerkranken, die man nicht für transportfähig hält. Gott wird allen soviel Kraft geben, daß sie die Reise ohne Schaden überstehen können."* Auf die Frage des Autors an Conchita, ob nicht auch viele verunglücken könnten, wenn infolge der kurzen Zeit von der Ankündigung bis zum Eintreffen des Wunders, bekanntlich ja nur eine Woche, ein Verkehrschaos entstehen wird, antwortete sie: „Die Heilige Jungfrau hat allen, die SIE darum bitten, für die Reise zum Wunder ihren besonderen

Schutz versprochen. Wichtig ist, daß alle die kommen wollen nicht darin nachlassen die Heilige Jungfrau zu bitten, daß SIE es ermöglichen wird zum Wunder nach Garabandal kommen zu können. Sie sagte auch: *„Die Leute sollen nicht besorgt sein um die Möglichkeit, wie sie zum Wunder ins Dorf kommen werden. ICH mache alles.“* Das heißt soviel wie: Ich bereite Euch das alles vor. Es bedeutet aber nicht, daß uns eine perfekte Reiseorganisation angeboten werden wird. Wichtig ist aber, daß wir uns geistlich bereit machen und bereit halten dafür; daß wir daraufhin ein Leben im Stande der Gnade zu führen bemüht sind, und daß wir IHR vertrauen es uns zu ermöglichen beim Wunder dabei zu sein.

In der Tat sind wir hier bei einem entscheidend wichtigen Punkt für das richtige Verhalten in der Erwartung des Wunders angelangt. Eine Anweisung für uns Menschen und ein Versprechen von der Mutter des Herrn, gleich einem Scheck, den wir nur einzulösen brauchen. Ein Scheck, bei dem es uns nicht erlaubt ist, das Datum des Wunders selbst einzusetzen. *„Ich mache alles (yo haré todo)“*, hat sie gesagt: Die Straße, um ins Dorf zu kommen; die Aufhebung des Verbotes für Priester und Ordensleute den Ort zu besuchen; die Transportmöglichkeiten für Schwerkranke, und, und, und. „Das Militär und der Staat werden sich dann in großem Umfang einsetzen,“ sagte sie zu den Kindern, als sie danach fragten, wie man die Schwerkranken über den steinigen Eselspfad zum Dorf heraufbringen könnte.

Nur Conchita allein kennt die Art des Wunders, denn den anderen blieb dieses Erlebnis vorenthalten. Sie darf aber nach den Worten der Heiligen Jungfrau nicht darüber sprechen. Trotzdem beteuerte sie stets, daß es unvergleichlich größer und überzeugender sein werde als das Sonnenwunder von Fatima, von welchem man ihr erzählt hatte. Es werde keinerlei Zweifel darüber geben, daß es direkt von Gott gewirkt ist. Nach dem Wunder werde bei den Kiefern ein andauerndes Zeichen zurückbleiben als immerwährender Beweis, das aber nicht aus Materie sei. *„Es kann angeschaut und auch fotografiert werden, aber anfassen kann man es nicht“*. Sie wurde gefragt, ob gar Jesus selbst oder seine heilige Mutter zu sehen sein werden. „Nein, nein, dann wäre es ja eine Erscheinung und kein Wunder!“, sagte Conchita unmißverständlich.

In bewundernswerter Treue und freundlicher Bestimmtheit hielt Conchita allen lästigen Fragen stand, auch wenn sie in Form von

Kreuzverhören, oder durch täuschende Fragen provoziert wurde. Selbst das ist erstaunlich, wenn man bedenkt, daß sie ja nur über die einfache Bildung einer Dorfschule verfügen kann. Der fast tägliche Umgang mit der himmlischen Mutter hat ihr eine Erziehung zukommen lassen, die von keinem Seminar in Persönlichkeitsbildung übertroffen werden könnte, jedoch ohne die elterliche Erziehung dabei zu stören, oder in diese einzugreifen. Ein Zeichen der Ehrfurcht vor der Freiheit des Menschen. Ein Echtheitsbeweis kristallklarer Art.

Der eigentliche Tag des großen Wunders von Garabandal bleibt in der von Gott durch Maria gegebenen Prophetie verborgen.

Conchita mit ihrer Mutter, neben dem häuslichen Herd, während sie mit bohrenden Fragen von Besuchern bedrängt wurde.

Wir **sollen** das Datum nicht kennen, und deshalb sollen wir die müßige Arbeit der Erforschung des Datums anhand der bekannt gewordenen Fakten unterlassen. Maria hätte, wenn es Gottes Wille wäre, Conchita bevollmächtigen können das Datum zu nennen. Daß es nicht so ist, muß uns Gebot sein. Bemerkenswert ist dabei, daß es trotz intensiver Bemühungen bisher niemandem gelungen ist, das Geheimnis des Datums zu lüften. Gerade das zeigt, daß es der gütige Gott ist, der alle unsere Bemühungen vorausweiß und der uns allein befähigen könnte Verborgenes zu erkennen. Er ließ Maria nur soviel an Hinweisen zum Eintreffen dieses Wunders preisgeben, daß wir sie erst beim Eintreffen des Geschehens als solche werden erkennen können. Das ist ein untrügliches Merkmal für die von Gott gegebene Prophetie. Vergleichen wir es mit dem immerwährenden Bestreben der Menschen die prophetischen Aussagen der Heiligen Schrift in zukunftsorientiertes Wissen umzusetzen. Das war zu Zeiten des Alten Testamentes ebenso, wie zur Zeit Jesu. Gott verlangt von uns den Glauben an das, was er ankündigt, das „Wissen" bleibt ihm selbst vorbehalten. Die Unterordnung des Geschöpfes unter den Schöpfer wird nur durch die Schlange gestört, die dem Menschen immer wieder weiß zu machen versucht, daß der Mensch von sich aus allein, auch ohne den Schöpfer, zur Erkenntnis befähigt sei. Dabei scheut sich der Widersacher heute nicht davor, sich als Gott-Vater, als der Sohn Gottes, als Maria oder als ein anderes „verklärtes Wesen" auszugeben, um die Menschen mit frommen Sprüchen hörig zu machen und von der Wahrheit wegzulocken.

Conchita im Gespräch mit Pilgern, im August 1965.

Das Strafgericht

Von den drei angekündigten großen Ereignissen ist das letzte ohne Zweifel das folgenschwerste, das Strafgericht, von dem Maria bereits bei ihren ersten Besuchen in Garabandal zu den Kindern sprach. Sicherlich konnten sie damals die Bedeutung dieses für die ganze Menschheit einschneidenden Ereignisses nicht erkennen. Die Heilige Jungfrau sprach zu ihnen darüber sehr liebevoll und war darauf bedacht, daß ihre lauteren Gemüter nicht durch sinnlose Furcht überfordert wurden. Trotzdem hat es sie ungeheuer bewegt, denn das geht auch aus der in kindlicher Sprache abgefaßten ersten Botschaft hervor, in der die Mädchen zweimal dieses Strafgericht ansprachen. Die Kinder erlebten auch eine zwei Abende umfassende Vision des Strafgerichtes, von der im nächsten Kapitel die Rede ist.

In der zweiten Botschaft erfahren wir, warum uns mit dem Ruf zur Umkehr ein Strafgericht angekündigt wird. „... *Wir müssen durch unsere Anstrengungen dem Zorne Gottes über uns entgehen ...*". Dem Zorne Gottes, weil wir gefehlt haben, und sie spricht vom Kelch, der überläuft, und der nach biblischer Auffassung der Kelch oder die Schale (la copa) des Zornes Gottes bedeutet. Weiter sagt sie, daß diese hier die letzte Warnung ist. Auch das führte schon angesichts der in neuerer Zeit bekannt gewordenen Marienerscheinungen zu Mißverständnissen. Sie sagte nichts darüber, ob sie auch noch an anderen Orten ihre mütterlichen Mahnungen aufs neue in Erinnerung rufen werde. Fest steht nur, daß sie nichts unversucht läßt, um uns, die Menschheit, von einem verhängnisvollen von Gott abgewendeten Weg zurückzurufen, einem Weg der ins Verderben führt. Das ist ihre frohe Botschaft, daß wir angesichts des ins Gigantische aufgetürmten Schuldberges vor Gott doch noch gewarnt werden vor dem Verderben. Wahrhaft eine frohe Botschaft, denn sie betrifft unser ewiges Heil.

Warum überhaupt ein Strafgericht? Warum eine solche Drohung, möchte man einwenden. Prof. Dr. Hermann Menge hat in seiner Übersetzung der Heiligen Schrift bei der rätselhaften Stelle im Matthäus-Evangelium Kapitel 24, Vers 28, „denn wo das Aas (= ein verendetes Tier) liegt, da sammeln sich die Geier" in einer Fußnote

◁ *Die Straße von Cosio hinauf nach San Sebastián de Garabandal. Hinter einem Bergvorsprung verbirgt sich das Dorf, von dem man ganz rechts nur die Kirche erkennt, darüber die Anhöhe der Kiefernbäume.*

erklärend vermerkt: „Sinn des Ausspruchs: wie die Geier sich da einstellen, wo etwas zur Vertilgung Reifes vorhanden ist, so wird auch
der Menschensohn mit seinem Strafgericht da erscheinen, wo der
Zustand der Menschheit es notwendig macht." Das schrieb er, ein
evangelischer Sprachwissenschaftler, der sich vom Heiligen Geist
nach seiner Pensionierung zur Übersetzung der Bibel gedrängt sah,
sicherlich ohne von einer marianischen Prophetie angeregt worden
zu sein, bereits im Jahre 1926. (Übrigens eine sehr empfehlenswerte
Übersetzung der Heiligen Schrift, die sich durch Frömmigkeit und
Begriffstreue besonders auszeichnet und auch für katholische Christen einen wortgetreuen Text bietet.) Aus der Verschmelzung seiner
Persönlichkeit mit dem Wort Gottes hatte er diese Erkenntnis gewonnen, die ansonsten in Kommentaren zu diesem Evangelium nicht
zu finden ist. In der Tat bringt er das Problem damit auf den Punkt,
und man erkennt, daß das Wort Gottes zwar eine unvergleichliche
Frohbotschaft für die Menschen ist, zugleich aber auch das **Wehe**
enthält, das dem Menschen im Spannungsfeld zwischen Gott und
seinem Widersacher die Grenzen für sein Handeln setzt. Dieses
„Wehe" ist auch Bestandteil der beiden Botschaften von Garabandal, die in ihrer Konsequenz aber auf das ewige Heil ausgerichtet ist
und uns die Grenzen unseres eigenmächtigen Handelns ohne Gott
aufzeigt.

Um diese Grenzen geht es in der Botschaft von Garabandal, um diese Grenzen, die vom Menschen nur allzu leicht und selbstherrlich
bedenkenlos überschritten werden. Deshalb sind wir aufgerufen
worden von Jesus Christus zur Umkehr, und Maria sagt nichts
Neues, sie wiederholt diesen Ruf zur Buße und Umkehr nur, weil wir
Menschen das aus unserem vorwärtsstrebenden Blickfeld verloren
haben und unser Heil nur allzusehr im Erreichen materieller Sicherheit suchen. Wir neigen dazu zu nehmen was uns nicht erlaubt ist und
wir werden dazu verführt von der Schlange, dem Feinde des Menschen von Anbeginn, dem Widersacher Gottes, dem Verderber. Sein
Ziel ist es, in dem schon im Alten Bund durch die Propheten für die
Endzeit angekündigten Strafgericht eine möglichst große Ernte an
Seelen ins Verderben zu stürzen und dadurch Gott zu entreißen.

Auch im Neuen Testament werden wir durch Jesus selbst in seiner
Abschiedsrede auf diese Reinigung des Erdkreises hingewiesen, und
nicht nur dort. Seit Noah weiß die Menschheit darum, zumindest der
Teil, der in seiner Geschichte von der Heiligen Schrift erfaßt wurde.

Die Heilige Jungfrau sprach mehrmals mit den Kindern über das Strafgericht, ohne daß das allerdings den Charakter einer Botschaft hatte. Sie sprach den Seherinnen davon im Zusammenhang mit der Wiederkunft ihres Sohnes, von der später noch die Rede ist. Zuvor muß die Erde gereinigt werden vom Bösen, welches sich wie ein Geflecht bösartiger Krankheit überall ausgebreitet hat. Bevor aber dieses Strafgericht kommt, welches von ihr insofern nur bedingt angekündigt wurde, falls sich die Menschheit nicht bekehrt, werden noch furchtbare Kriege, Krankheiten, die nicht zu heilen sind, und Hungersnöte über die Welt kommen. Ein Drittel der Menschheit werde davon erfaßt und zugrunde gehen. Ein weiteres Drittel werde dann durch das „Strafgericht" umkommen. Obwohl die Seherkinder davor große Angst hatten und noch haben, wie Conchita und Jacinta dem Autor bestätigten, waren sie doch stets von großer Hoffnung erfüllt, daß die Heilige Jungfrau denen Schutz gewähren werde, die ihr Leben auf Gott ausgerichtet haben. Dabei, so sagte Sie, ist es nicht von Bedeutung ob ihr das Leben verliert, einzig von Bedeutung ist, daß ihr das ewige Leben gewinnt. Das Strafgericht wird sein wie die Warnung, haben wir zuvor gelesen: Furchtbar und unentrinnbar schrecklich. Es wird überall dort wirken, wo sich etwas zur Vertilgung Reifes gebildet hat, interpretiert Dr. Hermann Menge. Eine wirklich hochinteressante Auslegung, die in Garabandal nach 35 Jahren durch die Unterweisungen Mariens eine Bestätigung findet.

Wenn sich die Menschheit nicht bekehrt ...! Hat sie sich bekehrt auf den Mahnruf Gottes durch den Mund Mariens und die Vermittlung durch die Kinder von Garabandal? Der Autor vermag angesichts der in allen Bereichen auf ein Inferno zurasenden Entwicklung der maßlos gewordenen menschlichen Gesellschaft davon nichts zu bemerken. Wir tun alle so, als ob wir unsere Probleme durch Vernunft lösen könnten, doch ist Vernunft etwas, was der Mensch, solange er seine Geschichte schreibt, sich noch niemals zur Richtschnur seines Handelns gemacht hat.

Die endzeitliche Prophetie von Garabandal

Vor der Entfernung von Gott warnt uns Maria in überaus eindringlicher Form aus mütterlicher Liebe zu ihren Kindern, deren Mutter sie durch die Worte ihres Sohnes vom Kreuz herab wurde. Darum spricht die Heilige Jungfrau zu den Kindern in Garabandal auch öfters von der nun angebrochenen Endzeit, von der Endzeit, die aber nicht das Ende der Welt bedeutet. Sie stellt ihnen die Wiederkunft ihres Sohnes in Aussicht und geht dabei sogar so weit, daß sie Conchita wissen läßt, wieviele Stellvertreter ihres Sohnes noch für die Kirche kommen werden, bevor **Seine** Herrschaft beginnt.

Als die Nachricht vom Tode Papst JOHANNES XXIII. das Dorf erreicht hatte, verkündeten die kleinen Glocken der Dorfkirche das Ableben des Papstes mit wehmütigem Geläute. Conchita befand sich mit ihrer Mutter Aniceta und Frau Ortiz auf dem Weg zur Kirche. Dabei kam es zu folgendem Gespräch: *„Der Papst ist gestorben,“* sagte die Mutter. *„Ach ja, der Papst ist gestorben. Es kommen noch drei Päpste,“* gab Conchita zur Antwort. Soweit so gut. Zuhause aber ließ es Aniceta keine Ruhe und sie versuchte tiefer in das Wissen ihrer Tochter einzudringen, was sie klugerweise in Gegenwart der Frau von Dr. Ortiz vermieden hatte. *„Woher weißt du denn, daß nur noch drei Päpste kommen?“* fragte sie, nicht ohne Furcht über einen möglichen Irrtum ihrer Tochter, der sie nur allzuschnell wieder ins Gerede bringen könnte. *„Von der Heiligen Jungfrau. ‚Eigentlich,‘ sagte sie, ‚sind es noch vier‘, aber einen zählt sie nicht mit.“* *„Warum zählt sie einen nicht mit?“* *„Das hat sie nicht gesagt; sie sagte nur, daß sie einen nicht mitzählt. Sie sagte aber, daß einer nur kurze Zeit regieren wird.“* darauf die Frage: *„Zählt sie den vielleicht nicht mit?“* *„Das weiß ich nicht.“* *„Und was kommt dann?“* *„Das hat sie nicht gesagt.“* Nach einer kürzeren Pause ergänzte Conchita: *„Die Heilige Jungfrau hat zu uns einige Male davon gesprochen, daß Jesus, ihr Sohn, wiederkommen wird, aber ob er dann kommt weiß ich nicht.“* *„Ist das alles?“* *„Ja! Doch sie hat auch gesagt: ‚Die Getrennten (Kirchen oder Christen) werden wieder vereint sein‘. Es gibt dann nur noch eine Religion.“* Aniceta schloß mit der Frage: *„Bist du dir sicher?“* *„Ja!“* kam es klar und überzeugt aus dem Munde ihrer Tochter, von der sie gewohnt war keine Unwahrheiten zu hören. *„Mir ist es lieber, daß du darüber nicht mehr sprichst! Hast du verstanden?“* *„Ja!“* Aniceta wollte es dabei belassen, denn das

◁ *Conchita am Abend der letzten Erscheinung, dem 13. November 1965.*

Conchita mit ihrer Mutter Aniceta am Abend des 13. November 1965.

Gesagte übertraf den Horizont ihres Wissens und ihres damaligen Vorstellungsvermögens und sie fürchtete aufs neue ins Gerede zu kommen. So erfuhr es der Verfasser persönlich von Aniceta González im Beisein ihrer Tochter und von dieser bestätigt am Abend nach der letzten Erscheinung am 13. November 1965. Bei diesem Gespräch waren ebenfalls Elisabeth Weber und Eloisa Deguia anwesend, die über diese außergewöhnliche Prophetie ebenso erstaunt wie ratlos waren, bezüglich eines Papstes, den die Heilige Jungfrau nicht mitgezählt haben könnte.

Spekulationen hat es gerüchtweise darüber zahlreich gegeben. Ob es sich um JOHANNES PAUL I. gehandelt haben könnte, weil er nur ein so kurzes Pontifikat ausübte, in dessen Verlauf es zu keinen wesentlichen Entscheidungen in der Kirche kam, oder ob es sich etwa auch um einen nicht rechtmäßigen Gegenpapst handeln könnte; es bleibt verborgen im Ratschluß Gottes, der für uns dann Wirklichkeit wird, wenn Gott ihn in der Zeit erfahrbar werden läßt. Ist es eine göttliche Prophetie, bei der wir zwar über ein Ereignis informiert werden, dessen Realität aber im souveränen Willen des Vaters verborgen bleibt? Auf alle Fälle hat uns Jesus selbst darauf hingewiesen, daß er die versprengten Schafe zusammenführen wird und daß danach ein Hirt und eine Herde sein werde. Es ist wohlgemerkt keine Verheißung, die er in die Machbarkeit seiner Jünger und damit der Kirche gestellt hat. ER selbst wird das tun.

Wann aber wird der Herr wiederkommen? Er wird wiederkommen zum Gericht. So verkündet es die Kirche. Dann aber, so sagt ein Theologe und Mystiker unserer Tage, wird man sich nur für Himmel oder Hölle entscheiden können, eine Möglichkeit sich für das sichtbare Reich Gottes auf Erden zu entscheiden gibt es dann nicht. Also, folgert er, in Kenntnis seines besonderen Wissens wird Jesus bereits vor dem Ende wiederkommen, und weiter sagt er, seine Wiederkunft wird zusammenfallen mit dem Triumph des Unbefleckten Herzens Mariens. Seine Wiederkunft wird zugleich der Beginn seiner glorreichen eucharistischen Gegenwart sein. Auch dieser Mann spricht davon, daß wir in der Endzeit leben, wobei er betont, daß das nicht das Ende der Welt bedeutet.

Beten wir nicht ständig im Vaterunser darum? Recht spärlich sind die theologischen Erkenntnisse auf diesem Gebiet, denn um das Jahr 1000 bildeten sich um diesen Themenkreis Lehren, wie der Milenismus (Lehre vom tausendjährigen Reich) oder der Schiliasmus, die von der Kirche damals zwar als Irrlehren verurteilt wurden, deren richtige Auslegung daraufhin bis heute theologisch nur ungenügend bewältigt, ja vernachlässigt wurde.

Auch heutzutage sind es wieder einige Sekten, die an diese biblische Prophetie geknüpfte Erwartungen zum Programm machen und damit viele abzuwerben verstehen. Aus einer gewissen Furcht heraus, mit solchen Sekten gleichgestellt zu werden, wird dieses Thema von der katholischen Kirche in der allgemeinen Verkündigung nicht erklärt, obwohl in jeder heiligen Messe von der zu erwartenden Wiederkunft des Herrn die Rede ist.

Es scheint so, als wolle Maria, die Mutter des Herrn, Anstöße in dieser Richtung geben, damit auch die Katholische Kirche dieser Entwicklung ihr Augenmerk schenkt. Zweifellos eine interessante theologische Frage, die in Kreisen biblisch fundierter Christen und auch Gelehrter bereits zu epochalen Erkenntnissen führte. Solche Erkenntnisse, theologisch fundiert gefaßt, könnten dazu geeignet sein, innerhalb der Kirche zu einem wahrhaften Aufbruch, einem „dem

Herrn Entgegengehen" zu werden, das auch junge Menschen zu faszinieren vermöchte. Es käme einer echten Alternative gleich zu den mehr und mehr umsichgreifenden Sekten, die mit pseudomystischen Versprechungen viele in den Kirchen ratlos gewordene Menschen abwerben.

Angesichts der ständig wachsenden Zerfallserscheinungen bezüglich der Verkündigung und Glaubenspraxis in der Katholischen Kirche liegt die Erkenntnis sehr nahe, daß sich am Ende der (biblischen) Zeiten, in der „Endzeit", der Mystische Leib Christi, der die Kirche ist, auf den Kreuzweg begeben muß. Die Geißel des Unglaubens peitscht auf seine Glieder herab und entmutigt die Hirten, während die Herzmitte, der Glaube an die Gegenwart des Herrn im Allerheiligsten Altarsakrament, zur freien Interpretation und zur willkürlichen Manipulation preisgegeben zu sein scheint. Der Glaube an die Menschwerdung des ewigen Wortes, geboren aus Maria, der Jungfrau, wird dem Allmächtigen mit den überheblichen Kräften eines verführten Geistes, deren Urheber Satan ist, unter der Verwendung menschlich erkennbarer Vernunftgründe als unannehmbar entgegengeschleudert. Der Glaube an die Macht und die Existenz Gottes schrumpft damit auf das mit dem Verstand erkennbare Minimum zusammen, in dem die unverstehbare Wirklichkeit des „Unsichtbaren" zur Legende und wissenschaftlich nicht beweisbaren Fabel wird. Sogar die Auferstehung Jesu ist davon nicht ausgenommen, wenn man die Lehren Prof. Kaspers, der heute Bischof von Rottenburg ist, aufmerksam liest. Er ist damit aber nicht allein.

Kann die Prophetie von Garabandal auch hier, die Zeit erkennend und vorausweisend, einige Lücken in der sich abzeichnenden Entwicklung schließen? Der Autor meint: Ja.

Die zweite Wiederkunft Jesu kann nur erfolgen, wenn zuvor der Erdkreis vom „Bösen" gereinigt ist. Es wird die notwendige Vorbereitung auf das Reich Gottes (auf Erden) sein, welches Jesus mit klaren Worten verheißen hat, die von der menschlichen Vernunfts- und Begriffsstruktur, der wissenschaftlichen Auslegung, nicht als Realität angenommen wird. Diese Reinigung aber ist mit der damit zusammenhängenden Ankündigung Teil der Prophetie von Garabandal: Warnung und Strafgericht. Ebenso auch, wenn man die vorhergesagte Zahl der noch zu erwartenden Päpste betrachtet und das, was danach kommt, die Wiederkunft Jesu. So kann die zweite Wiederkunft

des Herrn durchaus vergleichbar mit seiner Auferstehung am Oster-
morgen sein, nachdem der mystische Leib Jesu, der die Kirche ist,
durch die Leiden des Kreuzweges zu Tode geschunden scheint. Betrachten wir dazu einmal den inneren und äußeren Zustand der Kirche in der Auseinandersetzung mit den Kräften des Unglaubens.
Deutet auf diesen Kampf und diese Entwicklung nicht auch das Wort
des Herrn bei der Berufung des Petrus hin: „... und die Pforten der
Hölle werden sie nicht überwältigen" (Mt 16,18). Also der Kampf
mit den Kräften der Unterwelt, wie sie in der Einheitsübersetzung bezeichnet werden, ist angesagt. Zweifellos gehört aber auch das tröst-
liche Wort über die kleine Schar der Getreuen dazu, wie auch eine
ganze Anzahl weiterer heute unverstanden zu scheinender Aussagen
Jesu zu seinen Jüngern über seine leibliche Wiederkunft. Auch
Lk 22,18 enthüllt demjenigen dieses Geheimnis, der dazu durch
die Gnade vom Geist Gottes befähigt wird.

„Die Endzeit und das Strafgericht," so sagte dem Autor einmal ein
frommer Gelehrter der Heiligen Schrift, der sich von außerbiblischen
Prophezeiungen in seinem Urteil nicht beeinflussen ließ, „sind **nicht**
gleichzusetzen mit dem Jüngsten Gericht am Ende der Welt. Ganz
im Gegenteil, es ist dies lediglich das Ende der biblischen Zeiten
(Dezennien), die durch das Zeitalter Christi, in dem sein Evangelium
der ganzen Welt verkündet wurde, abgeschlossen werden. Zum Abschluß dieser Zeit, in der Endzeit, wird die Erde und ihre Menschheit
von einer großen Reinigung heimgesucht werden, die den Ge-
schlechtern bereits nach der Sintflut von Gott angekündigt worden
ist. Das ist von Gott her gesehen notwendig, weil sein Reich nicht
entstehen kann, solange das Böse in der Welt ist. Satan wird dann
gebunden werden für eine lange Zeit, bevor er vor dem Ende noch
einmal für eine kurze Zeit vor dem Gericht freigelassen wird. Die
Reinigung, das Strafgericht, oder besser gesagt: die reinigende Strafe
Gottes ist nicht gleichzusetzen mit dem Endgericht, denn sonst bliebe den Menschen ja keine Hoffnung auf das Reich Gottes auf Erden,
das für das Ende der biblischen Zeiten in der Heiligen Schrift vielfach offen und auch verschlüsselt angekündigt ist. Unmittelbar nach
dieser Reinigung wird dann der Herr wiederkommen, wie es verheißen ist, und der kleine Rest seines vor diesem Ende noch stark dezi-
mierten Volkes wird erkennen, „in wen sie gestochen haben", und es
wird sich bekehren. Dann wird er nicht nur über sein Volk, sondern
über alle Völker und alle Geschlechter, uneingeschränkt herrschen
und es wird sich verwirklichen, was mit dem Reich Gottes auf Erden

angekündigt ist. Er wird zusammenführen und vereinen, was getrennt ist, und er wird die verstreuten Schafe zu einer Herde zusammenfassen. Dann wird Wirklichkeit werden, um was wir im ‚Vaterunser' stets beten: ‚Dein Reich komme'. Jesus selbst hat uns so beten gelehrt, zugleich aber hat er uns unsere Blindheit und Taubheit gegenüber seiner Offenbarung vorhergesagt, die darin gipfelt, daß wir uns um seine Wiederkunft theologisch viel zu wenig Gedanken gemacht haben," sagte dieser weise Gelehrte, und weiter: „Es ist dies ein zutiefst biblisches Ereignis, das sich die Katholische Kirche ebensowenig in den Kalender geschrieben hat, wie die Hohenpriester und Schriftgelehrten die Geburt des Sohnes Gottes in einem Stall. Jesus selbst hat auf seine Wiederkunft mehrfach hingewiesen, so zum Beispiel: wenn der Herr des Hauses wüßte, wann der Dieb in der Nacht kommt, dann würde er wach sein, oder wenn er bei der Abschiedsrede davon spricht, daß er vom Wein solange nicht mehr trinken wird, bis er wiederkommt." Dabei, so sei durch den Autor ergänzend bemerkt, dürfen wir auch die Hinweise des Herrn auf den Zustand des Glaubens der Menschen zur Zeit seiner Wiederkunft nicht vergessen, damit sich nicht Zweifel bilden über die Verheißung der Führung der Kirche durch den Heiligen Geist. „… Wird freilich der Menschensohn, wenn er kommt, den Glauben finden auf Erden?" (Lk 18,8).

Und weiter sagte dieser Gelehrte: „Er hat den Schleier über seine Wiederkunft sogar soweit gelüftet, daß er andeutete, wie er wiederkommen wird. Auch hat er ja die ewige Herrschaft über das Haus Jakob noch gar nicht übernommen, denn die Nachkommen des Hauses Jakob warten noch immer auf ihn; sie müssen ja zuerst noch erkennen, „wen sie durchbohrt haben". Eine ungeheure, noch unbewältigte theologische Arbeit verbirgt sich hinter diesen Zusammenhängen, wobei es fraglich ist, ob diese Erkenntnis aus der Heiligen Schrift vom Lehramt der katholischen Kirche überhaupt gewonnen werden wird, denn den Ankündigungen Jesu zufolge ist das eher nicht so. Es hindert aber diejenigen nicht daran zu glauben, denen der Herr diese Erkenntnis im Herzen geoffenbart hat. Freilich wird niemals der Zeitpunkt bekannt werden, zu dem das geschieht. Die Epoche aber ist klar definiert, es ist die der „Letzten (biblischen) Zeit" und diese ist mit dem Beginn dieses Jahrhunderts angebrochen. Die Gründung des israelitischen Staates ist dafür ein markanter Beweis, der viel zu wenig beachtet wurde." So sagte es der Gelehrte bereits Mitte der fünfziger Jahre.

Eine biblisch begründete Zukunftsvision, die durch den Umgang Mariens mit den Kindern von Garabandal weitgehend eine Bestätigung und auch Erklärung fand. Maria zeigte uns damit in Garabandal, daß die Zeit der Erfüllung der Verheißungen ihres Sohnes jetzt gekommen ist und daß wir nicht mehr ins Unbestimmte darauf warten sollen. Sie zeigte uns, daß wir uns jetzt den klugen Jungfrauen gleich mit gefüllten Lampen auf den Weg machen sollen, um ihm, dem Bräutigam, entgegen zu gehen. Dabei dürfen wir davon ausgehen, daß es nicht irgendein Hellseher oder ein zweifelhafter Prophet ist, der das sagt, nein, die Königin der Propheten ist es, die in Erfüllung des heiligen Willen Gottes zu uns kommt und in seinem Auftrag zu uns spricht, insofern wir an ihre Erscheinungen in Garabandal zu glauben bereit sind.

Die Umstehenden schlossen aus den Mienen der Kinder auf den Inhalt der Gespräche mit der Heiligen Jungfrau und fanden manchmal keine Erklärung dafür, daß ihr von zutiefst innerlichem Glück gezeichneter Gesichtsausdruck zu einem ernsten und besorgten überwechselte. Man sah ihnen an, daß sie darüber nachdachten, etwas abzuwenden oder zu verändern, und entnahm das auch aus ihren Antworten an die Heilige Jungfrau, der sie sich gegenübersahen.

Am 19. Juni 1962 kündigte der Engel den Kindern eine Erscheinung der Allerseligsten Jungfrau Maria für die kommende Nacht im Hohlweg an, und er verlangte, daß sie den Leuten sagen sollen, daß sie nicht mit ihnen mitkommen sollen, sondern bei den letzten Häusern des Dorfes stehen bleiben. Nur Jacinta und Marie-Loli konnten an diesem Abend zur Erscheinung kommen, da Conchita wegen einer Verletzung am Knie zuhause bleiben mußte, sie lag in der Küche. Ihre Tante Maximina war gerade anwesend und bemerkte, daß Conchita in Ekstase fiel. *„Ach!"*, sagte sie, *„deshalb weinen Loli und Jacinta! Ach, wie furchtbar ist das!..."*, hörte sie das Kind sagen.

Die bei den letzten Häusern wartenden Leute erlebten, wie Jacinta und Loli mit weit von sich gestreckten Armen weinend zurückkamen, so, als wollten sie etwas Schreckliches von sich abwenden. Es war unmöglich, den Grund ihrer Schreie während der Ekstase und ihrer Tränen zu erkennen. Das einzige, das sie sagten, war, daß der Engel ihnen für die kommende Nacht erneut eine Erscheinung angekündigt habe.

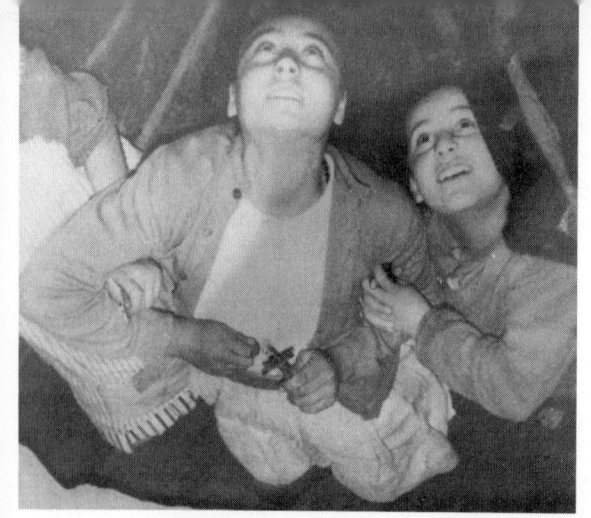

Conchita und Marie-Loli ...
und nochmals
Conchita,
an deren Haltung
und Gesichtsausdruck
man erkennen kann,
daß sich die Vision
mit etwas Ernstem befaßt.

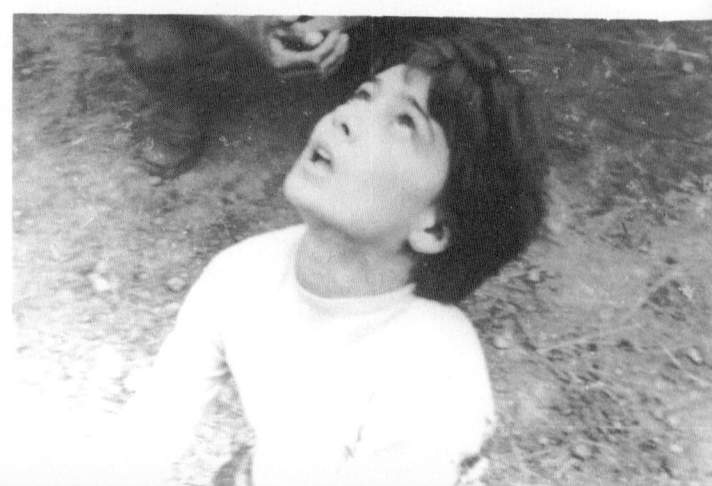

In der folgenden Nacht, der Nacht vor Fronleichnam, konnte Conchita ihre beiden Gefährtinnen bereits wieder begleiten. Sie verhielten sich wie in der Nacht zuvor und die Leute warteten wiederum bei den letzten Häusern. Die Kinder gingen weiter und schon bald kamen angsterfüllte Schreie aus dem Hohlweg. Ein Franziskaner, der zu diesem Zeitpunkt im Dorf weilte, um mit der Gemeinde eine Mission zu halten, war unter ihnen und forderte die Menschen zum Beten auf. Kaum hatten sie begonnen, wurden die Schreie weniger und es wurde ruhiger. Setzte man aber mit dem Gebet aus, so schrien die Mädchen wieder vor Entsetzen. Wegen der hellen Mondnacht konnte man die Kinder gut sehen, sie waren auf den Knien etwa in Höhe des Apfelbaumes, und man konnte sie sogar gelegentlich hören. Marie-Loli rief mit bittender Stimme: *„Laß die kleinen Kinder vorher sterben!"*. Conchitas Stimme vernahm man mit dem Ruf: *„Gib doch den Leuten vorher Zeit, um zu beichten!"* Dieses Erlebnis grub sich tief in die Gemüter der Anwesenden ein und alle gingen am darauf folgenden Tag zu den Sakramenten. Von den Kindern aber erfuhr man im Verlauf der nächsten Tage, daß sie in jenen Nächten eine Vision des Strafgerichtes erlebt hatten. Über die Art der Katastrophe aber durften sie nichts sagen, nur soviel, daß es schrecklicher sei, als würde man bei lebendigem Leibe verbrennen. Es werde ein direktes Eingreifen Gottes sein. Deshalb müsse man sich auch mehr davor fürchten, wie vor irgend etwas anderem Furchtbarem. Für Kleinkinder sei es weniger furchtbar eines normalen natürlichen Todes zu sterben, als durch die Auswirkungen des Strafgerichtes.

Auf einem Bogen mit Fragen, der Conchita von Amerikanern vorgelegt wurde, schrieb sie dazu: „Das Strafgericht wird furchtbar sein, wenn wir uns nicht bessern. Es wird so sein, wie wir es verdienen. Wir haben es gesehen, aber wir dürfen nicht sagen, aus was es besteht. Dazu haben wir die Erlaubnis der Heiligen Jungfrau nicht. Als ich es selbst sah, hatte ich eine unglaubliche Angst, obwohl ich zugleich auch die Heilige Jungfrau sah." Sie sagte zu anderen Personen, als sie danach gefragt wurde, daß sie nicht wisse, wann das Strafgericht von Gott über die Menschen komme. Sie wisse nicht wieviel Zeit zwischen dem großen Wunder und dem Strafgericht vergehe, aber sie sei sich nach allem, was sie von der Heiligen Jungfrau gehört habe, sicher, daß es in naher Zukunft liege. Das Eintreffen und die Schwere des Strafgerichtes hinge auch davon ab, ob man die Botschaft annehme und wie man sie verwirkliche.

Die Vision des Schrecklichen, die uns durch die Heilige Jungfrau Maria und den Erzengel St. Michael durch die Kinder in Garabandal vorgestellt wurde, soll uns die Notwendigkeit der Umkehr zu Gott deutlich vor Augen stellen. Sie ist ein Rippenstoß, aufgrund dessen wir erkennen müssen, daß wir Geschöpfe Gottes sind und uns in Freiheit für IHN entscheiden dürfen, daß er uns liebt und daß er gerecht ist. Auf ein Neues beweist er der Menschheit seine Langmut und straft sie nicht, bevor er die Menschen gewarnt hat.

Wieviele haben bisher seinen Ruf gehört und befolgt? Schmerzlich steht einem da aufs neue die Feststellung des früheren Mitgliedes der Prüfungskommission, Dr. Morales, vor Augen: „Vermutlich haben wir einen der größten Liebesbeweise Gottes ungenutzt an uns und der ganzen Kirche vorüberziehen lassen."

Ist es aber schon zu spät? Es ist spät, aber nicht zu spät, um aufzubrechen und umzukehren zu Gott und um unsere Mitmenschen aufgrund des Geschehens von Garabandal zu warnen und aufzuklären.

Das ist der Auftrag an alle, die sich von der Botschaft der Allerseligsten Jungfrau Maria in Garabandal ansprechen und erfassen lassen. Beginnen wir damit, bevor es zu spät ist, und nehmen wir uns als Beispiel den blinden Amerikaner.

◁ *Einer der Kiefernbäume, bei dem zahlreiche Erscheinungen stattfanden. Als Zeichen der Verehrung und zur Bekräftigung persönlicher Bitten an die Heilige Jungfrau Maria, lassen viele Menschen, die hier ihre Zuflucht zu Maria suchen, religiöse Gegenstände zurück, kleine Zettel mit Anliegen oder Fotos derjenigen, für die sie um Hilfe bitten.*

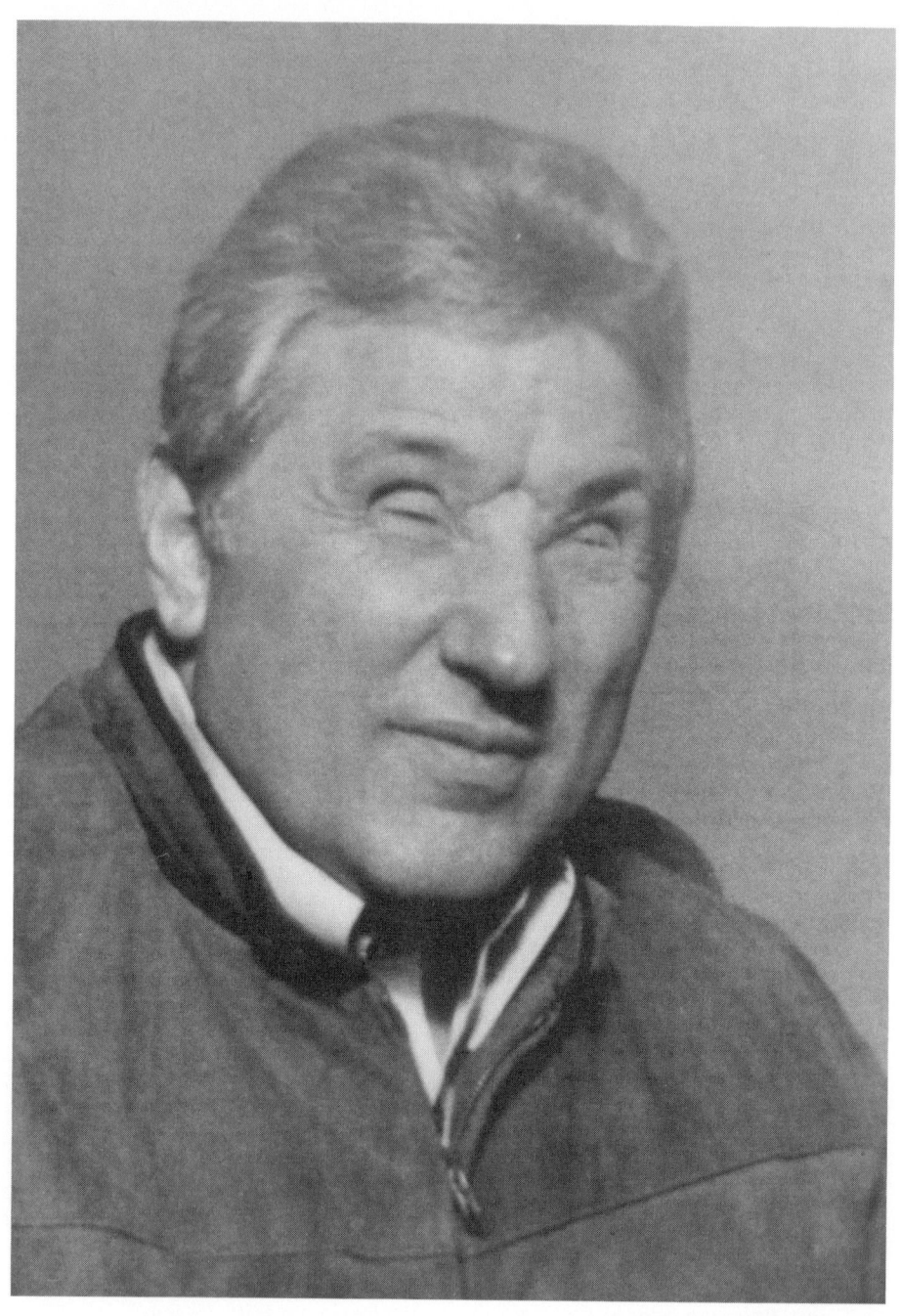

Joey Lomangino, der blinde Amerikaner

Keiner erwartet sehnlicher das große Wunder von Garabandal, und auch keiner, außer Conchita, ist zuversichtlicher als er, daß es kommen wird, wodurch Gott vor den Menschen in bisher nie dagewesener Weise verherrlicht wird.

Wer aber ist der blinde Amerikaner Joey Lomangino, und woher nimmt er diese Zuversicht, die ihm als Verheißung, seine bei einem Unfall verlorenen Augen wiederzuerlangen verspricht?

Joey Lomangino ist blind, unheilbar und vollkommen blind. Durch einen Unfall verlor er das Licht seiner Augen, um dabei die Augen für Gott geöffnet zu bekommen. Ein Leben, das ihn in außergewöhnlicher Weise an die Mutter unseres Herrn bindet und das in ebenso außergewöhnlicher Weise mit Maria, der Jungfrau, verbunden worden ist.

In Bay Ridge, einem Teil von Brooklyn, wuchs er als ältester von fünf Söhnen und einer Tochter auf, in einer italienisch-amerikanischen Familie mit geringem Einkommen aus einem kleinen selbständigen Dienstleistungs- und Gewerbebetrieb. Vater Pasquale Lomangino, Charlie genannt, war ein zurückgezogener, schlichter und argloser Mensch, dessen Gesundheit nicht die stabilste war. Auf seiner Eisund Kohlenroute besuchte er an die 300 Kunden und schlug sich mit den spärlichen Einkünften daraus kümmerlich durch. Erst, als die Söhne größer wurden und tüchtig anpackten, begann das Geschäft, einen ausreichenden Ertrag für die Familie abzuwerfen.

Charlies Erstgeborener war sein Stolz. Ein frommer, nachdenklicher, guter Junge mit einem ausgeprägten Sinn für die Existenzbewältigung. Sein Interesse galt den einträglichen Jobs nach der Schule, um Geld für die Familie beschaffen zu helfen. Mit 10 Jahren war er bereits eine große Hilfe für den Vater, und mit 12 überredete er ihn dazu, den Preis für die Portion Eis von 5 auf 15 Cent heraufzusetzen, wie das die Konkurrenz schon lange getan hatte, um die Einnahmen zu verbessern. Mit Joeys jungen Schultern und belebt durch seinen angeborenen Geschäftssinn, begann das Unternehmen Lomangino aufzublühen. Mittlerweile war Joey 16 Jahre alt und die Familie hatte einen bescheidenen Wohlstand erreicht. Die Zukunft versprach gute Aussichten.

An einem heißen Tag im Sommer 1947 zerschlug das Schicksal die Hoffnungen der ganzen Familie. Die Schule war zu Ende, und Joey begab sich auf dem schnellsten Weg nach Hause, um seinem Vater auf die Geschäftsroute zu folgen. Er nahm den alten Dreitonner Lastwagen und bemerkte, daß der linke Hinterreifen zu wenig Luft hatte. Da rollte er das Rad an die Tankstelle, legte es auf den Boden, kniete sich mit beiden Knien auf das Rad, um den Luftdruck im Reifen zu prüfen. Das war seine letzte Erinnerung. Dann geschah das Unglück.

An der Tankstelle hörte man eine dumpfe Explosion mit metallischem Nebengeräusch. Der Felgenring aus dem Rad, auf dem Joey

Joey mit 14 Jahren.

kniete, sprang heraus und traf ihn wie ein Geschoß an der Stirn zwischen den Augen. Bewußtlos blieb er neben dem explodierten Reifen liegen, jedoch er lebte. Drei Wochen lag er im Koma und erwachte am 16. Juli 1947, dem Fest Maria vom Berge Karmel, zur immerwährenden Blindheit. Der Felgenring hatte nicht nur seinen Stirnknochen zerschlagen, sondern auch die Seh- und Geruchsnerven unwiederherstellbar durchtrennt. Eine tiefe Narbe auf Joeys Stirn zeugt heute noch von diesem Schicksalsschlag, der die Hoffnungen der ganzen Familie zunichte machte und sie in tiefste Armut stürzte.

Vater Charlies Nerven waren nie robust, aber jetzt waren sie zerrüttet. Das Eis- und Kohlengeschäft wurde er los und mußte sich und seine Familie mit den allermindesten Arbeiten über Wasser halten. Sie lebten weitgehend von der Nächstenliebe guter Menschen und von der kleinen Mieteinnahme eines vermieteten Appartements in ihrem Haus. Sieben Jahre sollte diese Armut andauern, und Joey war traurig und zugleich verzagt darüber, daß durch ihn der Familie die Grundlage zum Leben genommen worden war. Selbst die Religion bot ihm keinen Trost mehr, und er bekennt dazu: „Von Gott war ich nicht begeistert, weil ich nicht verstand, warum Menschen leiden. Meine Eltern waren gute Menschen, und sie litten sehr. Das war für mich ein trauriges Geheimnis, das ich zwar ohne Zorn annahm, aber auch ohne zu versuchen, es zu verstehen."

Einige Monate nach dem Unfall schlief Joey mit seinen drei Brüdern zu Hause in Brooklyn. Sie teilten sich das Schlafzimmer und sein Bett stand am weitesten von der Tür entfernt. Durch eine Stimme, die aus dem Eingangsflur zu kommen schien, wachte er auf, und es entstand folgendes Zwiegespräch:

„Joey, möchtest du wieder sehen?"

„JA!"

„Dann sollst du so beten: Bete siebzehn Ave Maria, erwecke sieben Reueakte und bete fünf Vaterunser dreimal am Tag!"

„Wann kommst du wieder?"

„Bald."

Bezüglich dieser Stimme betont Joey nachdrücklich: „Ich hatte nie so etwas wie Visionen oder Lokutionen. Ich bin ganz normal, doch Gott weiß besser, was nötig ist, um mich zu bewegen. Was mir da begegnete, war für mich Wirklichkeit, und ich würde niemals zu der Auffassung kommen, daß ich es nur träumte oder mir gar eingebildet hatte."

Viele Jahre vergingen darauf, ohne daß sich irgend etwas ereignete, aber Joey zweifelte nie an der Wirklichkeit dieses Erlebnisses und verrichtete tagtäglich treu die ihm aufgetragenen Gebete. Wir aber wollen uns zunächst seiner weiteren Geschichte zuwenden, bevor wir später wieder darauf zurückckommen.

Im Jahr 1949 brachte Father Alfred Varialle von der Ste. Bernadette-Pfarrei in Brooklyn Joey zum New Yorker Institut für Blindenschulung. Mit eiserner Energie schaffte er in nur drei Jahren das Hochschuldiplom zur Bewerbung als Student für eine geisteswissenschaftliche Disziplin an der St. John's Universität.

Mit seinem treuen Blindenhund „Dagmar" ging Joey ein Jahr lang zur Universität, dann aber trat eine Wende im Schicksal der Familie ein. Es stand ein Beerdigungsinstitut zum Verkauf an, und ein reicher Geschäftsmann von Brooklyn, David R. Fildermann, der Joey persönlich sehr schätzte, gab ihm ein Darlehen zur Übernahme. Joey nahm die wirtschaftliche Führung des Unternehmens tatkräftig in die Hand. Die Firma lautete Allied Sanitation Co., sie wurde auf den Blinden, Joey Lomangino, und drei seiner Brüder eingetragen. Bereits nach einem Jahr konnten sie die Schulden bei Fildermann zurückbezahlen. Die Familie hatte wieder eine Existenz, und Joey führte das Unternehmen geschickt und erfolgreich.

Joey mit seinem Blindenhund Dagmar während einer Fernsehshow, in der er mit „Dagmar" Prämien für das katholische Blindenwerk errang.

Im Jahre 1961 war Joey Lomangino 31 Jahre alt und finanziell erfolgreich, jedoch sehr überarbeitet. Auf Anraten seines Arztes unternahm er eine Erholungsreise nach Europa zu seinen Verwandten in Italien. Er ahnte aber nicht im entferntesten, daß er damit den wichtigsten Schritt seines Lebens tun sollte, als er an jenem frischen, hellen Morgen das Flugzeug nach Europa bestieg. Das sollte zum entscheidenden Schritt seines Lebens werden, der ihn nicht nur in der Zukunft auf einen anderen Weg führen, sondern ihm auch den Sinn seines bisherigen Lebens enträtseln und deuten helfen sollte.

Sein Onkel, der in einem Ort auf der Halbinsel Bari lebte, schlug ihm vor, gemeinsam mit ihm eine Reise zu einem in ganz Italien berühmten Manne, einem Ordenspriester der Kapuziner, zu machen. Joey hatte keine rechte Lust dazu, und der Onkel drängte ihn: „Joey, was ist, du kommst doch mit, ja?" Die Beharrlichkeit des Onkels siegte, und sie fuhren ganz in der Frühe gemeinsam nach San Giovanni Rotondo, gerade noch rechtzeitig zur 5 Uhr-Morgenmesse des stigmatisierten Priesters Padre Pio von Pietrelcina. Noch etwas benommen durch die nächtliche Reise und die große Menschenmenge, die dort war, kniete Joey nach der heiligen Messe unter hundert anderen nieder, um den Segen Pater Pios zu erhalten. Als er zu Joey, dem blinden Amerikaner kam, nannte Pater Pio ihn bei seinem Namen, berührte ihn an der Wange und segnete ihn.

Das war alles. Nichts weiter. Es war für ihn das A und O, der Brennpunkt von all dem, was Joey seit seiner Ankunft in San Giovanni Rotondo zu erfahren begann. Es war der Wendepunkt zu seinem neuen Leben, an dem er in eine andere, von ihm zuvor nicht gewollte und auch nicht beabsichtigte Richtung katapultiert wurde, eine Richtung, die ihm erst durch weitere Erlebnisse in der noch vor ihm liegenden Zeit so richtig deutlich werden sollte.

Zwei Jahre konnte Joey die Gegenwart von Pater Pio nicht mehr aus seinem Bewußtsein löschen, denn er hatte in seinem Herzen eine

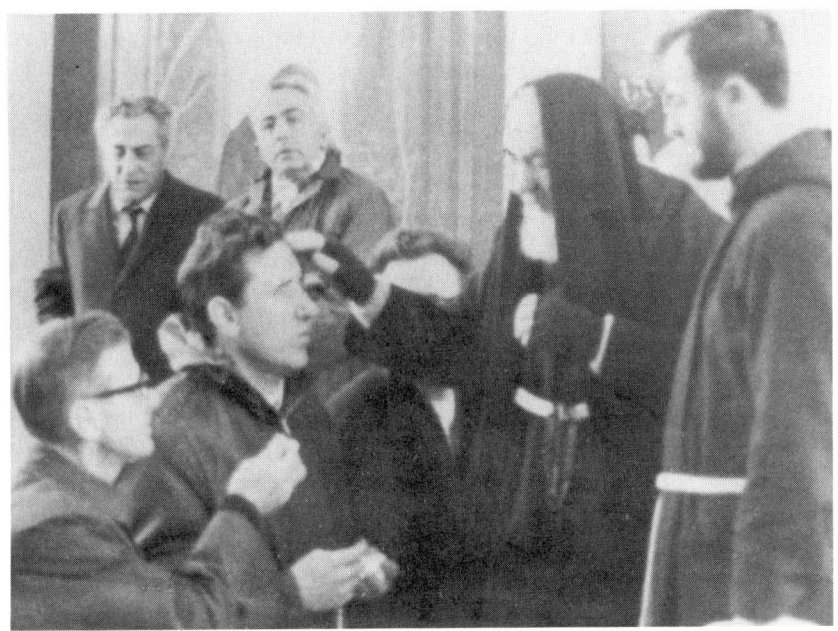

Die Begegnung Joey's mit Pater Pio bewirkte eine stufenweise tiefgreifende Bekehrung in ihm.

winzige Öffnung für die Gnade Gottes geschaffen, die ihm keine Ruhe mehr ließ. Das Werk seiner Bekehrung schritt unaufhaltsam in ihm fort, und der Besuch der hl. Messe und der Empfang der Sakramente, die bis dahin nur eine sehr untergeordnete Rolle in seinem Leben spielten, führten zu einer unerklärlichen Sehnsucht. Lichtblicke taten sich vor ihm auf über das Schicksal seiner Blindheit und seiner Familie, die zuvor immer so drückend und unverstanden auf ihm

gelastet haben. Er fing an zu begreifen, daß nicht der finanzielle Wohlstand das erstrebte Glücksziel ist und die erträumte Zufriedenheit bringt, um die er stets gekämpft hatte. Ganz im Gegenteil, er erkannte deren Wertlosigkeit. Eine andere Sehnsucht erfüllte sein Herz, eine Sehnsucht die sich zunächst in dem Wunsch zusammenfaßte, dem heiligen Mann Gottes wieder zu begegnen, um wiederum in seiner Nähe weilen zu dürfen.

Zwei Jahre später war es soweit. Am dritten Tag seines zweiten Besuches in San Giovanni Rotondo kniete Joey zum Beichten nieder. Eine Trennwand zwischen Pater Pio und ihm gab es nicht, der ihn am Handgelenk faßte und sagte: „Joey, beichte!" Überwältigt von der Begegnung von Angesicht zu Angesicht, fand Joey zunächst keine Worte. Doch Pater Pio wiederholte: „Joey, beichte!"

Joey begann: „Segnen Sie mich, Pater, denn ich habe gesündigt," aber Pater Pio unterbrach ihn. „Joey, du bist böse, ja?" „O nein, Vater, ich arbeite nur hart. Ich bin müde …" „Nein, nein, Joey, du bist böse, verstanden, ja?" Sein Selbstbewußtsein war destabilisiert und er suchte stammelnd nach Worten, doch der Pater unterbrach ihn erneut, und begann ihm seine Sünden aufzuzählen, in allen Einzelheiten, mit Orten, Personen, Daten und Fakten, das ganze Register. „Erinnerst du dich?" „Ja, Vater, ich erinnere mich," stammelte er und war schweißgebadet ob der langen Reihe und Summe seiner Vergehen gegen den guten Gott. Am Ende dieser peinlich genauen unentrinnbaren Vorhaltung fragte Pater Pio ihn: „Joey, bereust Du?" „Ja, Vater, ich bereue." Dann erhob Pater Pio seine rechte

Hand und sagte: „Jetzt flehe ich Jesus und Maria für dich an." Darauf sagte Joey: „Für mich? Sie flehen Jesus und Maria an für mich?" Er sagte: „Ja!"

„Als Pater Pio mir dann die Absolution gab, begannen sich die Augen in meinem Kopf zu verdrehen. Ich wischte mir das Gesicht ab und in meinem Kopf drehte sich alles um und um. Ich empfand, daß mit mir etwas Außerordentliches geschehen war, wußte aber nicht, was es war. Dann wurden meine Sinne plötzlich wieder klar. Pater Pio berührte mit dem Rücken seiner Hand meine Lippen und ließ mich sein Wundmal küssen. Er gab mir einen Klaps auf die Backe und sagte: „Joey, hab ein wenig Geduld, hab ein wenig Mut, und du wirst wieder ganz, ja ganz in Ordnung kommen." „33 Jahre war ich alt; aber ich fühlte mich in diesem Augenblick wie ein Sechzehnjähriger und faßte den festen Vorsatz, mich zu bessern. Traurig war ich über jede Sünde, die ich in meinem ganzen Leben begangen hatte, und doch fühlte ich mich gegenwärtig so gut und so rein, und ich wünschte in diesem Augenblick allein gelassen zu werden, um die Tiefe dieses Zustandes auszuloten."

Heute sagt Joey: „Seit jenem 16. Februar 1963 empfing ich täglich die heilige Kommunion, das Kreuz ist von meinen Schultern genommen, und ich fühle mich frei. Bis zum heutigen Tage leide ich nicht mehr (durch meine Blindheit); ich bin zwar behindert, aber ich leide nicht mehr."

Ein paar Tage später kniete Joey mit etwa 50 anderen Leuten außerhalb des Klosters und wartete darauf, daß Pater Pio auch an ihm vorbeiging. Plötzlich warf Joey seine Arme in die Höhe und fiel nach rückwärts, um sich vor dem zu schützen, was er für eine Explosion hielt; zugleich aber verspürte er einen Duft von Rosen. Plötzlich war Pater Pio neben ihm und berührte ihn am Nasenrücken. „Joey, fürchte dich nicht," sagte er. Obgleich sein Geruchsnerv vor 16 Jahren bei dem Unfall unreparierbar zerstört wurde, hatte Joey den Geruchssinn soeben wiederbekommen. Eine natürliche Fähigkeit zu riechen besitzt er nicht, aber sein Geruchssinn entspricht dem eines normalen Menschen und ist seither erhalten geblieben. Dieses Geschenk bekam er durch die Gnade Gottes, die durch den heiligmäßigen Priester, Pater Pio mit den Wundmalen, wirkte.

Sein Freund Mario, der Joey auf der Reise begleitete, hatte es im Einvernehmen mit ihm so geplant, daß sie nach etwa einer Woche nach Spanien weiterreisen wollten, um den Ort San Sebastián de Garabandal zu besuchen. Joey wußte zu dieser Zeit noch wenig von den Erscheinungen. Er wollte vor allem die Nähe Pater Pios erleben und überredete daher seinen Freund dazu, die Weiterreise von einer Antwort Pater Pios zu dem Geschehen in Garabandal abhängig zu machen. So stellte Joey Pater Pio die Frage: „Vater, ist es wahr, daß die Jungfrau Maria vier Mädchen in Spanien erscheint?" „Ja!", war die Antwort.* Joey aber war noch nicht zufrieden und fragte nach: „Dürfen wir nach Garabandal reisen?" „Ja! Warum nicht?", war die kurze, aber klare Antwort.

So verließen sie San Giovanni Rotondo in Richtung Garabandal, wo Joey Lomangino mit den Erscheinungen der Allerseligsten Jungfrau Maria in Garabandal, nach Gottes Heiligem Willen in Verbindung kommen sollte.

Die Winter im Gebirgsdorf Garabandal im Kantabrischen Gebirge sind streng und Joey erinnert sich an seine erste Nacht. „Die Temperatur war bitter kalt und drinnen genauso schlimm wie draußen. In den aus Natursteinen aufgeschichteten Häusern gab es weder flie-

---

* Im Jahr 1962 bekam Conchita unter vielen anderen Briefen einen handschriftlichen Brief aus Italien ohne Unterschrift. Sie war gewohnt, Briefe ohne Unterschrift zu verbrennen und ihnen keine Bedeutung beizumessen. Den Briefumschlag hatte sie eben ins Feuer geworfen, als sie Aniceta davon abhielt und zu Conchita sagte: „Frage doch die Heilige Jungfrau von wem er kommt, vielleicht weiß sie es und sagt es dir!", denn der Inhalt des Briefes beeindruckte die Mutter, zumal er nicht nur an Conchita, sondern an die vier Seherkinder gerichtet war. Sein Inhalt lautete:

„Meine liebsten Kinder!

An diesem Morgen um neun Uhr hat die Mutter Gottes mir eine Botschaft für Euch gegeben. ‚Ich werde mit Euch sein bis an das Ende der Zeit, und Ihr werdet mit mir in der Herrlichkeit des Paradieses sein. Viele glauben nicht an die Erscheinungen und an die Unterhaltungen (Unterredungen) mit der weißen Madonna; aber sie werden glauben, wenn es zu spät sein wird'".

Bei der nächsten Erscheinung fragte Conchita nach dem Absender des Briefes. **„Du hast einen Brief von Pater Pio",** war die Antwort. Leute, die mit Pater Pio in Kontakt standen und diesen Brief bei Conchita gezeigt bekamen, erkannten denn auch eindeutig seine Handschrift. Diesen Brief hat der Autor persönlich gezeigt bekommen am 22. September 1965 von Conchita im Beisein dreier anderer Personen. Elisabeth Weber notierte sofort dessen Inhalt handschriftlich auf.

Auf Drängen seines Freundes Mario Corvais fragte Joey Pater Pio: „Vater ist es wahr, daß die Jungfrau Maria vier Mädchen in Spanien erscheint?" Die Antwort darauf veränderte den Kurs seines Lebens.

ßendes Wasser noch Heizung. Strom gab es nur kurze Zeit am Abend, wenn die wenigen Lampen in den Gassen des Dorfes durch Einschalten der Zuleitung zum Leuchten gebracht wurden. Eine kleine offene Holzfeuerstelle zum Kochen und schmale Matratzen aus Stroh waren das Gegenteil von Luxus und von anderswo selbstverständlichen Zivilisationsvoraussetzungen. Ich glaubte, in dieser ersten Nacht für alle bisher erhaltenen Gnadengaben hart bezahlen zu müssen." Angezogen mit allen Kleidern und zugedeckt mit allem, was vorhanden war, lag er im Bett und brachte kaum ein Auge zu.

Seine Gedanken trugen ihn durch die Nacht und die stille Ehrfurcht, die seinen Freund Mario und ihn bei der Ankunft erfaßt hatten, ließen ihn über die wunderbare Wiederherstellung seines Geruchssinnes, über das viele Wunderbare, das sie in der vergangenen Nacht von dem Jesuitenpater Ramón Andréu und anderen vertrauenswürdigen Leuten in Madrid gehört hatten und über sein Leben nachsinnen. Er kam ja als Glaubender nach Garabandal, hatte doch Pater

Pio seine Frage nach der Wahrheit der Erscheinungen der Mutter des Herrn für ihn bereits im voraus überzeugend beantwortet. Das Warum aber für den Grund seiner Reise hatte er ihm nicht geoffenbart und er ahnte es auch noch nicht im entferntesten.

Nach kurzer Zeit traf er mit der jungen Seherin Conchita zusammen und er war beeindruckt von der Schlichtheit und Lauterkeit ihres Wesens, ihrer Zuneigung zum Gebet und ihrem kindlichen Vertrauen in die Wahrheit ihrer Visionen. Sie gab ihm ein Heiligenbildchen, auf das sie eine Botschaft für ihn geschrieben hatte:

> *Wir müssen viele Opfer bringen und Buße tun,*
> *und wir müssen dem Allerheiligsten Sakrament*
> *viele Besuche abstatten.*
> *Aber vor allem müssen wir sehr gut sein,*
> *und wenn wir das nicht tun,*
> *wird ein Strafgericht kommen.*
> *Der Kelch ist dabei, überzulaufen,*
> *und wenn wir uns nicht ändern,*
> *werden wir eine große Strafe erleiden.*
> *Wollen Sie es tun, Herr? Ich kenne Ihren Namen nicht;*
> *aber tun Sie es und bringen Sie andere dazu,*
> *daß auch sie es tun!*
>
> *Conchita*

Nach seinen Gesprächen mit dem Mädchen zog er daraus den Schluß, daß es vollkommen unlogisch sei zu denken, daß Conchita sich täuschte oder getäuscht würde. Ihre Worte waren von Glauben erfüllt und kamen aus einem anderen geistigen Fundament als dem, das man in einer schulischen Bildung erfahren konnte. Seine zuvor vorhandene Neigung zu glauben verwandelte sich in die feste Überzeugung: Die Heilige Jungfrau Maria war in der Tat mit einer Botschaft für die ganze Welt in dieses Dorf gekommen und er erkannte, daß er helfen mußte, diese Botschaft zu verbreiten. „Was kann ich tun?“, war die in ihm sich auftürmende überwältigende Frage. Doch Maria wußte, wen Gott da angestoßen hatte. Sie wußte, wen sie selbst gerufen hatte; ja, sie selbst hatte ihn gerufen, wie wir noch sehen werden.

Blind und von Natur aus schüchtern, lag seine ganze Absicht bisher darin, zu arbeiten und Geld für seine Familie zum Unterhalt und zur

Mehrung des Wohlstandes zu verdienen. Zurückgekehrt nach New York, bewegte ihn die Frage: „Was kann ein Bursche wie ich für die Ausbreitung der Botschaft von Garabandal tun?" Dabei kam er zu der Ansicht, daß er eigentlich gar nicht so schlecht ausgerüstet sei, um diese Mission zu beginnen.

Sein Herz war angefüllt durch die Begegnung mit Pater Pio, und das geistliche Wunder seiner Bekehrung und das körperliche seiner Heilung des Geruchssinns waren tief in sein Bewußtsein eingegraben. Außerdem hatte die Seherin Conchita ihm eine Menge von der Jungfrau geküßter Rosenkränze gegeben, und er hatte die Zeugenaussagen

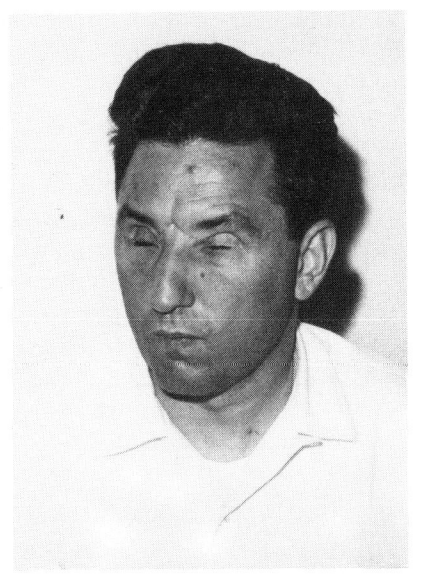

Joey Lomangino 1966 in Garabandal.

von Männern und Frauen, sowohl in San Giovanni Rotondo als auch in Madrid und Garabandal gehört. Darüber nannte er noch ein Photoalbum sein eigen, das sein Freund Mario für ihn erworben hatte, mit Bildern von Pater Pio und mit Bildern von den Ekstasen in Garabandal. Unter jedem Bild standen ein paar Zeilen in Blindenschrift, so daß er die Bilder erklären konnte.

Mit dem Album in der Hand und mit den Rosenkränzen in der Tasche begann Joey Zeugnis abzulegen von Haus zu Haus. Bei Verwandten und Freunden begann er und wiederholte diese Besuche, nachdem für ihn Dias von Pater Ramón Andréu verfügbar wurden über Fatima und Garabandal. Bei diesen Vorführungen, denen er schon bald den Namen „Sitzungen" oder „Konferenzen" gab, war das Leitthema: Die Liebe Gottes zu den Menschen. „Gott ruft ständig Menschen zu sich," pflegte er zu sagen, „manchmal durch das Charisma von Pater Pio und manchmal auch durch Erscheinungen Unserer Lieben Frau." Dabei unterstrich er: „Unsere Liebe Frau ist aus Liebe zu uns gekommen. Wir müssen ihr darauf mit Liebe antworten."

Meldungen über den blinden Mann mit seinen Berichten über die Erscheinungen der Jungfrau Maria in Spanien begannen sich herumzusprechen. Immer mehr unbekannte Leute verlangten nach seinem Vortrag, und weil Mario, sein Freund, nicht immer Zeit für ihn hatte, bat er auch andere Freunde, die glücklich waren ihm bei der Ausbreitung der Botschaft von Garabandal zu helfen. Aus seiner täglichen eucharistischen Gemeinschaft mit dem Herrn zog er wachsende Kräfte und er beobachtete, wie Menschen unter seinen Zuhörern Gnadengeschenke des Glaubens erhielten. So erkannte er, daß Leute nach langer Zeit wieder zu den Sakramenten zurückkehrten und ihr Leben änderten, weil sie unter seiner Anleitung wieder angefangen hatten zu beten. Durch diese Erkenntnisse gestärkt, wuchs er in seiner neuen Aufgabe und verfolgte ständig neue Pläne, allerdings nicht ohne das Bestehende beständig zu pflegen.

Er gründete ein Zentrum zur Bekanntmachung der Botschaft Unserer Lieben Frau vom Berge Karmel, erschienen in Garabandal, und es gesellten sich immer mehr freiwillige Mitarbeiter zu ihm, die ihrerseits wieder neue Zentren in ihren Umgebungen gründeten. Bald korrespondierte er mit Theologen in Europa und anderen Teilen der Welt, so unter anderem mit Pater Laffineur, einem bereits verstorbenen französischen Priester, der als Pionier für die Sache von Garabandal überall in Europa wirkte. Flugblätter wurden gedruckt und Bulletins herausgegeben und seine Vorträge wurden nach und nach in allen Staaten Amerikas gewünscht.

Eine Zeitschrift mit dem Namen „NEEDLES" (Nadeln) gründete er, die später in GARABANDAL umbenannt wurde. Neue Zentren wuchsen nicht nur in Amerika, sondern auch in Europa, beginnend mit einer Einladung nach Irland, und dort durch ein Ehepaar Richard Stanley und seiner jungen Frau, die vom Ruf Gottes bei Joeys erstem Vortrag erfaßt wurden. Ein Mann namens Dick Everson stellte einen Dokumentarfilm über Garabandal her, den man überall vorzuführen begann. Unaufhörlich breitete sich aus, was der blinde Mann aus New York mit einem Photoalbum und Rosenkränzen in der Tasche allein begonnen hatte.

Es verging kein Jahr mehr, ohne daß er Garabandal aufs neue besuchte. 1964 erzählte er Conchita von der Begebenheit mit der Stimme, die er 1947 nachts gehört hatte und mit der er sich unterhielt. Er erzählte Conchita auch von einem Plan, den er bei mehre-

Joey im Gespräch mit Eloisa de Guia, einer Philippinin und Hauptzeugin der Erscheinungen von Garabandal, und Elisabeth Weber.

ren Körperbehinderten-Wallfahrten nach Ste. Anne de Beaupré in Canada gefaßt hatte, in New York ein Haus der Nächstenliebe für Verlassene und Betrübte zu bauen. Conchita versicherte ihm darauf, daß sie zur Heiligen Jungfrau von ihm sprechen werde.

Noch am selben Tage, dem 18. März 1964, verließ Joey Garabandal. Zwei Wochen später erhielt er zuhause einen Brief von Conchita.

+ St. Josephs-Tag 1964

Mein lieber Joseph!
Nur zwei Zeilen, um Dir die Botschaft zu erzählen, die die Heilige Jungfrau mir für Dich bei den Kiefern heute gab ... Sie sagte mir, daß die Stimme, die Du gehört hast, die ihrige war und daß Du genau am Tag des Wunders sehen wirst. Sie sagte mir auch, daß das Haus der Liebe (the House of Charity), das Du in New York bauen willst, Gott große Ehre bringen wird.

Conchita González

„Ich brauchte einige Zeit, um in die Prophezeiung einzudringen (sie ganz zu begreifen)", sagte Joey. „Aber etwas, was mich sehr glücklich machte, war die Bestätigung der Stimme ...". Gott belohnte ihn auf seine Weise und bestätigte den Weg, auf dem er sich befand.

Das Haus der Liebe, so meint Joey, das ist unser jetziges New Yorker GARABANDAL-ZENTRUM, denn alles, was dort getan wird, geschieht zur größeren Ehre Gottes.

Als sein Apostolat derartig wuchs, gewann Joey die Überzeugung, daß Garabandal das Sprechen Gottes zu einer Welt ist, die sich in der Krise befindet. „Uns ist gesagt worden, daß wir die letzten Warnungen erhalten," sagt er. „Die lange Zeitspanne, die uns die Heilige Jungfrau bereits gegeben hat, um ihre Botschaft zu verbreiten, ist ein Anzeichen dafür, wie lebensnotwendig sie ist." Von der Notwendigkeit getrieben, überall Menschen zu erreichen, drängte er vorwärts, bevor die Zeit dazu verstrichen ist. Je mehr er arbeitete, desto länger wurde der Weg. Er fühlte, daß bald noch mehr und noch größere Reisen auf ihn zukommen werden. Ein neuer Horizont dämmerte für den blinden Mann und seine Mission.

Pater Francis Benac S.J.

Ende der siebziger Jahre bereiste er die ganze Welt. Über mehrere Staaten in Afrika ging es nach Hongkong, Indien, Burma, Pakistan, den Philippinen und nach Australien.

Im Jesuiten Francis Benac fand er einen überaus eifrigen und theologisch gebildeten Vorkämpfer, der nicht nur in Indien, seinem Missionsgebiet, sondern auch in der ganzen fernöstlichen Region in Übereinstimmung mit der kirchlichen Obrigkeit unendlich segensreich für die Ausbreitung der Botschaft von Garabandal wirkte.

Er entwickelte eines der erfolgreichsten Garabandal-Zentren

Joey umringt von interessierten Menschen bei einer seiner Konferenzen. Rechts neben ihm, mit Brille, Pater François Turner.

der ganzen Welt, das auch von der deutschen Jesuiten-Missions-prokur finanziell unterstützt wird.

Überall war man bestens auf das Kommen von Joey vorbereitet, ja man erwartete ihn schon sehnlichst, um von ihm Zeugnis zu erlangen von dem, was Gott durch seine geliebte Braut und Mutter seines Sohnes im kleinen spanischen Bergdorf Garabandal für alle Menschen verkündet hat. Er wurde begrüßt von Priestern, Bischöfen und Kardinälen, die ihn, wie Valerian Kardinal Gracias in Indien, bereits am Flughafen als den Botschafter Unserer Lieben Frau willkommen hießen. Auch Kardinal Sin von den Philippinen empfing ihn mit einem offenen Herzen für die in Garabandal geäußerten Anliegen Mariens, die die Anliegen Gottes für die Menschheit sind.

Diese offene und herzliche Zuneigung erfuhr er aber nur in Ländern sogenannter unterentwickelter Zivilisation, bemerkte Joey bedeu-

tungsvoll. Aber erinnern wir uns an Mariens Worte zu den Sehermädchen, die in der Einfachheit menschlicher Existenz die größere
Offenheit für Gott aufzeigten, als sie sagte: „Ihr habt hier bei euch
noch vieles so, wie ich es in meinem Leben auch gehabt habe." Die
Häuser, das Herdfeuer, das Wasser vom Brunnen, die einfache Art
der Landwirtschaft, das ländliche Leben und die aus den unbe-
einflußbaren Naturgewalten erwachsende Ehrfurcht vor Gott.

1977 war für Joey ein schwieriges Jahr. Sein Betrieb durchlitt die
Qualen der Sanierung und ein ausgedehnter Reiseplan beanspruchte
seine Kräfte über Gebühr. Doch auch in dieser Situation verspürte er
die väterlich führende Hand Gottes. Bereits im Frühjahr tauchten
ohne erkennbaren Grund zwei Namen in seinem Bewußtsein auf:
„Luther" und „Michigan." Er kannte dieses Phänomen bisher nur in
der Weise, daß er für Menschen, deren Namen ihm auf diese Art gegenwärtig wurden, besonders zu beten gewohnt war. Es waren aber
stets Menschen aus seinem engeren oder weiteren Bekanntenkreis.
Dieses Mal gab es keine Brücke zu einer ihm bekannten Person und
so erzählte er davon seiner Schwester einige Male als sie gemeinsam
zum Büro fuhren. Auch sie wußte dazu keine Erklärung abzugeben
und empfahl ihm abzuwarten.

Wie alljährlich, so hatte er auch in diesem Jahr wieder eine Reise
nach Garabandal ausgeschrieben, an der sich viele beteiligten, die
von ihm von Garabandal gehört hatten und die mit ihm zusammen
diesen besonderen Ort und andere Wallfahrtsorte Mariens in Europa
aufsuchen wollten. Er ahnte nicht, daß unmittelbar vor ihm eine entscheidende Veränderung in seinem Leben lag. Diesmal erfuhr er die
Namen der Mitfahrenden erst am Flughafen, als sie ihm einzeln und
mit Namen und dem Staat, aus dem sie kamen, vorgestellt wurden.

Es war an einem Sommerabend, und er war ziemlich müde und abge-
spannt. Er freute sich auf die Ruhe im Flugzeug, wo er sich sammeln
konnte für das geistliche Gelingen dieser Reise. Einen Namen nach
dem anderen nahm er gelassen und mit freundlicher Begrüßung
entgegen, als ihm seine Sekretärin schließlich sagte: „Das ist Mary
Luther und ihre Tochter Marilynn aus Michigan." Da waren sie, die
beiden Worte, die beiden Namen, die er seit geraumer Zeit ohne
Erklärung im Bewußtsein trug. Er war aber zu erschöpft, um in
diesem Augenblick mit den beiden Personen nach einer Lösung
des Geheimnisses zu suchen.

Joey mit Aniceta González an der Stelle, an der sich das „Hostienwunder"
ereignete, zwischen den Häusern in Garabandal.

In Lourdes entschloß er sich endlich, der Erkundung des Geheimnisses dieser beiden Namen nachzugehen und führte ein langes interessantes Gespräch mit Mary Luther, einer religiösen und beherzten Frau, die bereits vor 17 Jahren ihren Mann mit 51 Jahren durch Krebs verlor und ihre zehn Kinder, von denen zwei noch Babys waren, in bewundernswerter Weise erzogen hatte. Marilynn, die bei diesem Gespräch auch anwesend war, verhielt sich zurückhaltend und still.

In Garabandal freundeten sich Joey und Marilynn aber an und in Fatima, der nächsten Station ihrer gemeinsamen Pilgerreise, erkannte Joey mit Ergriffenheit, daß er in Marilynn Luther seine zukünftige Frau gefunden zu haben schien. Er fragte sie ohne Umschweife, ob sie ihn heiraten wolle. Zwar war sie überrascht von solch einer direkten Frage, aber sie nahm sie doch mit Interesse auf und erklärte ihm, daß sie eine Entscheidung erst zuhause treffen wolle. In ihrem Inneren aber erbat sie für sich ein Zeichen von Gott, daß es Sein Wille sei, diesen blinden Mann zu heiraten.

In einem Traum wurde ihr bereits in der ersten Nacht nach ihrer Rückkehr dieses Zeichen geschenkt. Unverzüglich schrieb sie an Joey und es wurde die Hochzeit geplant. Seither ist sie seine beste Mitstreiterin im ständig wachsenden Apostolat und zu seiner häuslichen Mitte geworden. Zwei Söhne wurden ihnen geschenkt, Joseph Michael am 18. Mai 1979 und Johannes Paul am 17. September 1981. Es erübrigt sich zu sagen, daß die beiden Söhne Joeys ganzer Stolz sind und daß sie ihn bei jeder sich bietenden Gelegenheit begleiten dürfen.

Wir wollen aber die Geschichte des blinden Amerikaners Joey Lomangino nicht beenden, bevor wir uns nicht noch einem besonderen Ereignis aus dem Jahre 1965 zugewendet haben, als er einen tröstlichen Traum aus dem Jahre 1949 enträtseln konnte, dem Joey damals große Bedeutung beigemessen hatte.

Es war anfangs des Jahres 1965, als Joey zu Hause in Lindenhurst auf der Couch lag und den Rosenkranz betete, begann er über Worte zu meditieren, die ihm gerade in den Sinn kamen. Auf einmal erinnerte er sich an einen Traum und er fühlte sich in den Mai des Jahres 1949 zurückversetzt, als er neu in die Blindenschule aufgenommen worden war.

Joey und Marilynn mit ihren beiden Söhnen, Joseph Michael und Johannes Paul, in Garabandal 1991.

Unglücklich war er an diesem Ort und er konnte sich mit dem Zustand seiner Blindheit nicht abfinden. Zudem war er allein, vermißte die Umgebung seiner Familie und war sich dessen bewußt, daß sie darunter sehr zu leiden hatte. Man hatte ihn zunächst in die Abteilung für Orientierung gesteckt. Dort wartete er und horchte auf jedes Geräusch und er wurde gewahr, daß er allein war. Nach einer Weile stand er auf, begann ein paar Schritte zu tun, dann ein paar mehr, schließlich bis zum Eingang. Vorsichtig nahm er den Weg in die Eingangshalle hinunter. Ohne es zu merken ging er durch eine offene Ausgangstüre und fiel über ein paar Stufen hinunter. Da er sich nicht bemerkbar machen wollte, kroch er auf allen Vieren schnell die Stufen wieder hinauf und griff zur Wand, nach der offenen Eingangstür suchend. Verletzt, verunstaltet, verlassen und enttäuscht über seinen Zustand legte er sich auf sein Bett, nahm seinen Rosenkranz heraus und begann zu weinen und er weinte sich in den Schlaf und träumte:

„Ich sah einen Ort, den ich zuerst für einen Golfplatz hielt, mit reichem grünen Gras auf sanften Hügeln und einer Gruppe von Bäumen hinter mir. Dort stand ich und schaute zum Himmel auf. Am Firmament ging etwas Eigenartiges vor sich und ich hatte meine Augen wieder und sie waren blau." Soweit der Traum.

„Als ich aufwachte, fühlte ich mich getröstet durch das, was ich im Traum gesehen hatte. Obgleich ich verunstaltet war, wußte ich, daß ich einmal wieder ganz hergestellt sein würde. Diese Erkenntnis stützte mich, als ich in der Welt eines Blinden ein völlig neues Leben anfing und ich besaß danach den Mut, das Beste aus jeder sich bietenden Gelegenheit zu machen."

Was aber wurde aus diesem bis heute noch immer blinden Mann: Ein Apostel Mariens. Ein Mann, dessen Vorbild für unzählige Menschen zur Hoffnung und zum Wegbereiter ihrer Bekehrung wurde. Ein Mann, dessen ungebrochenes Vertrauen auf Gott ein weltumspannendes Netz unzähliger Apostolatszentren hervorbrachte und in dessen „Holy House" in der 380 South Fifth Street in Lindenhurst, Long Island im Staate New York, die Fäden für Unsere Liebe Frau von Garabandal aus aller Welt zusammenlaufen. Ein Mann, der eine Verheißung trägt zur Verherrlichung Gottes, die eines Tages, wenn er beim großen angekündigten Wunder neue Augen bekommen hat, zum lebendigen Zeugnis für die Existenz des Allmächtigen Gottes zu werden verspricht.

Ungezählte Menschen sind ihm dankbar für ihre geistige Wiedergeburt und sind bestrebt ihm zu helfen. Joey bewirkte, daß sie Rosenkränze knüpfen, Skapuliere anfertigen, eucharistische Nachtwachen halten und Rosenkranzkundgebungen veranstalten. All seine Arbeit für die Heilige Jungfrau tut er, ohne Geld zu nehmen, denn seine Existenz bestreitet er heute noch aus der Bestattungsfirma, die ihm mit seinen drei Brüdern zusammen gehört.

Tatsächlich haben sich ungezählte Tausende durch Joeys Eifer zu Gott bekehrt. Er selbst sieht es so: „Am Anfang ist stets die ganze Begeisterung für Joey und nochmal Joey. Wenn sie dann anfangen zu beten, nimmt Joey ab und Gott nimmt zu, denn sie erhalten dadurch die Gnade, um zu verstehen. Ich bin nur ein Werkzeug. Wir alle sind Werkzeuge und Gott möchte, daß das Charisma jedes einzelnen

Joey neben Cetuco, einem bereits verstorbenen Bruder Conchitas, und Conchita mit Eloisa de Guia vor dem Elternhaus Conchitas.

Menschen dazu genutzt wird, um andere zum Erkennen, zum Lieben und zum Dienen zu veranlassen. "

Er ist der Meinung, daß die meisten Menschen nicht zu geistlichen Interessen erzogen werden, deshalb haben sie einen Pater Pio oder ein Garabandal nötig, einfach etwas, das ihre Aufmerksamkeit erregt und sie aus ihrem ungeistlichen Alltagstrott herausreißt. Einmal bekehrt, werden Beichte und Kommunion praktiziert und sie entdecken mehr und mehr eine Liebe zur Anbetung vor dem Heiligen Sakrament. Es bewegt sie in Dritte Orden einzutreten und in der Kirche zu arbeiten und sie widmen ihre Zeit mehr der Nächstenliebe aus Liebe zum Herrn. Vom Wachsen ihres Gebetslebens erwächst ihnen der Eifer, sich für die Rettung der Seelen einzusetzen.

Jene, die körperlich oder auf andere Weise Leiden zu tragen haben, fühlen eine besondere Zuneigung zu dem blinden Joey. Er sagt ihnen: „Wenn wir unser Kreuz tragen, indem wir in der Gnade leben, verherrlichen wir Gott und erhalten so Gnaden für die Bekehrung der Sünder, befreien die Armen Seelen aus dem Fegfeuer und stärken die Kirche. Denkt an die Passion Jesu und vereinigt euer Leiden mit dem seinen. Gott wird euch dann die Gnade geben, die Geheimnisse des Kreuzes und der Erlösung besser zu verstehen und in Liebe und Geduld auszuharren. "

Das sagt ein Blinder, der unzählige Stunden am Telefon verbringt, um immer wieder und mit bewundernswerter Treue von der Liebe Gottes zu den Menschen zu sprechen und von Maria, der Mutter des Herrn, und ihrer Botschaft an die Menschen.

Sein Telefon 516-226-4408 steht nicht still und sein Herz wird auch nicht still stehen, bevor sich an ihm erfüllt hat, was der Herr ihm durch Maria verheißen hat, neue Augen zu bekommen zur Verherrlichung Gottes. Das glaubt er fest und er liebt es, das Werkzeug Unserer Lieben Frau zu sein, der von seinem HOUSE of CHARITY in Lindenhurst in der 380 South Fifth Street aus das Ziel verfolgt, die Botschaft von Garabandal weltweit bekannt zu machen vor der angekündigten Warnung, um möglichst vielen Menschen damit die Chance zu eröffnen, am Tag des großen Wunders nach Garabandal kommen zu können.

Die letzte Erscheinung in Garabandal

Die Heilige Jungfrau schloß das erste Kapitel der Geschichte von Garabandal mit ihrer letzten Erscheinung am 13. November 1965 ab, das Kapitel ihres Kommens. Die Sache Gottes aber ist dort keineswegs abgeschlossen und die Sehnsucht nach dem, was angekündigt wurde, läßt viele Menschen in ungeduldiger Erwartung zurück.

Es war ein trüber Herbsttag und gelegentlich fielen ein paar Tropfen aus den tief hängenden Wolken. Niemand, außer Conchita, wußte, daß sich an diesem Tag eine Erscheinung ereignen würde. Conchita wollte allein sein mit ihr. Sie sehnte sich danach, die Heilige Jungfrau endlich nach einer längeren Pause der Erscheinungen wieder zu sehen. Am frühen Nachmittag ging sie mit einer Plastiktüte, in der sich viele Rosenkränze befanden, den Berg hinauf zu den Kiefern. Die Heilige Jungfrau hatte ihr diese Erscheinung angekündigt und sie darum gebeten, allein zu kommen und möglichst viele Rosenkränze mitzubringen, damit sie diese küssen könne. Sie hatte ihr schon angedeutet, daß sie an diesem Datum zum letzten Mal kommen werde, und so war Conchita einerseits glücklich, sie wieder zu sehen, und andererseits traurig, sie zum letzten Mal zu sehen. Sie fürchtete sich vor dem Schmerz des Abschieds, denn ihre eigene persönliche Situation war in mancherlei Hinsicht schwierig geworden, und sie sehnte sich nach der mütterlich beschützenden Gemeinschaft, um Ordnung und Ruhe in ihre eigene Persönlichkeit zu bringen. Sie suchte Rat bei ihr, denn sie war im Ungewissen über ihre Zukunft, ihren späteren Lebensweg, und wurde durch viele gute Ratschläge von Leuten, die sich dazu berufen fühlten, in eine innere Zwangslage gedrängt.

Wen wundert es, daß die Allerseligste Mutter ihre geliebte kleine Freundin aus dieser Lage nicht einfach befreite, sondern sie sich selbst und ihrer eigenen Entscheidung überließ. Alles, was sie ihr gab, war mütterliche Zuneigung und verständnisvolle Liebe zu ihr in dieser Situation. Damit wollte Maria, daß sich dieses von Gott auserwählte heranwachsende Kind, wie jeder andere junge Mensch auch, in persönlicher Freiheit selbst für seinen Weg zu Gott entscheiden sollte. Hatte die Himmlische Mutter doch diesen Kindern in den Jahren seit 1961 eine so außergewöhnliche Erziehung zukommen lassen, daß sie sich kraft dieser fähig zeigen sollten, beispielhafte eigene Entscheidungen zu treffen. Entscheidungshilfen hatte sie allen Vieren oft und oft für andere gegeben; daraus zu lernen, war ihre Aufgabe.

„*Conchita, das ist das letzte Mal, daß du mich hier siehst, aber ich werde immer mit dir und allen meinen Kindern sein,*" sagte die Heilige Jungfrau mütterlich fürsorglich zu ihr, den von Conchita empfundenen Schmerz der bevorstehenden Trennung mitleidsvoll aufnehmend und sie zugleich aus der Sicherheit der Gewißheit in das Wagnis des Glaubens entlassend, indem sie sie von ihren eigenen Problemen ablenkte mit der Bitte: „*Conchita, erzähle mir etwas, erzähle mir etwas Neues von meinen Kindern. Siehst du, ich habe sie alle unter meinem Mantel versammelt.*" „*Ich antwortete ihr: ‚Der ist aber klein. Wir haben doch nicht alle darunter Platz'. Darauf lächelte die Heilige Jungfrau.*" Sie fuhr beruhigend fort: „*Weißt du, Conchita, warum ich am 18. Juni nicht selbst gekommen bin, um dir die Botschaft an die Welt zu übergeben? Es war, weil es mich schmerzte, euch das alles zu sagen. Aber ich muß es euch sagen zu eurem eigenen Wohl, wenn ihr die Botschaft erfüllt, zur Verherrlichung Gottes. Ich liebe euch sehr. Ich wünsche euer Heil und sehne mich danach, uns alle hier vereinigt zu sehen im Himmel, beim Vater, beim Sohn und beim Heiligen Geist.*"

Conchita erzählte ihr darauf von einigen ihrer Kinder, die ihrerseits zu Conchita gekommen waren und sie darum baten, die Anliegen der Heiligen Jungfrau vorzutragen. „Aber ich konnte es nicht so frei tun wie sonst, weil es mich schmerzte, Abschied nehmen zu müssen von IHR, die ich aus meinem Leben nicht mehr wegdenken mochte. Ich erzählte ihr dann auch deshalb von diesen Menschen, damit sie noch etwas länger dableibe. Sie gab mir auch Antworten für den einen oder anderen, und ich glaubte, daß sie mich auch trösten wollte dadurch."

Conchita fährt in ihrem Bericht darüber fort und sagt: „*Vorher hatte mir die Heilige Jungfrau gesagt, daß Jesus uns die Züchtigung schikke, nicht um uns zu entmutigen, sondern um uns zu helfen und uns zurechtzuweisen, weil wir ihn nicht mehr gebührend beachten. Ebenso schickt er uns die Ankündigung, um uns zu reinigen, bevor wir das Wunder sehen, durch das er uns seine große Liebe offenbart und seinen Wunsch bestätigt, daß wir die Empfehlungen der Botschaft in die Tat umsetzen.*"

Und Conchita schließt diesen Bericht mit den Worten: „*Solange man nach der Botschaft (und dem Evangelium) lebt, ist es nicht besonders wichtig, ob man an die Erscheinungen glaubt oder nicht.*"

Damit ist gemeint, daß wir gut sein sollen im Sinne des Evangeliums. Das ist das alles Entscheidende, es ist das, was man lernen und verstehen muß aus dem Geschehen Gottes mit den Menschen in Garabandal, gleich einer Landkarte, die uns den Weg weist zum ewigen Heil.

Was für gewaltige Worte, einfach und schlicht. Worte, die mit den Worten des Herrn zu belegen und zu erklären sind. Worte, deren Bedeutung uns zu einem Du-und-DU-Verhältnis zu unserer Himmlischen Mutter führen können, die uns zu einem grenzenlosen Vertrauen ihr gegenüber ermuntern und die geeignet sind, uns zu wahrhaften Kindern Gottes werden zu lassen.

Maria sagt: „... daß Jesus uns die Züchtigung schickt, ... weil wir ihn nicht mehr gebührend beachten." Jesus selbst fragte: „Doch wird wohl der Menschensohn bei seinem Kommen den Glauben auf Erden vorfinden?" (Lk 18,8 nach Menge).

Conchita am Tag nach der letzten Erscheinung während des Gespräches mit dem Autor.

Sie hat aber offenbar auch von den Entwicklungen gesprochen, mit denen sich der Mensch in der nahen Zukunft gegen Gott auflehnen wird. Am Tag nach dieser letzten Erscheinung fragte Conchita den Autor: „... kannst du dir vorstellen, daß man die Kinder in der Mutter töten kann, ohne daß die Mutter dabei auch stirbt?" Spontan antwortete der Autor: „Nein! Wie kommst du darauf, Conchita?" „Die Heilige Jungfrau hat davon gesprochen und mich wissen lassen, daß das zum Überlaufen des Kelches (la copa) führen wird", sagte sie erschüttert, ohne sich vorstellen zu können, um was es sich dabei handelt. Auch ist der Autor heute, noch mehr als damals, der Meinung, daß Conchita die daraus ableitbaren heilsgeschichtlichen und schöpfungsbezogenen Zusammenhänge in keiner Weise erkennen konnte. Conchita sagte darauf noch, daß sie das sehr beunruhige und daß man die Menschen doch davor noch rechtzeitig warnen sollte, doch habe sie Angst sich lächerlich zu machen, weil sie nicht ganz verstehe, wie dieses Töten geschehe, von dem die Heilige Jungfrau zu ihr gesprochen habe. Die Heilige Jungfrau habe ihr nicht genau gesagt, wie das vor sich gehen werde. Bisher habe ihr darauf auch niemand eine richtige Antwort geben können, damit sie das verstehen könne.

Die Abtreibung als millionenfacher Kindermord, die heutzutage beschönigend nur noch „Schwangerschaftsabbruch" genannt wird, die aber ein frevelhaftes sich vergreifen am Schöpfungswerk Gottes darstellt, war 1965 noch nicht gesellschaftlich legitimiert und ihre Legalisierung lag in Spanien noch in weiter Ferne. Es war kein Thema über das in der Umgebung Conchitas je gesprochen wurde. Darauf nahm auch Maria Rücksicht und verbarg es in der Weise, daß Conchita es wohl erst sicher erkennen konnte, als es zur Praxis wurde in einigen Ländern und damit auch zur Nachricht in den Medien. Auch hierbei kann man erkennen: Gott straft nicht bevor er vor dem Grund zur Bestrafung rechtzeitig gewarnt hat. Zugleich aber wird die Nichtbefolgung, die Auflehnung gegen Gott, zur Ursache für die Strafe.

Verweilen wir aber noch ein wenig bei den anderen Worten der Gottesmutter und betrachten wir die schier unfaßbare Bedeutung für uns alle, wodurch wir im Glauben und in der Zuversicht gestärkt werden, daß es sich lohnt ein Leben im Stande der Gnade zu suchen und Gott zu dienen, zu dienen in Liebe, und mit Eifer der Vollkommenheit nachzustreben.

Die Heilige Jungfrau hat gesagt: „*uns alle **hier*** (hier im Himmel) *vereinigt zu sehen,* " woran wir erkennen können, daß sie mit dem ganzen Himmel, dem, was wir das Jenseits nennen, nach Garabandal ins Diesseits, in unsere Wirklichkeit, gekommen ist bei ihren Erscheinungen. So erhebt sich die Frage, waren die Seherkinder im Zustand der Ekstase, in der sie dem Einfluß der Umstehenden und für körperliche Reize vollkommen unempfindlich waren, dem Diesseits entrückt, gleichsam mit ihrem Empfinden im Himmel? Umgekehrt gefragt, bedeutet das, daß Maria mit dem Himmel, und allem, was wir uns darunter vorstellen, jeweils zugegen war, wenn sie erschienen ist? Für die Umstehenden nicht sichtbar, versteht sich, aber für den einen oder anderen doch erfahrbar durch das Erlebnis eines tiefen unerklärlichen inneren Glücks, je nachdem, in welchem Zustand er sich im Hinblick auf die Gnade befand. Die Antwort darauf kann nur der Glaube geben, und zugleich wird sich die Antwort zusammenfassen lassen, in der unstillbaren Sehnsucht nach dem nimmer vergehenden Glück in der Gemeinschaft mit ihr, der Himmlischen Mutter, in der Herrlichkeit Gottes zu sein.

Von Jacinta wissen wir, daß sie einmal von der Heiligen Jungfrau in das Paradies mitgenommen wurde. Dabei, so berichtete ihr Bruder, sei sie aber auch körperlich verschwunden gewesen. Er habe sie gesucht und nirgends gefunden. Zuerst habe er gedacht, daß sie sich vielleicht versteckt hätte, wie das Mädchen ja häufiger tun, als sie aber dann auf einmal wieder da gewesen sei, habe er sie gefragt: „Wo warst du denn? Ich habe dich gesucht". „Die Heilige Jungfrau hat mir das Paradies gezeigt. Dort ist es sehr schön. Man kann es mit nichts vergleichen. Beunruhige dich nicht, ich bin ja wieder hier", bekam er zur Antwort. „Sage es aber nicht der Mutter. Überhaupt sprich darüber nicht zu anderen Leuten, ich habe es dir nur gesagt, weil du mich gesucht hast und mich gefragt hast wo ich war", fügte sie noch hinzu. Das hat ihr Bruder dem Autor im Jahr 1965 so berichtet in Gegenwart von Maria González, ihrer Mutter.

Wer von uns, die wir zurückgelassen sind und unsere Augen zum Himmel zu erheben bereit sind, sehnt sich wohl nicht nach einem solchen Erlebnis. Einem Erlebnis, das nur Gott allein uns zu schenken imstande ist, dessen wir aber ohne seine Erwählung nicht gewürdigt werden können. Von uns, den Zurückgelassenen, wird der Glaube daran verlangt, der durch die Verheißungen des Evangeliums seine Grundlage erfährt. „Selig sind die, die nicht sehen und doch glauben".

Aber hat uns die Heilige Jungfrau nicht noch viel mehr versprochen und geoffenbart in dieser letzten Erscheinung in Garabandal. Sie hat doch gesagt: „... aber ich werde immer mit dir und allen meinen Kindern sein ... Siehst du, ich habe sie alle unter meinem Mantel versammelt." Und sie sagte weiter: „Ich wünsche euer Heil." Sie wird immer mit uns sein, sie versammelt uns unter ihrem Mantel und sie wünscht unser Heil, immer vorausgesetzt, daß wir im Stande der Gnade bleiben und die Sünde verachtend meiden. Ihre Hilfe und ihr

*In der Küche im Elternhaus Jacintas. Von links die Mutter, Maria Gonzá-
lez, ihr Sohn Miguel Angel, Jacinta, Albrecht Weber und die jüngste
Tochter Maria del Carmen.*

Beistand in allen Lebenslagen wird uns dadurch zur Gewißheit und
ihre Fürsprache bei Gott zur kraftspendenden Zuversicht beim Tragen der mannigfachen Kreuze menschlicher Existenz. Wir dürfen
Mutter zu ihr sagen und dürfen uns ausweinen bei ihr, wir dürfen uns
Kinder von ihr nennen und dürfen froh sein bei ihr, wir dürfen hören
auf sie und dürfen ihres Beistandes sicher sein, und wir sind geborgen
bei ihr und dürfen in Gemeinschaft mit ihr auf ein ewiges Glück hof-
fen, das durch nichts, als durch die eigene Sünde, getrübt werden
kann. Wir dürfen aber auch sicher sein auf der richtigen Seite zu stehen, in der in unseren Tagen ablaufenden gigantischen Schlacht der
Auseinandersetzung zwischen Gut und Böse, denn Maria wird die
Siegerin sein. Sie wird die Schlacht gewinnen, wenn alles verloren zu
sein scheint und wenn der Widersacher Gottes die größten Triumphe
feiert und sich des Sieges sicher wähnt.

Die Freiheit der Entscheidung

Die Entscheidung wird keinem von uns abgenommen, wie wir gesehen haben, auch Conchita nicht. Wie könnte es auch anders sein, denn so war es der Wille Gottes von Anfang an. Maria tut den Willen Gottes und SIE versuchte, uns durch den Umgang mit den Seherkindern in Garabandal dazu anzuleiten, daß auch in uns die Sehnsucht wachse, den Willen Gottes durch unser Handeln in freier Entscheidung für IHN tun zu wollen. Dazu gab Gott uns das Geschenk der Freiheit unseres Willens, die von ihm konsequent geachtet wird. Das heißt, daß er uns unabhängig gemacht hat in der Wahl unserer Wege und unserer Entscheidungen. Ja, das geht sogar soweit, daß wir uns gegen ihn entscheiden können. Ob wir das dürfen, das steht auf einem anderen Blatt geschrieben; aber wir können es, mit allen auch daraus resultierenden Konsequenzen. Maria weiß um die Gefahren, die uns in unseren Entscheidungen beeinflussen und auch täuschen können. Wenn wir uns aber für Gott und damit für Jesus Christus entschieden haben, dann müssen wir uns auch mit allen Konsequenzen danach verhalten und unser Denken und Tun auf ihn ausrichten. Das aber ist heute sehr schwer, da eine Vielzahl von Irrlichtern unsere Blicke vom einzigen Licht, das Jesus Christus für uns ist, ablenken, so ablenken, daß uns die Entscheidung oft nicht leicht fällt, weil wir die Maßstäbe zuwenig kennen, die notwendig sind, um unterscheiden zu können. Von einigen dieser Maßstäbe soll im nächsten Kapitel die Rede sein, um die Irrlichter und Ablenkungsmanöver des Verführers besser durchschauen zu können, der nichts unversucht läßt, um die Schafe von der Herde abzutrennen.

Die Entscheidung für Jesus Christus bedeutet, daß wir uns auch für seine Kirche klar entscheiden müssen. So gesehen müssen wir alle, die wir Jesus und seiner Kirche gegenüber den festen Entschluß zur Treue gefaßt haben, ganz gleich in welch entstelltem Zustand der Feind das Antlitz der Kirche auch versetzen mag, dieser Kirche unbedingt treu bleiben. Wir dürfen uns nicht von ihr entfernen, sei es aus Enttäuschung oder aus anderen Gründen. Wir dürfen uns ebensowenig von ihr entfernen, wenn wir von glaubensschwachen Gliedern der Kirche verachtet werden, denn Jesus wurde auch von denen verachtet, die damals die Kirche repräsentierten, die Hohenpriester. Er hat für sie gebetet: „Vater, vergib ihnen, denn sie wissen nicht was sie tun" (Lk 23,34). Wenn wir Jesus nachfolgen wollen, so heißt das, daß wir all die Verachtungen, Verleumdungen, Schmähungen und Leiden geduldig und vor allem treu auf uns nehmen müssen, die auch Ihm zu seiner Zeit zuteil geworden sind. Davon sollten wir uns nicht verunsichern lassen, ebensowenig von Botschaften und Prophezeiungen, die uns ängstigen und einschüchtern. Auch sollten wir uns vom **einmaligen** Weg zum ewigen Heil mit unserem Leben dadurch nicht abbringen lassen, daß wir uns durch die von Satan erfundene Seelenwanderung, auch Reincarnation genannt, täuschen lassen. Es ist absolut falsch, daß wir Sünde und Schuld in einem späteren Leben irgendwann wieder ungeschehen und gutmachen können. Das wird uns in der Heiligen Schrift eindeutig vor Augen gestellt. Damit versucht Satan unser Gewissen einzuschläfern und uns unsere Seele zu rauben, um uns die Chance zu nehmen, das ewige Leben zu gewinnen. Wir sehen, er läßt nichts unversucht, um die Getreuen durch sein Sieb der Lügen in das ewige Verderben fallen zu lassen.

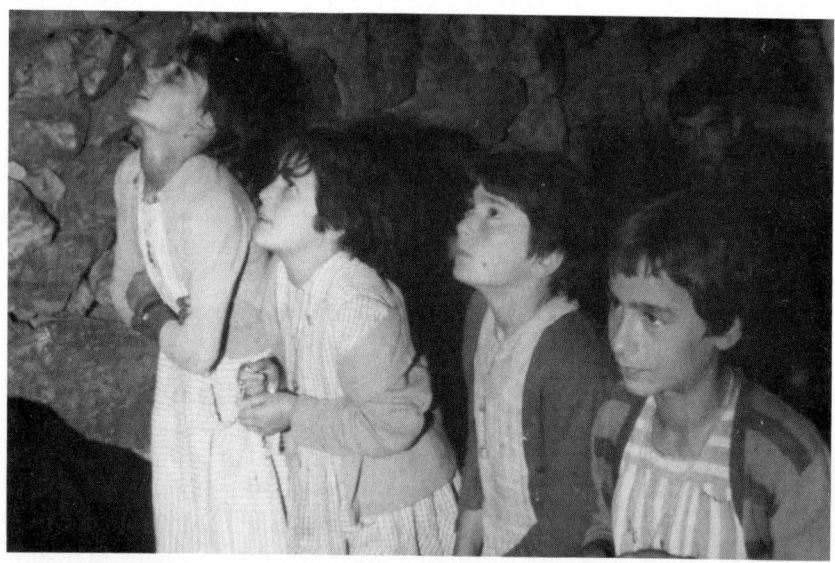

Die Seherkinder von Garabandal sprechen mit der Heiligen Jungfrau Maria, die sie in über zweitausend Erscheinungen während mehr als vier Jahren zu Gott ergebenen entscheidungsfähigen Menschen herangebildet hat. Conchita, Marie-Loli, Jacinta und Marie-Cruz.

Die Zerstreuung der Herde

Es ist wichtig und notwendig, daß wir immer bedenken: Nur einer will uns vom geheimnisvollen Mystischen Leib Jesu Christi trennen, der die Kirche ist, es ist der Verderber, der Gegenspieler. Er lauert heute nahezu allen auf, seien sie lau oder fromm, gläubig oder ungläubig. Es ist ihm sogar gelungen, Verantwortliche im Innenraum der Kirche für seine Strategie der Zerstörung zu gewinnen, und er benutzt dazu vorzugsweise die nebulös verfinsterten Methoden einer permissiven Theologie, die anstatt den Glauben an Gott zu fördern, diesen Glauben eher in Frage zu stellen bereit ist. Davon zeugt der unmißverständliche Ausspruch von Papst PAUL VI., daß der „Rauch Satans" durch einen Spalt in die Kirche eingedrungen ist. Seine Strategie umfaßt alle Bereiche und er hat durch die modernen Nachrichtenmedien Möglichkeiten wie zu keiner anderen Zeit der Menschheitsgeschichte. Im Zeitalter der Massenmedien vermag er durch nur wenige Menschen, die mit den Medien umgehen und zu seinem Einflußbereich gehören, eine unglaubliche Beeinflussung ganzer Völker und Nationen, ja sogar rund um den Globus angelegter Täuschungen für die Menschheit zu inszenieren. Der Kampf gegen die verhaßte Katholische Kirche geschieht auf zwei großen Linien. Die eine Stoßrichtung hat er in der Kirche entfacht, indem er durch „fortschrittliche Denkweisen" mit einer Theologie, die sich in rationalen Erkenntnissen zu erschöpfen scheint, scheinbar alle Türen der mystischen Glaubenserfahrung in der Verkündigung durch die Verantwortlichen zuschlägt. Damit erreicht er eine Untergrabung der Fundamente vom Innenraum der Kirche her. Durch den von niemandem anderem als vom Ungeist Satans verbreiteten Drang zur Freiheit in der Entwicklung neuer Formen in der Führung, der Verkündigung, der Liturgie und vor allem der Theologie, glaubt er das hierarchische Prinzip, daß das göttliche Prinzip von Anfang an war, außer Kraft setzen zu können. Damit verfährt er genauso wie die alte Schlange im Paradiese, die er selbst war, indem er die Menschen zur Erkenntnis und zur Bewußtmachung ihrer Möglichkeiten führt und sie dadurch von der Hinwendung zu Gott abzutrennen versucht. Unter dem Vorwand der Demokratisierung als Verbesserung der Struktur der Kirche hat er den Verantwortlichen, den Bischöfen, für ihre persönlichen Entscheidungen die Hände gebunden und ihnen weitgehend die Grundlage zur persönlichen Entscheidung und zum verbindlichen Bekenntnis im Hinblick auf die Verkündigung genommen. Fachliche Berater und Beratergremien bestimmen die Entscheidungen und nehmen den Bischöfen somit den an ihre Weihe gebundenen Auftrag des Lehramtes weitgehend aus der Hand; denkt man nur zum Beispiel an die verhängnisvolle Entwicklung etwa im Bereich der schulischen Katechese.

Auch das „Gotteslob" bietet im deutschsprachigen Raum als liturgisches Einheitsgebet- und Gesangbuch ein nicht zu übersehendes Beispiel. Die Hinführung der Heranwachsenden zur eucharistischen Mitte der Kirche in der Feier der hl. Erstkommunion ist nicht mehr enthalten. Diese für eine lebendige Mitgliedschaft in der Gemeinde unerläßliche Voraussetzung wird der gestalterischen Willkür durch Pfarrer, Katecheten und sogar Pfarrgemeinderäten überlassen. – „Man mißt der Hl. Eucharistie immer weniger Bedeutung zu", erfuhren wir aus der ersten Botschaft in Garabandal am 18. Oktober 1961.

Von einer der zentralsten Aussagen über Maria als Gottesgebärerin (theotokos) ist das „Gotteslob" vollständig gereinigt worden, sie ist nur noch Gottesmutter oder gar Schwester, was nicht nur die Vorstufe zur Leugnung der vom Propheten Jesaia vorausgesagten Jungfrauengeburt ist, sondern auch zur Anzweiflung ihrer körperlichen Nähe zum Sohne Gottes führt. Übrigens auch das neue Marienlexikon führt diesen Begriff nicht einmal mehr als Stichwort. Prof. G. L. Müller führt dort unter dem Stichwort „Gottesmutter" aus: „Sachlich entspricht er dem Begriff Gottesgebärerin …". Das stimmt nicht, denn die Mutterschaft assoziiert den Zeugungsakt, die Geburt und die familiäre Rolle, während die Geburt allein das „Hervorbringen", das „Hervorgehen", ausdrückt, wie bei Jesaia angekündigt. Es wird dort ebenfalls so unterschieden. Dort steht nicht von der Mutterschaft einer Jungfrau, sondern die Jungfrau wird empfangen **und** einen Sohn gebären. Aus der Jungfrau wird der Sohn Gottes geboren (hervorgebracht), dadurch wurde sie IHM Mutter. Der Begriff Gottesgebärerin bezeichnet hier eindeutiger den Logos, unmißverständlich und klar. Ein Unterschied, fürwahr! Daß sie in ihrer Person für Jesus dann danach Mutter war, behindert oder berührt diese Aussage nicht. Auch eine reine Pflegemutter wird als Mutter bezeichnet, auch wenn sie durch keine körperliche Gemeinschaft mit dem Kind verbunden ist und war. Oder könnte etwa irgend jemand auf die Idee kommen, daß Maria all jene Kinder physisch geboren haben könnte, denen sie von Jesus vom Kreuz herab zur Mutter gegeben wurde, – nicht geistig, sondern leiblich bezogen –? Wie ich meine, ein völlig absurder Gedanke.

Das „Gotteslob" ist das Werk einer Kommission, das, – und das muß man betonen –, in der Folge des Konzils nicht von den Bischöfen selbst gemacht, sondern nur von ihnen gemeinschaftlich herausgegeben wurde. Es ist das Ergebnis einer zeitbezogenen Entwicklung in der Kirche, das als allgemeines Beispiel anzusehen ist, welches aufzeigt, daß die persönliche Verpflichtung in der Verantwortung für die Verkündigung von den Nachfolgern der Apostel genommen zu sein scheint. Sie wurde geopfert auf dem Altar des Zwanges zu vordergründiger Einheit in der Gemeinschaft, in der viel zu viele persönliche Rücksichten vor den Meinungen der Anderen, und auch der Allgemeinheit, den Mut zum unerschrockenen persönlichen Bekenntnis lähmen. Übrigens eine ganz und gar nicht auf das Jüngermodell Jesu aufgebaute Organisationsform, denn Jesus hat von den einzelnen Jüngern verlangt, daß sie eigenständig und persönlich Zeugnis für ihn ablegen und nicht mit ihren Zeugnissen warteten, bis sie sich alle erst einmal wieder geeinigt hatten.

Als ein absolut nicht stichhaltiger Einwand darauf muß die dafür ins Feld geführte Begründung zur Einheit der Apostel entschieden als eine verblendete und mißbrauchte Ansicht abgelehnt werden. „... daß ihr alle eins seid" bezieht sich darauf, daß sie in der persönlichen und situationsbezogenen Verschiedenheit zu einem (ihnen gemeinsamen) Zeugnis bereit sind für den Herrn. Dabei waren sie, wie wir nur allzudeutlich aus der Apostelgeschichte wissen, keineswegs immer **gleicher** Meinung. Wagt ein mutiger Bischof einmal aus dieser Reihe auszuscheren, wie es zum Beispiel im Hinblick auf die Tötung ungeborener Kinder war, so fallen sogleich seine Mitbrüder öffentlich über ihn her und bezichtigen ihn der Verletzung der gemeinsamen Haltung. Die Bischofskonferenz wird so zu einer Art Gewissensnivellierung, die dem einzelnen Nachfolger der Apostel, dem für seine Diözese verantwortlichen Bischof, es nicht mehr gestattet, persönlich verantwortlich zu entscheiden, zu beurteilen und demnach zu handeln. Im Hinblick auf die Stellung in der Nachfolge der Apostel bekommen mehr oder weniger schwache Kompromisse, die durch individuell beeinflußte Kollektiventscheidungen der Gemeinschaft zustandekommen, den Vorzug.

Die Formulierungen der Inhalte und Methoden der Verkündigung geraten immer mehr unter die Mühlen der mehrheitsfähigen Maßstäbe, anstatt sich eindeutig an den Geboten und dem Auftrag Gottes, dem Wort und Wirken Jesu Christi zu orientieren.

Msgr. Montini, der spätere Papst PAUL VI. sagte in einer Ansprache vom 4. September 1956, veröffentlicht in Das neue Volk, Goldach, v. 11. Juni 1969: „(Statt) die eigenen Ideen darzulegen ..., nehmen wir die Ideen der anderen auf. Wir bekehren nicht mehr, wir lassen uns ‚bekehren' ... Wir erobern nicht, wir ergeben uns. Diese Kapitulation wird durch unsere Sprache und Phraseologie verschleiert. Die alten Freunde, welche auf dem rechten Wege blieben, werden als Reaktionäre und Verräter angesehen. Sie werden nicht mehr als wahre Katholiken betrachtet, es sei denn, sie zeigen sich willfährig für alle Schwächen und Kompromisse." Gedanken, die zu denken geben und eine Orientierung unter den divergierenden Richtungen in der Kirche, besonders seit dem Bruch der Priesterbruderschaft PIUS X. mit Rom, für Viele nicht leichter machen.

Die Gesetzestafeln Gottes sind zertrümmert und man scheint sich damit zu begnügen, die Scherben mit den Resten der Gebote Gottes als fortan verbindliche Normen mit dem vor dem Angesicht des Allmächtigen Gottes brüchigen Kitt eines überzogenen Heilsoptimismus zusammenzufügen. Es entsteht der Eindruck, als ob das Volk der Gläubigen nicht mehr durch die Nachfolger der Apostel geführt wird, sondern einer Führung unterworfen wird, die sich anstatt an den Geboten Gottes nur noch an der Entwicklung menschlicher Möglichkeiten und Verhaltensweisen orientiert. Unwillkürlich kommen einem dabei die ernsten Worte der zweiten Botschaft von Garabandal in den Sinn: *„Viele Priester, Bischöfe und Kardinäle gehen den Weg des Verderbens und ziehen viele Seelen mit sich!"* Wer hat sie gehört?

Die Menschen haben aus diesen Veränderungen erfahren und zumindest in ihrem Unterbewußtsein erkannt, daß die einst unveränderlichen Normen und Glaubenswahrheiten anscheinend weder unverrückbar noch als unbedingt feststehend und wahr angesehen werden. Das Wort Gottes wurde damit im Unterbewußtsein der meisten Menschen weitgehend seines Ewigkeitswertes in der Verkündigung beraubt. Damit einher geht das fast völlige Verschwinden der Katechese über Schuld und Sünde und über die Letzten Dinge. Bekehrung und Umkehr werden zum Absurdum und werden ins Gegenteil verkehrt, indem man vorgibt auf „neuen Wegen" eine Erneuerung zu suchen, was in Wirklichkeit bedeutet, daß man sich immer mehr von der Mitte entfernt, von der Mitte, die nicht in den Verhaltensweisen der Menschen zu suchen ist, sondern allein in der Weisung Gottes.

Es wird für jedermann offensichtlich, daß die frühere Lehre nicht mehr mit den Bedürfnissen der Gegenwart zusammenpassen kann. Deshalb verklingen auch alle Rufe der Bischöfe zur Erneuerung der Kirche im Flugsand menschlicher Gleichgültigkeit, da im Bewußtsein der Menschen die Maßstäbe erloschen sind. Warum? Weil die Kirche in ihrer Verkündigung diese Maßstäbe entweder durch Neufassung oder durch willkürliche Praxis relativiert hat. Weil Gott zum Partner der Menschen herabgewürdigt wurde und als Schöpfer für die schlechten Neigungen der Menschen sogar verantwortlich gemacht wird, ist insofern eine Umkehrung von der christlichen zur antichristlichen Verhaltensweise eingetreten, daß nicht die Menschen versuchen müssen mit den Geboten Gottes auszukommen, sondern Gott es mit den Menschen versuchen soll. Das ist die Abwendung von Gott und der Grund, warum Gott in den Botschaften von Garabandal der ganzen Menschheit eine Züchtigung angekündigt hat, eine Züchtigung, wie sie bereits nach der Sintflut von ihm verheißen wurde. Einer Züchtigung von der Jesus doch ganz deutlich spricht in den Zeugnissen des Evangeliums.

Die Folge dieser Entwicklung ist, entgegen der allgemeinen Auffassung, ein wachsendes Desinteresse bei den Gläubigen, die durch Zugeständnisse und Erleichterungen in der persönlichen religiösen Verpflichtung nicht angezogen, sondern eher abgestoßen werden, nicht nur in der katholischen, sondern auch in der evangelischen Kirche. Den Beweis dafür liefert der ungeheure Zuwachs der Sekten, die die Menschen mit festen Pflichten und Opfern belegen. Sie versuchen den Menschen eine durch transzendente Einflüsse begründete Erwählung vorzutäuschen und machen sie abhängig in einem Zwang zur Gefügigkeit. Übrigens auch die Praxis an Orten mit von Satan gefälschter Mystik. Damit ziehen sich die unsichtbaren Mächte, die hinter dieser Entwicklung stehen, die von der Katholischen Kirche freiwillig abgelegten Kleider an, nicht nur der religiösen Praxis, sondern oftmals auch der Liturgie, und täuschen einen Teil des gläubigen Volkes. Eklatante Beispiele dafür gibt es nicht nur in der Schweiz, sie wachsen wie Pilze auch an anderen Orten in üppiger Form, auch in Italien, Spanien, Frankreich, Nord- und Südamerika, sowie Australien und Asien. Das einst Verbindliche und Gültige wird in den Händen vieler Scharlatane zur hochverehrten Antiquität, die auf der Welle der religiös-nostalgischen Gefühle der Enttäuschten und Alleingelassenen ihre für diese Menschen vergiftete Suppe der Abwerbung zu kochen verstehen. Dem Ungeist des Fürsten dieser Welt, der dem heute mehr denn je gehuldigten Zeitgeist zu eigen, oder identisch mit ihm ist, wird damit, so scheint es, grenzenlos Raum gegeben. Es zeigt auch, daß die Mündigkeit des Christen nur im Schlagwort und auf dem Papier besteht, in Wirklichkeit aber haben viele Kirchendiener auf ihren Auftrag und Anspruch verzichtet, den Christen durch Katechese und Verkündigung mündig zu machen. Das erste Gebot wird zur unverbindlichen Empfehlung; daß damit aber alle anderen Gebote ihrer Kraft und Verbindlichkeit beraubt werden, scheint offenbar nicht erkannt zu werden. Zumindest führt es selbst beim Erkennen durch die Verantwortlichen wegen der demokratischen Struktur einer dafür vorauszusetzenden Mehrheitsmeinung zu keinerlei Konsequenzen. Der Innenraum der Kirche ist somit schutzlos der willkürlichen Verwüstung preisgegeben.

Mit der zweiten Stoßrichtung hat der Widersacher auf einen anderen Teil des Fundamentes der Kirche angesetzt, die treuen Gläubigen. Es sind diejenigen, die zu Opfern bereit sind, die sich durch den Unglauben des Modernismus enttäuscht fühlen, sich aber ihre Offenheit für die Wirklichkeit der mystischen Beziehungen Gottes zu uns Menschen noch nicht rauben ließen, die die mystische Nähe Gottes noch suchen und noch an seine Wunder zu glauben bereit sind, die aber in Ermangelung der Führung durch die Organe der Kirche sich unverstanden fühlen und schutzlos geworden sind. Satan hat begonnen sie abzuwerben und wegzulocken von der Kirche, indem er nahezu in allen Teilen der Welt selbst Visionäre und Gläubige durch von ihm inszeniertes außernatürliches mystisches Geschehen täuscht. Dabei handelt es sich wohlgemerkt um Pseudomystik, die nicht von Menschen, sondern von Satan selbst vorgetäuscht wird und mit den klassischen Maßstäben zur Unterscheidung der Geister erkannt werden kann. Wer aber kennt diese Maßstäbe noch, wo werden sie angehenden Theologen noch vermittelt, wer kann sie, selbst wenn er sie kennt, noch in entscheidender Weise einsetzen, ohne sich in Gefahr zu begeben durch die dämonisch verführten Mehrheiten beschimpft und lächerlich gemacht zu werden? Die Visionäre, und heutzutage sogar nicht selten auch prominente Fachleute, die solches Geschehen zu beurteilen haben, halten diese Täuschungen für echt, weil sie nur die für sie unerklärbaren Phänomene beurteilen und nicht das gesamte Umfeld. Sie unterscheiden nicht exakt genug zwischen „außernatürlich" und „übernatürlich" und schließen aus dem Vorhandensein naturwissenschaftlich nicht erklärbarer Phänomene zu leichtfertig darauf, daß Gott als Urheber unmittelbar anzusehen ist.

Daß aber Satan die Kraft Gottes in dieser Zeit besonders, wie zwar zu anderen Zeiten gelegentlich auch schon, mißbrauchen kann, wird für die Beurteilung zu wenig herangezogen oder kommt ihnen nicht in den Sinn. Die alles entscheidenden Zielfragen: Dient es dem ewigen Heil der Seelen und läßt es die persönliche Freiheit zur Entscheidung unberührt, werden möglicherweise unbewußt unterdrückt und nicht mehr gestellt. Es wird zumindest allzu leichtfertig das gesamte Umfeld geprüft, wie geoffenbarte Texte, Verhalten der Erscheinung, Verhalten der Visionäre, Auswirkung auf die unmittelbar Beteiligten und anderes mehr. Durch diese zu leichtfertig urteilenden Fachleute, wie Theologen und Wissenschaftler, werden dann kompetent aussehende positive Vorurteile geschaffen, die den Verantwortlichen in der Kirche, wie z. B. dem Ortsbischof oder der Glaubenskongregation, es unsagbar viel schwerer machen zu einer objektiven und annehmbaren Beurteilung zu kommen. Dadurch hat derjenige ein leichtes Spiel zur Täuschung bekommen, vor dem Jesus in seiner Abschiedsrede warnt.

Ein Beispiel aus dem Alten Testament sei hier angeführt: Aron als Prophet Gottes am Königshof Ägyptens. Er verwandelte, zu einem Zeichen als Beweis für seine Mission als Prophet Gottes aufgefordert, seinen Stab in eine Schlage. Die Magier am Hof des Königs konnten das auch. Das Zeichen zum Beweis dafür, daß er der Prophet Gottes war, schien wertlos zu sein, doch Aron konnte die Schlange wieder in seinen Stab verwandeln, im Gegensatz zu den Magiern, die das nicht konnten. Also war er doch der Prophet Gottes. Ein klassisches Beispiel zur notwendigen Unterscheidung zwischen Original und Fälschung.

Die kleinen aber wesentlichen Unterschiede zu erkennen: Das ist heute bei der Prüfung angeblich mystischen Geschehens von unabdingbarer Wichtigkeit, um Irreführungen nach Möglichkeit zu entgehen. Darin liegt die unerhört schwere Aufgabe zu unterscheiden, sowohl für die Kongregation für den Glauben, als auch für den jeweils zuständigen Bischof. In diesem Zusammenhang muß auch einmal gesagt werden, daß sowohl eine gute Kenntnis des Geschehens, als auch eine entsprechende räumliche und gedankliche Distanz bestehen muß, um sicherer urteilen zu können. Bischof Dr. Rudolf Graber, der einmal mit einer solchen Angelegenheit in seiner Diözese konfrontiert wurde, sagte dem Autor dazu sinngemäß, daß es ihm schwer falle auf einen Besuch dieses Ortes zu verzichten. Sein Amt

Dr. Ricardo Puncernau, der als allerbester Fachmann für Psychiatrie, Parapsychologie und Psychologie ausgedehnte Studien an den Seherkindern vornahm, hier mit Marie-Cruz und Marie-Loli und einem anderen Mädchen bei den Kiefern.

und seine Aufgabe aber gebieten ihm nicht hinzugehen. Die von ihm eingeleitete Untersuchung des betreffenden Geschehens, in die auch der Autor ermittelnd eingeschaltet war, hat sich dann bald als ein menschlicher Betrug herausgestellt. Auf Garabandal bezogen kann der Autor nach Kenntnis der Sachlage sagen, daß außer von der damaligen Prüfungskommission, wie ja bekannt, diese unerhört wichtigen Kriterien bei der Prüfung durch die unabhängigen Fachleute mit großer Verantwortung fast übergenau beachtet und herangezogen wurden. Im Besonderen gilt das auch für Dr. Puncernau, den damals erstklassigen Fachmann für parapsychologische Phänomene. Sein Bericht ist als Anhang im Buch von Robert François, So sprach Maria in Garabandal, abgedruckt und ist auch zu einem bedeutenden Faktum in den kirchlichen Akten geworden.

Ein Hinweis vor dem Weiterlesen

Für Leser, die von dem Vorhandensein solcher Phänomene bisher noch nicht berührt wurden, sei gesagt, daß sie auf den folgenden Seiten möglicherweise mit allerhand für sie Befremdendem konfrontiert werden können. Für diesen Fall können sie auf die Lektüre der folgenden Seiten verzichten und gleich zum Kapitel „Garabandal heute" gehen, insofern es nicht als eine Art Vorbeugung zur besseren Erkennung der Fallstricke Satans in der heutigen Zeit aufgefaßt werden kann.

Wir müssen die Vorgehensweise des Widersachers klar durchschauen: Zuerst entstellt er die Kirche und ihre Glieder durch die von ihm inspirierten Schachzüge mit vordergründig scheinbar besseren Entwicklungen und Verhaltensweisen, und dann will er den auf Botschaften Hörenden den Geschmack an der so entstellten Kirche verderben. Das geschieht gewöhnlich so, daß er sie durch mannigfache Seher und Botschaften dann mit harter Kritik an dieser veränderten Kirche gegen sie und die vermeintlichen Verantwortlichen aufzubringen versucht. Zugleich betont er aber auch, daß man dem Papst die Treue zu halten habe und viel für ihn beten müsse. Er hält die Menschen sogar an, lange und unzählig viele Gebete zu verrichten, um seine Identität und seine schlechten Absichten mit frommen Einredungen zu verschleiern. Zudem verbindet er diese Forderungen mit Androhungen schlimmer Ereignisse, die einfach nur einschüchtern sollen, um dem Gesagten zu mehr Glaubwürdigkeit durch Angst zu verhelfen. Daran erkennt man ein weiteres sicheres Zeichen, daß der Widersacher bei Botschaften und mystischen Prophezeiungen als Urheber am Werk ist. Er schränkt die von Gott gegebene Freiheit der Entscheidung ein, indem er anzudrohen versucht, daß wir verloren gehen, wenn wir seinen Forderungen nicht nachkommen, oder auch dieser veränderten Kirche weiter folgen und ihr treu bleiben. Zugleich werden diejenigen als Erwählte angesprochen, die sich seinen auf diese Weise geoffenbarten Botschaften öffnen und sie zu befolgen bereit sind. In anderen von ihm ausgehenden Erscheinungen versucht er uns in seinen Botschaften einzureden, daß wir viel für dieses oder jenes, ja sogar für den Papst, wie eben schon gesagt, beten müssen, was ja im Grunde richtig ist und von vielen Katholiken zu wenig praktiziert wird. Er sagt das nur, um uns hinsichtlich seiner Person zu täuschen. Er droht uns Unheil an, wenn wir diesen Forderungen nicht nachkommen, kurzum er macht uns Angst. Dabei werden oft religiöse Übungen in solchem Übermaß verlangt, daß es unmöglich wird, der täglichen Pflichterfüllung überhaupt noch einigermaßen nachzukommen. Mitunter werden uns anstatt der Gebete der Kirche abgeänderte Formen derselben angeboten, die bei genauerem Hinsehen Leugnungen und vor allem Weglassungen elementarer Glaubenswahrheiten enthalten.

Maria hat überall dort, wo sie in den vergangenen Jahrhunderten erschienen ist, die Gebete der Kirche empfohlen und dazu aufgerufen zu beten, wie die Kirche betet. Auch dafür gibt es in Garabandal ein anschauliches Exempel. Die Kinder hatten sich aus großer Verehrung der Erscheinung gegenüber angewöhnt, beim „Ave Maria" zu beten: „Heilige Maria Mutter Gottes, **und unsere Mutter,** bitte für uns Sünder...". Maria ermahnte Sie daraufhin, daß sie das wohl für sich selbst still so beten dürften, wenn es aber andere Leute hören können wünsche sie, daß sie so beten sollen, wie die Kirche betet, – ohne das „und unsere Mutter".

Wie hatte doch die Heilige Jungfrau in Garabandal noch gesagt?: *„Ich verlange nichts Außergewöhnliches, (Übertriebenes) von euch, aber ich wünsche, daß ihr euer Leben würdig wie Menschen lebt und eure tägliche Pflicht treu erfüllt, dabei aber Gott, dem Allmächtigen Vater, den ihm gebührenden Platz einräumt."* Das ist es, was auch die Kirche von uns verlangt, dort wo sie noch die unverkürzte Lehre verkündet, und was uns im Evangelium als Voraussetzung zur Erlangung des ewigen Heils vor Augen gestellt und aufgetragen wird: Die treue Erfüllung unserer täglichen Pflicht, verbunden mit der Anbetung Gottes in beständiger Dankbarkeit Ihm gegenüber. Übermäßige religiöse Übungen dürfen uns nicht von der getreuen täglichen Pflichterfüllung trennen, die eine unbedingte Voraussetzung für ein Leben mit Gott ist.

Wir können heute feststellen, daß es eine gut funktionierende und in dieser Zeit oft zu beobachtende Taktik des Widersachers Gottes gibt, um das Volk der Getreuen zu zerstreuen. Dabei kann beobachtet werden, daß Satan seine Taktik ständig ändert und anpaßt an die religiösen Erwartungen der im Grunde genommen enttäuschten „Frommen" in der Kirche, die oft führungslos geworden sind. Die heiligsten Dinge macht er durch den Inhalt seiner geoffenbarten Botschaften zum Gegenstand oft haßerfüllter Streitgespräche und sät damit Unfrieden im Volke Gottes. Bedenken wir nur, wie ehrfurchtslos manchmal über die Art der Spendung der heiligen Kommunion gestritten wird. Bei seinen Erscheinungen gibt er sogar vor,

Jesus oder Maria zu sein, oder ein Engel, der er ja einmal war, und er erscheint in diesen Gestalten an vielen Orten und vollbringt sogar große Wunder und auch Heilungen. Davor hat uns aber Jesus selbst im Evangelium gewarnt, mit der Weissagung vor den falschen Propheten und falschen Christussen. Das muß für uns ein Maßstab und eine Warnung zugleich sein. Nachzulesen bei Markus 13,21–23, oder bei Matthäus 24, 23–26, ebenso bei Lukas 21,8.* Der Leser merke auf bei diesen Texten und sehe sie vor dem Hintergrund der Abläufe unserer akuten Gegenwart, nicht ohne dabei inständig den Heiligen Geist anzurufen, mit der Bitte um Erleuchtung. So hat Maria es auch in Garabandal empfohlen. „..., *denn ihr geht in eine Zeit solch großer Verwirrung, daß ihr sogar vielen von euren Priestern (auch guten) keinen Glauben mehr schenken könnt. Wenn ihr nicht mehr aus noch ein wißt, dann besucht Jesus im Tabernakel und bittet uns um Erleuchtung. Wir (Jesus und ich, seine Mutter) werden euch Erleuchtung geben, damit ihr erkennen könnt, was wahr ist"*. Es wird nicht etwa gesagt, daß wir uns dann nach Botschaften richten sollen, die uns von irgendwelchen Sehern gegeben werden; auch nicht, daß wir Seher und sogenannte Begnadete befragen sollen, um Antworten zu bekommen. Dieses hierbei klar zu erkennen ist außerordentlich wichtig und ist geeignet dazu einen Schutzschild vor Fehlinformation zu bilden.

Satan befiehlt den Menschen, die ihm an Orten seiner Regie durch den Mund sogenannter „Begnadeter" zuhören, fromme Übungen zu verrichten und übertrieben viel zu beten, damit man denken soll: Es wird da viel gebetet, das kann doch nicht schlecht sein. Die so verkündeten frommen Übungen werden über die normale Pflichterfüllung gestellt und werden zu einer Art Abhängigkeit unter ängstlichem Zwang. Nicht selten entsteht daraus ein religiöser Wahn und eine in fanatische Formen führende falsche Frömmigkeit. Auch dadurch versucht er die opferbereiten Menschen aus dem Innenraum der Kirche zu ziehen, indem er eigene Gebetshäuser verlangt, in denen man sich zum Gebet und zur Ausübung religiöser Handlungen versammeln soll. In Wahrheit aber sind solche Verhaltensweisen

---

* Die Übersetzung von Dr. Hermann Menge ist hier **sehr** zu empfehlen, da Menge wichtige Textergänzungen und Erklärungen zum besseren Verständnis anführt und auch die Verweisstellen zu den verwandten Texten bei den Propheten des Alten Bundes nennt.

kein Kriterium, sondern nur ein Vorwand, der uns den klaren Blick trüben soll. Ein Kriterium aber ist, inwieweit Botschaften mit dem Evangelium übereinstimmen und mit dem Auftrag Jesu an seine Jünger, der sie, und das müssen wir erkennen, mit Vollmacht zur Entscheidung ausgestattet und ihnen die Macht übertragen hat, Sünden zu vergeben. Petrus und dem ihm übertragenen Amt hat er dabei „die Schlüssel für den Himmel" anvertraut, und er hat die Apostel und ihre Nachfolger zu Teilhabern seines ewigen Priestertums gemacht.

Angesichts dieser Vollmacht bleibt es allein der Kirche vorbehalten, zu entscheiden darüber, ob ein mystisches Geschehen im übernatürlichen Sinne echt ist oder nicht. Jesus hält sich gebunden an die Entscheidungen der Nachfolger der Apostel, die die Führung der Kirche bilden. Dafür gibt es in der Geschichte der Mystik zahlreiche Beispiele, die diese Vollmacht bestätigen. Nicht zuletzt bei Erscheinungen der Muttergottes, wie etwa in Lourdes, als sie, von Bernadette nach ihrem Namen gefragt, sich mit dem Titel vorstellte, den ihr die Kirche kurz zuvor verliehen hatte: *„Ich bin die Unbefleckte Empfängnis."* Ebenso geschah es auch in Garabandal, nachdem sie Papst PAUL VI. auf dem Konzil zur Mutter der Kirche erhob, sagte sie unmittelbar danach zu den Seherkindern: *„Meine Kinder hört auf mich. Ich, eure Mutter, liebe euch!"*

Bedenken wir also stets, daß uns der Diabolus mit tausend Wahrheiten verblüffen kann und uns bezüglich der übernatürlichen Echtheit eines mystischen Ereignisses in Sicherheit zu wiegen versucht. Er kommt uns mit den süßesten mystischen Schmeicheleien entgegen und verblüfft mit auffälligen „Wundern" sogar ernsthafte Leute. Nicht selten ruft er in diesen durch hochtrabende Worte das Bewußtsein einer besonderen Erwählung hervor, das in jedem Falle zu geistlichem Stolz und Hochmut führen kann. Er spricht von Licht, oder er sagt, daß er bzw. sie, wenn er sich als Jungfrau Maria ausgibt, Licht zu bringen vom Allmächtigen. Das allein deutet schon darauf hin, daß Satan es ist, denn vor dem Fall war er Luzifer, was Lichtbringer heißt. In der NEW-AGE-Bewegung wird Luzifer verehrt und diese Verehrung wird mit der dreisten Lüge zu rechtfertigen versucht, daß man Luzifer vor dem Fall meine und ehre, als er noch Lichtbringer vor dem Throne Gottes war, nicht nach dem Fall, als er Satan wurde. Sogar so etwas findet unter den von Satan verblendeten Menschen noch Anklang, die sich sogar für religiös halten und nicht selten Aktivitäten mit „frommen Leuten" führen.

Sind diese zumeist gut meinenden und religiös interessierten Menschen erst einmal von solcher Abwerbungs- und Ablenkungsmystik angelockt, verfallen sie in einen nebulösen Zustand der Kritiklosigkeit, wenn sie nur erkennen, daß da oder dort gut und viel gebetet wird, sich eine gute religiöse Praxis einstellt und sich in den Zeugnissen der Seher Wahrheiten erkennen lassen, die dem Glauben zumindest gefühlsmäßig nicht entgegen stehen. Dazu kommen zumeist Erlebnisse, die unter einer übersteigerten Sehnsucht nach mystischen Erlebnissen für bestätigende Phänomene der eigenen Vorstellungen gehalten werden, auch wenn sich etwa Tränen an Statuen und Bildern bilden, oder wenn sich unerklärliche Düfte verbreiten, Lichtzeichen zu erkennen sind und wenn sich sogar angebliche und auch tatsächliche Heilungen einstellen. Auch Stigmatisationen ruft der Widersacher Gottes in unserer Zeit hervor und versucht damit das gläubige Volk und die Kirche zu täuschen. Dabei muß gesagt sein, daß wohlriechende Düfte, Tränen oder Blut und auch Lichtzeichen durchaus persönlich gewährte Gnaden **sein können,** die aber in sich keine Beweiskraft für deren Ursache besitzen. Der einzelne, der damit Beschenkte, weiß darauf zumeist wohl eine bessere Antwort zu geben wie der, der es zu überprüfen hat. Das kommt auch daher, daß der damit Beschenkte darum weiß, ob er sich im Zustand der Gnade, der Gewissensreinheit, befindet, um eines solchen Gnadenerweises würdig zu sein. Auf jeden Fall sind es zumeist persönliche Geschenke, die zur Veröffentlichung als Grund außerordentlicher Bestätigung absolut ungeeignet sind. Wenn sie genannt werden, sollten sie lediglich als Begleitumstände bezeichnet und gedeutet werden, nicht aber als Kriterien. Sie sollten auch nicht als Bestätigung des Glaubens oder gar als dessen Voraussetzung oder als Grundlage zur Beurteilung anderer Phänomene betrachtet werden. Im Kollektiv wahrnehmbare und öffentlich vorhandene solche Zeichen bedürfen unbedingt der Bestätigung von der Kirche, um als solche angenommen zu werden. Ohne diese Legalisierung durch die Kirche deuten sie in öffentlich zugänglicher Form heutzutage eher auf eine Fälschung hin, die die Wundersucht mit einem Erlebnis befriedigt. Satan paßt sich den Wünschen und Erwartungen der „frommen" Menschen an!

Es gibt keine sicheren Regeln, die uns zur allgemeinen Anwendung zur Verfügung stehen, um bei solchen Phänomenen unterscheiden zu können, ob es von Gott oder vom Teufel kommt, der die Kraft Gottes für seine Zwecke mißbraucht. Die vorher genannten Kriterien lassen sich aber von jedermann leicht zur Unterscheidung der Geister anwenden, wenn sie mit dem Verstand unter Ausschaltung des Gefühls konsequent angewendet werden. Dabei ist unbedingt zu berücksichtigen: es gibt kein „sowohl als auch," es gibt nur das „entweder oder". **Es gibt keine Vermischung göttlicher mit satanischer Prophetie.** Das würde ja bedeuten, daß sich Gott an den Täuschungen Satans beteiligt. So etwas ist absurd. Was es dagegen gerade heute sehr oft gibt ist: die Nennung göttlicher und bereits bekannter Wahrheiten durch Satan, der damit seine Identität und seine darunter getarnten Lügen zur Irreführung geschickt verbirgt. Ein Weiteres: Es gibt keine Erscheinungen Gott Vaters, wie das in jüngster Zeit hier und dort aufzukommen scheint. Das ist eine lächerliche Maske Satans, mit der er heutzutage sogar eine Reihe bekannter Theologen zu narren versteht. „Niemand hat den Vater gesehen außer dem, der von Gott ist; nur er hat den Vater gesehen" (Joh 6,46), oder zu Moses gesprochen: „Du kannst mein Angesicht nicht sehen; denn kein Mensch kann mich sehen und am Leben bleiben" (Ex 33,20). Die Texte vom Dreifaltigkeitssonntag sollten jedem ernsthaft kritisch prüfenden Leser solch angeblicher Mystik die Augen öffnen, auch den Theologen.

Darüber hinaus sei zu bedenken gegeben, daß ja die Menschwerdung Gottes dadurch zur absurden Tat gemacht würde, wenn Gott Vater sich xbeliebigen Menschen, die dazu noch von sich sagen, davor kein religiöses Leben geführt zu haben, als Erscheinung offenbaren würde. So etwas deutet doch eher auf die Erfüllung der Voraussetzungen für das „Tätigwerden" Satans hin.

An anderen Stellen dieses Buches wird hier und da auch noch von weiteren Kriterien gesprochen. Wohl kennt die Kirche noch andere Maßstäbe, die zur Beurteilung solcher Vorkommnisse geeignet sind, die aber von Unkundigen und gewöhnlichen Laien zur Beurteilung nicht schlüssig herangezogen werden können. Dabei spielt auch das geistige und räumliche Umfeld solcher Phänomene eine wichtige Rolle. Deshalb ist es für die Kirche auch so schwer zu entscheiden, ob ein mystisches Geschehen im **übernatürlichen** Sinne, also von Gott kommend, oder nur im **außernatürlichen** Sinne und damit von Luzifer und seinen Dämonen vorgespielt, angesehen werden muß. Es sei darum noch einmal betont, daß nicht das oder die Phänomene entscheidend sind für die Beurteilung, sondern in jedem zu beurteilenden Fall alle der Kirche zur Verfügung stehenden Kriterien positiv erfüllt sein müssen. Das ist unbedingt wichtig zu wissen und hilft uns, das lange Zögern mit einer kirchlichen Anerkennung solcher Begebenheiten in unserer von Täuschungen und Blendungen reichen Zeit besser zu verstehen. Es entschuldigt aber nicht das menschliche Versagen, das bei den Ereignissen von Garabandal von der vom damaligen Bischof eingesetzten Prüfungskommission offensichtlich zutage getreten ist, wie Dr. Morales es als Leiter dieser Kommission freimütig in seinem Vortrag bekannt hat. Auf der anderen Seite verpflichtet es Laien, die dazu berufen und fähig sind, die zuständigen Vertreter der Kirche unablässig um eine ordentliche Prüfung zu bitten.

Es ist also nicht ausschlaggebend, ob Botschaften Wahrheiten enthalten, sondern ob sie **keine Unwahrheiten** und keine oberflächlichen Selbstverständlichkeiten enthalten. Oft ergießen sich diese „Wahrheiten" in Phrasen über die selbstverständliche Ehrerbietung Gott gegenüber, sie klingen hochtrabend und benutzen zum Schein eine gehobene Sprache, nicht selten im Imperativ, sprechen von den bekannten Pflichten eines jeden Christen und erweitern diese, oder sie klingen verniedlichend und sogar kindisch. Sie sprechen von den vernachlässigten Pflichten der Priester, von den Veränderungen, den veränderten Zuständen, von der dadurch entstandenen verminderten Ehrfurcht usw. In Wirklichkeit aber ist das der Frontbericht des Zerstörers, der, weil er der Vater der Lüge ist, damit seine eigenen Triumphe als Erfolgsmeldungen und oftmals, wenn diese prophetisch gesprochen sind, seine Pläne bekannt gibt. Man sollte deshalb nicht übersehen, daß diese Worte aus dem Munde des Fürsten der Finsternis und seiner Helfershelfer Heucheleien und zugleich Spott für den Allmächtigen Gott sind. Er klagt vor den Gläubigen und vor Gott diejenigen an, die er zuvor dazu verführt hat, diese schlechten Taten auszuführen. Damit versucht er seine Identität zu verbergen und versucht den Menschen vorzutäuschen, daß Gott diese Klage ausspricht. Jesus hat den Dämonen verboten zu sagen, wer Er ist, er hat ihnen verboten, über ihn und den Vater zu reden. Jesus hat den Verführer von sich gewiesen, als er ihn zu einem Zeugnis seiner göttlichen Kraft verführen wollte auf der Zinne des Tempels in Jerusalem. Er hat vor ihm gewarnt und vorhergesagt, daß er große Zeichen und Wunder tun wird, um die Guten irrezuführen. Aus diesem Grunde sollten wir uns auch niemals von den Worten Besessener beeindrucken lassen, wie das so oft zu beobachten ist, auch wenn in den Aussagen mit dem Hinweis gesprochen wird, daß diese Aussagen auf Anordnung Mariens, der hohen Frau, oder wie sie auch immer genannt werden mag, zustande kommen. Dämonen haben uns ebensowenig etwas zu sagen, wie Jesus sie etwas sagen ließ, obwohl sie uns mit ihrem Wissen über uns und über die Zukunft verblüffen und neugierig machen können. Dabei ist es von besonderer Wichtigkeit zu wissen, daß Satan und seine Dämonen niemals den Erkenntnisstand der Wahrheit Gottes kennen. Sie haben eine teilweise Erkenntnis und vervollständigen dies den Menschen gegenüber mit den Absichten und Zielen, die sie im Aufstand gegen Gott verfolgen.

Daraus ergibt sich, daß der intelligente Verführer unter offensichtliche Wahrheiten unauffällig Unwahrheiten mischt, die von den Betroffenen nicht erkannt werden, oder die für diese nicht nachprüfbar sind, die aber geeignet sind, diese Menschen in einen wesentlichen Irrtum zu führen, der das ewige Heil gefährdet. Verbunden sind solche mystischen Schmeicheleien oft mit beängstigenden Voraussagen oder spektakulären Enthüllungen, nicht selten unter Nennung konkreter Daten und Namen, wie etwa der in Garabandal prophezeiten Ereignisse, die dort von Maria wohlweislich verborgen wurden, wobei SIE den Seherkindern aufgetragen hat, darüber zu niemandem zu sprechen. Es werden auch Voraussagen zumeist kurzfristiger Art gemacht, die, wenn sie nicht eintreffen, mit dem Argument erklärt werden, daß diese Ereignisse „weggebetet" und „abgesühnt" worden seien, also Erfolgserlebnisse vermitteln. Es wird vorgegaukelt, daß sie uns deshalb erspart geblieben sind, weil wir auf die Botschaften gehört und reagiert haben, die an diesen Orten und von diesen sogenannten Begnadeten vom Diabolus inszeniert worden waren. Die Maßstäbe für die Prophetie werden auf diese Weise schwammig gemacht und die Betroffenen werden auf diese Weise in ihrem Urteilsvermögen betäubt. Es entsteht dadurch der Eindruck, daß die Wahrheit Gottes und sein Wille zu einer Schaukelpolitik gegenüber den Menschen werden. Es wird uns damit vorgemogelt, daß wir gleichermaßen dem Allmächtigen Gott „in die Karten der Zukunft" schauen dürfen und dieses Wissen gleichsam eine Belohnung ist für das Interesse, das wir seinen, Satans, Erscheinungen gegenüber erbringen. Er befriedigt die Neugierde und schürt die Enttäuschung, indem er Zustände in der Kirche und in der Welt anklagt und sie als verwerflich bezeichnet, die auch in vielen treuen Betern Abscheu hervorrufen, obwohl er selbst ja deren Urheber ist. Das sind Schmeicheleien in den Ohren enttäuschter Menschen! Sie tun gut in den durch den Modernismus verletzten Herzen, die unter den unzähligen Profanierungen in der Kirche bis an die seelische Schmerzgrenze leiden! Es sind seelische Umarmungen für die durch verwässerte Pastoral Enttäuschten. Man will, wenn man sie endlich hört, nicht wahrhaben, daß es der Teufel ist, der das sagt, denn man argumentiert, daß der Teufel doch nicht gegen sich selbst sprechen könne. Genau das aber tut er, denn er ist der Vater der Lüge. Wenn aber Satan diese Menschen auf solche Weise dazu bringt, mit Kritik und Abscheu die Kirche und deren Vertreter zu verachten, so erreicht er mit diesen Menschen sein Ziel, das Herz der Kirche zu treffen, das Jesus ist. Satan verwandelt die ursprünglich Getreuen der Kirche zu schmerzenden Eiterbeulen an seinem mystischen Leib, dieser Kirche. Ihre Gebete dringen schmerzvoll in Sein verwundetes Herz, weil sie durch Satan von den Menschen verlangt wurden und so, von diesen Menschen zwar ungewollt, zu Hohn und Spott werden für den gemarterten Herrn. Es ist vergleichbar mit der Menge der Juden, die damals nicht wissend was sie taten, „ans Kreuz mit ihm" geschrien haben. Hüten wir uns davor und bleiben wir Jesus und seinem geheimnisvollen mystischen Leib, der die Kirche ist, **treu,** auch wenn dieser bis zur Unkenntlichkeit entstellt wird. Beten wir in der Kirche und versuchen wir trotz Enttäuschung in den Gemeinden ein gutes Beispiel zu geben. Gehen wir nicht an all jene Orte, an denen in dieser Zeit vermehrt Wunder und angebliche Erscheinungen stattfinden. „Gehet nicht hin ...", hat Jesus gesagt. Glauben wir Ihm! Vertrauen wir seinem Wort! Maria hat durch St. Michael in Garabandal gesagt: „Dieses hier ist die letzte Warnung". Bedenken wir das, wenn wir von neuen Botschaften hören mit Prophezeiungen und Warnungen. Denken wir daran, daß wir von Maria daran erinnert wurden, daß wir uns nun in der von Jesus angekündigten Endzeit befinden. Deshalb ist es so wichtig, daß wir ernst nehmen, was Er uns für diese Zeit gesagt hat. Denken wir aber auch immer daran, daß Jesus mit seinem verklärten Leib auferstanden ist am dritten Tage und alle Verwüstung überwunden hat. Er wird auch nach dem äußeren Tod seines mystischen Leibes am dritten Tage auferstehen, der uns noch bevorsteht. Auch diesen äußeren Tod des mystischen Leibes, der Kirche, benutzt Satan in unseren Tagen in Botschaften, die uns ängstigen sollen. Er ruft uns deshalb darin sogar zum Gebet auf, genau wissend, daß seine Pläne in der Zulassung Gottes liegen und von den wenigen Getreuen ebensowenig verhindert werden können durch ihre Gebete, wie die Kreuzigung Jesu von seinen Jüngern verhindert werden konnte. Doch nach der Reinigung wird durch die Auferstehung die Verwüstung unserer Tage überwunden sein, eine Verwüstung, die Satan jetzt in vielen angeblichen Botschaften des Himmels zu unserer Einschüchterung benutzt, der er aber dann mit der von ihm abgelenkten Schar selber zum Opfer fallen wird. Er weiß das und deshalb zündet er jetzt überall auf der Welt Lampen vorgegaukelter Mystik an, und sehr viele fromme Menschen fallen darauf herein, weil sie in der an Zerfall leidenden Kirche heimatlos geworden sind, weil ihre geistlich ausgedörrten Gemüter sich nach der eingreifenden Hand Gottes sehnen. Die Welt bedarf dieser Reinigung unbedingt, sie muß kommen vor der Auferstehung zum Reiche Gottes. Diese Auferstehung wird seine Wiederkunft sein und mit Ihm wird sein Reich kommen, „das Reich meines Vaters", um das wir im Vaterunser, durch Ihn angeleitet, immer beten. Beten wir aber zuvor für die Priester und für die Bischöfe, wie Jesus für Petrus gebetet hat: „»Simon, Simon! wisse wohl: der Satan hat sich (von Gott) ausgebeten, Gewalt über euch zu erhalten, um euch zu sichten (eigentlich zu sieben = im Siebe zu schütteln), wie man Weizen siebt; ich aber habe für dich gebeten, daß dein Glaube nicht ausgehe (oder: ganz aufhöre); und du, wenn du dich einst bekehrt hast, stärke deine Brüder!« (Lk 22,31.32 nach Menge)". Denken wir daran, anstatt sie unentwegt nur zu kritisieren und anzuklagen, wie das der Verderber tut in seinen verlogenen sogenannten „Botschaften vom Himmel", in denen er sich als Jesus oder Maria ausgibt. In Garabandal wurde in der zweiten Botschaft zwar auch gesagt: „Viele Kardinäle, Bischöfe und Priester gehen den Weg des Verderbens und ziehen viele Seelen mit sich". Es wurde aber nicht davon gesprochen, daß sie dieses oder jenes tun oder unterlassen sollen, das kraft ihrer Weihe und ihres Amtes von Jesus in ihren Entscheidungsbereich gelegt wurde. Sie wurden nicht konkret angeklagt, sondern die Tendenz ihrer Haltung, ihrer Entscheidungen, wurde bezeichnet. Es läge an ihnen, ihre Handlungen und sich selbst dem Evangelium nach zu überprüfen. Das ist ein bedeutsamer Unterschied, der ihnen die Freiheit der Entscheidung überläßt.

Angesichts der offensichtlichen Situation, daß sich in der Endzeit, die nach allem vorher Dargelegten diese Zeit ist, sich der mystische Leib der Kirche auf dem Kreuzweg befindet, müssen wir uns fragen lassen, ob wir uns wie die meisten Jünger oder wie Maria und Johannes verhalten wollen. Die meisten Jünger haben sich in ohnmächtiger Ratlosigkeit von ihrem Meister entfernt, als er geschändet und gemartert wurde. Durch ihr Verhalten haben sie ihn gewissermaßen und sich selbst in ihrer Zugehörigkeit zu ihm verleugnet. Petrus tat das auch offen. Maria aber und Johannes, der Jünger, den der Herr besonders liebte, sind Ihm treu geblieben bis unter das Kreuz. Sie standen unter dem Kreuz! Sie blieben ihm treu!

Vertrauen wir dabei mehr auf die Jungfrau Maria, die Siegerin in allen Schlachten Gottes, die Satan den Kopf zertreten wird. Versuchen wir stattdessen Jesus um so mehr zu lieben, wenn immer wir solchen Zerfallserscheinungen in seiner heiligen Kirche begegnen. Bedenken wir dabei, daß das ja so kommen muß. Bedenken wir aber auch, daß wir das Schwert unseres Zornes über diese Zustände in der Scheide lassen müssen, um nicht wie Petrus vom Herrn ermahnt zu werden: „Stecke das Schwert in die Scheide! Soll ich den Kelch, den mir der Vater gegeben hat nicht trinken?" (Joh 18,11). Besuchen wir Jesus dann lieber beim Tabernakel, um ihn zu trösten und um ihm unseren Schmerz zur Sühne anzubieten. Dadurch werden auch wir getröstet, weil wir dann seine unmittelbare Nähe in der leidenden Liebe erfahren können. Gewiß ist das nicht leicht und kostet uns ein großes Maß an Überwindung, indem wir auf unseren Protest verzichten. Aber gerade darin liegt der Gewinn, denn damit verwirklichen wir die von uns von Ihm erwartete persönliche Entscheidung, die Entscheidung **für** den Willen Gottes.

Auch die ehemaligen Seherkinder von Garabandal werden in diesen persönlichen Entscheidungsprozeß hineingestellt, wie wir am Beispiel der letzten Vision Conchitas bei den Kiefern sehen können. Von ihr wissen wir, daß sie sich zum Beispiel konsequent gegen die angeblichen Erscheinungen und Botschaften von Bayside bei New York wendet, und das von Anfang an. Sie hat sich nicht täuschen lassen von den vielen wundersamen Neuigkeiten, die dort sogar auch die Sache von Garabandal betrafen, bis hin zu der für viele interessanten Aussage, daß Papst PAUL VI. einen Doppelgänger habe und er selbst in den Katakomben unter dem Petersdom gefangen gehalten werde. Ja sogar, daß er dort noch lebe und nur sein Doppelgänger gestorben sei. Selbst wenn das nur im entferntesten mit der Wirklichkeit übereingestimmt haben sollte, so würden Jesus und seine heilige Mutter niemals mit der Ausstreuung solcher Gerüchte umgehen, die das von IHM übertragene Amt, sowohl in der Person, als auch in der Institution verletzen, kompromittieren und in Frage stellen würde. Ein Absurdum also in sich selbst. Auch das war ein Angriff auf das Herz der Kirche, auf Jesus Christus, der in göttlicher Souveränität im Nachfolger Petri seinen Stellvertreter auf Erden bestimmt hat. Wieviele aber sind dem Verführer nur allein an diesem Ort und durch diese angeblichen Botschaften auf den Leim gegangen, der sie unter Ausnützung des Verblüffungseffektes von der absoluten Treue zum Papst und der heiligen Kirche abgehalten hat, ja, sie sogar gegen den Stellvertreter aufgebracht und seine Rechtmäßigkeit in Frage stellen ließ. Zugleich aber, und dahinter verbirgt sich eine doppelte Heuchelei des Verderbers, für den Papst und die Kirche beten und opfern ließ.

Wir sehen an diesem einen Beispiel, wie notwendig es ist, daß wir mystischem Geschehen in keinem Falle mit dem Gefühl, sondern mit dem klaren Verstand begegnen müssen, der uns unter Anrufung des Heiligen Geistes dazu befähigt, zu einer Unterscheidung der Geister zu kommen. Dazu sind wir getauft. Wenn wir uns dabei aber unsicher fühlen, so sollten wir uns unbedingt von solchen Dingen fernhalten und uns besinnen auf unsere von der Kirche aufgezeigten Pflichten.

In diesem Zusammenhang sei auch noch gesagt, daß sich viele religiösen Übungen, bis hin zu unerlaubten liturgischen Handlungen, an diesen Orten satanischer Inszenierungen in beißenden Spott gegenüber dem Allmächtigen Gott verwandeln, weil sie nicht von Gott, sondern von Satan ausgelöst und organisiert wurden. Selbst wenn die Ausführenden dabei nur gute Absichten haben, so werden diese guten Absichten dadurch ungültig und zunichte gemacht, weil Satan es ist, der Gott damit verspottet. Sie fallen den von Jesus im Evangelium genannten nutzlosen religiösen Übungen und Werken zu, die er selbst wertlos nennt. An manchen Orten hat man oft den Eindruck, als ob die mystischen Phänomene zunehmen, je mehr gebetet wird und je mehr sich das Interesse auf diese Phänomene konzentriert. So belohnt der Affe Gottes die gut gemeinten Opfer und Gebete der neugierigen Menschen, die dort die Nähe Gottes suchen und stattdessen von Satan zum Hohn dem Allmächtigen Gott gegenüber mißbraucht werden. Es werden heilige Symbole, wie Kreuze, Statuen, Bilder und weiteres aufgestellt und es wird diesen Gegenständen durch süßliche Verehrung und religiöse Übertreibung oft zu einem mystizierenden Eigenleben verholfen. Bedenken wir dabei stets, daß viele von diesen Gegenständen, und auch religiösen Handlungen, nur dann zu unserem Heil wirken, wenn sie mit der Kirche verbunden sind und im Gehorsam die Legalität der Kirche besitzen. Ohne diese lebenswichtige Verbindung zur Gnadenquelle, die nur aus der Kirche sprudelt, werden sie zu Masken, hinter denen die Dämonen ihre Fratzen verbergen. Jesus sagte: „Seid nüchtern und wachsam!" Religiös nüchtern und wachsam mit dem Verstand, damit wir uns die Freiheit erhalten, uns für Gott oder aber auch gegen ihn entscheiden zu können, und damit wir unseren Glauben nicht abhängig machen von Wundern, die für unseren Verstand nicht erklärbar sind, aber nur zu ihrem Selbstzweck und **nicht** zu unserem Heil dienen; die außerdem auch dazu führen können, daß wir nach solchen sogenannten mystischen Zeichen süchtig werden und bei deren Ausbleiben das Vertrauen in Gott und seine unsichtbare Nähe verlieren. Wunderbares mystisch anmutendes Geschehen, das uns süchtig macht und damit den Glauben abhängig macht. Es wird nicht bemerkt, daß dadurch eine Abhängigkeit entsteht gegenüber Satan und seinen Werken, die er in unserer Zeit in religiösen Mogelpackungen geschickt verbirgt. Auf diese Weise kann er den Menschen auch den Glauben rauben, ja er macht sie sogar dadurch zu Gegnern Gottes durch die Enttäuschung.

Versäumen wir nicht, unseren Blick immer wieder auf die schmerzhafte Erlösungstat Jesu Christi zu richten, und bedenken wir, daß wir IHM in nichts ähnlicher werden können, als im Leiden. Darum sind alle unsere Leiden die wertvollsten Geschenke zu unserem Heil, wenn wir fähig sind, sie Jesus aufzuopfern und unter sein Kreuz zu stellen. Denken wir auch immer wieder daran, daß die Nachfolge Jesu niemals ein bequemer Spaziergang sein kann. Wie auch Conchita bei der letzten Erscheinung, werden alle vor die Ungewißheit der Zukunft gestellt und vor das Wagnis des Glaubens, der uns eine klare und oft auch harte Entscheidung im Vertrauen auf Gott und unter Anwendung der Kraft unseres Verstandes abverlangt. Im Vertrauen auf den einen Herrn, der in seiner eucharistischen Gegenwart das Herz der Kirche ist und bei uns bleibt bis ans Ende der Tage, werden wir stets dem richtigen Weg zu folgen imstande sein, auch wenn wir durch Fehltritte und Versuchungen mannigfacher Art gelegentlich zum Stolpern gebracht werden. Einzig entscheidend ist, daß wir Jesus lieben und ihm liebend zu dienen bereit sind.

Stärken wir dieses Herz der Kirche durch eine uneingeschränkte Ehrfurcht vor dem Allerheiligsten Sakrament, beim Empfang, bei der Anbetung und wenn wir davon sprechen. **Wir selbst,** jeder einzelne, **sind die Herzmedizin für das verwundete kranke Herz der Kirche.** Vermeiden wir es, über die ehrfurchtslose Haltung anderer zu urteilen, vermeiden wir es auf andere mit dem Finger zu zeigen, wenn sie im Zustand eines geschwächten Glaubens zu ehrfurchtslosen Ansichten und Praktiken neigen. Beten wir lieber für sie! Das gilt ganz besonders gegenüber Priestern, denn sie haben Anteil am ewigen Hohenpriestertum Christi, und nur ER ist berechtigt über sie zu urteilen, auch wenn sie den Herrn in seinem königlichen Glanz durch ihr glaubensschwaches, durch die Anpassung an die Zustände in der Welt geprägtes Verhalten oftmals verdunkeln. Beten wir lieber für sie! Opfern wir den Schmerz auf, den wir angesichts ihres geschwächten Glaubens empfinden und klagen wir sie nicht an, denn sonst machen wir uns ungewollt zu Gehilfen des Anklägers vor Gott, der Satan ist. Versuchen wir sie zu lieben, wie Jesus dem verlorenen Schaf nachgeht und wie Maria diejenigen Kinder besonders liebt, die auf Abwegen sind. Geben wir stets nur das gute Beispiel, ohne zu provozieren und ohne unser eigenes Handeln als das bessere darzustellen. Das Beispiel allein soll wirken, und vor allem soll unser Verhalten anderen gegenüber wirken. Das Schlechte durch Liebe zu besiegen heißt: Gott in seiner grenzenlosen Liebe zu den Menschen zu verherrlichen.

Garabandal damals im Jahre 1968…
„Das ganze Dorf war wie eine große Familie. Es gab viele Kinder und Jugendliche. Heute sind beinahe nur noch alte Leute im Dorf und die familiäre Gemeinschaft von damals ist nicht mehr", klagte dem Autor 1993 eine Frau von Garabandal.

Garabandal heute

Wie aber entwickelte sich der Ort in der Erwartung jener großen Prophetie, die Maria durch die Kinder verkündet hat. Was wurde aus den vier Mädchen und wie stellt sich die Kirche heute zu Garabandal. Daran läßt sich eine endlose Kette von Fragen reihen, deren Beantwortung im wesentlichen an einer Tatsache gemessen werden muß: Garabandal ist mit der Hypothek des dortigen Geschehens und der noch unerfüllten Prophetie belastet, die nur von der Heiligen Jungfrau selbst durch die Kraft Gottes eingelöst werden kann.

Der Ort hat sich verändert im Stil der dortigen Umgebung, abgesehen von ganz wenigen Ausnahmen. Die von Maria bereits vorhergesagte Straße von Cosio herauf wurde gebaut, ohne daß zunächst beabsichtigt war nach Garabandal eine Straße zu bauen. Das alpine Gebiet des Peña Sagra hinter Garabandal sollte für einen großen Skizirkus als Wintersportgebiet erschlossen werden. Als die Straße bis zur Abzweigung zum Dorf fertig war und die Trasse für deren Weiterführung noch einige Kilometer vorbereitet war, ist das Projekt an Geldmangel zugrunde gegangen. San Sebastián de Garabandal aber hat eine Straße, so daß man es heute bequem mit dem Auto und

... und im Jahr 1985.

auch mit Omnibussen anfahren kann. „Yo haré todo," – ich mache alles –, hatte die Heilige Jungfrau gesagt, als viele Besucher immer wieder die bange Frage nach der Transportmöglichkeit der Kranken über den schlechten Eselspfad beim Eintreffen des Wunders mit den Kindern diskutierten, und diese darum die Heilige Jungfrau danach fragten.

Die überwiegende Mehrzahl der Häuser ist renoviert und zum Teil umgebaut; sie sind den gestiegenen Bedürfnissen der fortschreitenden Zivilisation entsprechend verbessert und angepaßt worden. Es gibt kein Haus mehr ohne Toilette. Früher ging man in den Stall oder bei Dunkelheit auf die angrenzenden Felder, um die menschlichen Notwendigkeiten zu verrichten. Auch eine Anzahl neuer Häuser wurde gebaut. Trotzdem muß man sagen, daß das tägliche Leben und die Lebensgewohnheiten noch sehr einfach geblieben sind. Zahlreiche Häuser und Ställe, Schuppen, Ruinen und Grundstücke sind verkauft an Leute aus der ganzen Welt. Für die meisten die einzige und zugleich willkommene Möglichkeit, um an Geld zu kommen. Mit den daraus gewonnenen Erlösen haben sich die Einwohner ihren Lebensstandard verbessert oder sie haben ihren Kindern zu einer Existenzgründung an anderen Orten verholfen. Auf alle Fälle war das für die gegenwärtige Bevölkerung von Garabandal der einzige für sie greifbare Nutzen aus dem Geschehen. Sie glauben in der Mehrzahl nicht mit letzter Sicherheit an das, was dort noch angesagt ist. Die Entwicklung der bestehenden Prophetie und deren Konsequenzen können sie nicht abschätzen. Sie weisen sie von sich in der Bewältigung der existentiellen Probleme des Alltages.

Die Landflucht ist auch hier eine unaufhaltsame Tatsache, die bewirkt, daß die mittlere und junge Generation im Dorf fast völlig fehlt. Die Alten bleiben, sie führen unter der Last des schweren Bergbauerndaseins mühselig ihre Existenz zu Ende, in dem Bewußtsein, daß die „Jungen" diese Art des Lebens in der Mehrzahl nicht weiterführen werden. Diejenigen, die dazu noch bereit sind, leiden darunter, daß es im Dorf beinahe keine Ställe und Scheunen mehr gibt für Vieh und Landwirtschaft. Das Landeigentum ist zumeist nur noch stillschweigender Nutzung gewichen, da sehr viel von dem Terrain verkauft ist und die neuen Eigentümer nur an der Rendite durch Spekulation, nicht aber an der Bewirtschaftung interessiert sind. Es versteht sich von selbst, daß angesichts dieser Situation Neid, Mißgunst und Eifersucht freien Lauf haben und daß die zwischenmensch-

Menschheit und auch jene, die nur allzu oft und allzu leicht danach rufen in der Erwartung, daß es besonders die „Ungläubigen" treffen und bestrafen soll.

„Gott will nicht, daß es so schnell kommt, " ist zu Marie-Loli gesagt worden, denn Gott will nicht die Vernichtung der Menschen, Er will deren Bekehrung.

Von allen aber hat es Conchita am schwersten. Ich glaube kaum, daß man ermessen kann, welche Last sie auf ihren schwachen Schultern trägt. Zum einen muß sie schmerzlich feststellen, daß jedes Wort, das sie ausspricht über die Erlebnisse und auch über das, was noch aussteht, sogar in ihrem engsten Freundeskreis zu wilden Spekulationen führt und daß es bis zur Umkehrung des ursprünglich von ihr Gesagten entstellt wird. So ist es auch leicht zu verstehen und zu rechtfertigen, daß sie sich zum festen, für sie schmerzlichen Prinzip gemacht hat, über die Ereignisse von Garabandal mit niemandem mehr zu sprechen. Nicht einmal in der Familie redet sie mehr darüber, da die Gefahr eines unachtsamen Ausplapperns immer gegeben ist.

Das ist die eine Last: sich keinem Menschen mehr mitteilen zu können und dennoch dem Auftrag treu zu bleiben. Die andere Last ist, eine schier übermenschliche: daß sie der ganzen Welt konkret das Geschehen Gottes ankündigen muß. Kein Mensch auf der ganzen Welt trägt ein solches Joch. Bei alledem muß sie aber eine fröhliche Familienmutter, eine hilfsbereite und für alle Probleme offene Ehefrau, eine stets freundliche Gesprächspartnerin bleiben, eben ein ganz normaler Mensch. Unsagbar schwer, aber auch unsagbar vorbildlich trägt sie das mit einer Würde, die eine andere als nur eine rein menschliche widerspiegelt.

Schwester Lucia von Fatima hat die Last abwerfen können, indem sie das, was sie noch zu verkünden hatte, aufschreiben konnte. Sie durfte es abgeben und die Verantwortung der Verkündung durch ihren Bischof dem Papst übertragen. Conchita muß diese Last behalten, sie muß sie tragen, und diese Last ist geschnürt mit „Schweigen" und sie enthält die ganze Schwere der Verantwortung, das Eingreifen Gottes anzukündigen, wann Er es will.

Fragen wir warum, dann drängt sich einem die Erkenntnis auf: Gott will, daß die Verantwortung Seiner Ankündigung nicht anonym

Conchita Keena, geb. González y González, still und zurückgezogen, pflichtbewußt und tief religiös, ist sie Mutter von drei Mädchen und einem Jungen und lebt mit ihrer Familie in der Nähe von New York.

wird, sondern an das Gewissen dieses Menschen gebunden bleibt, den Er durch die Mittlerin seiner Gnade heimgesucht und auserwählt hat.*

Im Gegensatz zu Conchita sind alle anderen Menschen ungebunden und frei. Sie ist gebunden und sie erleidet es wie eine Kreuzigung mit ihrem über alles geliebten Herrn. Er hat sie hochgenommen an seine Brust und er hat ihr aus der gleichen Liebe des Vaters, die IHN ans Kreuz geheftet hat, die Nägel seiner Verlassenheit tief in ihr Herz getrieben. Die Einsamkeit von Gethsemane drückt sich bei ihr in der sie quälenden Angst aus, Gott nicht genügen zu können, allein zu sein, allein mit sich, allein im Glauben, treu und gehorsam zu bleiben und zu schweigen. Was für ein außerordentlicher Mensch!

Aus diesem Grunde ist es ihr gegenüber nicht nur lieblos, sondern es ist für sie **schmerzhaft** und **verletzend,** wenn man sie immer wieder belästigt und oft mit hintertriebenen und hinterlistigen Fragen über das Datum des Wunders befragt. Wie zuvor schon gesagt, Gott will nicht, daß wir es im voraus wissen. Er will nicht, daß wir mit seiner Kraft spekulieren, auch nicht wenn es uns selbst wegen einer Krankheit besonders betrifft. Gott will, daß wir so leben, daß es jeden Tag geschehen kann. So hat es die Heilige Jungfrau gewünscht. Hier können wir uns selbst prüfen, ob wir sie lieben, oder uns selbst, mit unserer Neugier und Eigensucht.

---

* Der Verfasser hat das Dokument eines Briefes gesehen von einem Pater Dolindo aus Italien, der zur Zeit der Abfassung, 1962 oder 1964, im Alter von 80 Jahren stand und der damals im Rufe der Heiligkeit stand. Er berichtet davon, daß ihm die Gottesmutter aufgetragen habe, an Conchita zu schreiben:

„Ich habe Dich auserwählt für die Ewigkeit. Ich habe gesehen, wie Du geboren wurdest. Ich habe Dich heranwachsen sehen von klein auf an bis heute. Ich habe Dich in meinen Armen gewiegt und über Dir gewacht in allen Augenblicken Deines Lebens. Ich liebe Dich innig, wie eine Mutter ihr Kind liebt. Ich möchte gerne, daß Du immer Kind bleibst, auch wenn Du an Jahren zunimmst. Bleibe immer ein Kind mit der Reinheit und der Einfachheit, mit der Liebe und dem Vertrauen eines Kindes. Du bist ganz mein und JESUS will, daß Du ganz SEIN bist.“

Auch ein solcher Brief machte sie weder hochmütig noch ließ sie der Inhalt eine Erwählung fühlen, die ihr in ihrer schweren Aufgabe Hilfe sein könnte. Ganz im Gegenteil, sie fühlt dadurch die Verpflichtung zur Treue noch schwerer.

Ein weiterer Beweis für die Echtheit

Als einen sehr starken Beweis für die Echtheit der Ereignisse im übernatürlichen Sinne kann man ansehen, daß sich die vier Seherinnen von Garabandal aus ihren zweifellos außergewöhnlichen Erlebnissen in keiner Weise einen finanziellen, existentiellen oder geltungs- und machtrelevanten Vorteil verschafft haben. Sie sind, im Gegensatz zur Mehrzahl der Seher an neueren Erscheinungsorten, von der Erscheinung dazu auch nicht aufgefordert oder darin bestärkt worden. (Ein ganz deutlicher Unterschied, den man sehr beachten sollte, in der Beurteilung darüber, ob es sich um übernatürliche oder außernatürliche Phänomene handelt.) Sie sprechen nicht von ihren Erlebnissen, ohne daß man sie eigens danach fragt, sie stellen sich damit niemals in den Vordergrund und sie leiten in keiner Weise eine eigene Kompetenz daraus ab. Sie entziehen sich, wo sie nur können, dem „Umschwärmtwerden." Sie unternehmen keinerlei eigene Initiativen pastoraler oder rethorischer Art, die aus ihren Erscheinungen resultieren. Sie lassen sich auch nicht von der einen oder anderen Gruppe von Garabandalanhängern in besonderer Weise vereinnahmen. Nein, sie verstehen sich als stille Zeugen ihrer Erlebnisse, die mit allen gottesfürchtigen Menschen in einer Reihe stehen, ohne hervorzutreten. Das läßt sie in überzeugender Weise in innere Gemeinschaft treten mit den Visionären von La Salette, Lourdes oder Fatima. Es unterscheidet sie von einem Heer von Sehern und

◁ *Dr. Piñal von der bischöflichen Kommission von Santander prüft Marie-Loli während einer Ekstase. Das sollen „inszenierte Spiele kleiner Mädchen" gewesen sein die natürlich zu erklären seien? Das wurde von der Kommission behauptet, wo doch zweifelsfrei geprüft werden konnte, daß die Kinder während der Erscheinung mit ihren Sinnen und für Reize jeder Art von ihrer Umgebung völlig abgeschnitten waren. Eine Tatsache, die von dieser Kommission nur zu leichtfertig übergangen wurde, wohlwissend, daß nach Beendigung der Vorgänge Beweise ja nicht mehr erbracht werden können. Dr. Heinrich Eizereif wurde im Jahre 1967 ein weiteres Studium der Prüfungsakten vom damaligen Generalvikar Dr. Odriozola untersagt, als dieser erkannte, daß Dr. Eizereif schwere Fehler der Prüfungskommission aufzudecken begann, obwohl er sich mit Empfehlung von Kardinal Frings von Köln damit beschäftigt hat. Dr. Morales legte später als damaliger Leiter der Kommission dazu ja ein erschütterndes öffentliches Bekenntnis ab, welches diese Versäumnisse klar benannte.*

sogenannten Begnadeten, die in neuerer Zeit in allen Teilen der Welt vermehrt auftreten und sich nicht selten selbst in den Mittelpunkt ihrer eigenen Mission stellen, durch Leitung von Aktivitäten, und seien es nur Gebetsgruppen, Abhaltung von Vorträgen, Gründung von Vereinigungen oder anderen Betätigungen geistlichen oder materiellen Kommerzes. Sie geben selbst keine Anweisungen heraus wie man sich verhalten soll. Nein, sie verweisen auf die Kirche, sie verweisen darauf, daß die Heilige Jungfrau nichts Außergewöhnliches verlangt hat, nichts Übertriebenes. Sie hat gewünscht, daß die Menschen

Marie-Loli heute …

ein ihrem Menschsein entsprechend würdiges Leben führen in täglicher treuer Pflichterfüllung und sittlicher Verantwortung und dabei Gott den ihm gebührenden Platz in ihrem Tagewerk einräumen. Natürlich hat die Heilige Jungfrau auch hier sehr eindringlich das Rosenkranzgebet gewünscht, sie hat es den Kindern ja in so ehrfürchtiger Form beten gelehrt, aber sie hat es nicht zur undurchführbaren Norm erhoben, die das Maß an täglicher Pflichterfüllung zur beinahe unbewältigbaren Last macht. Ganz im Gegenteil, sie hat den Kindern, und durch sie auch zahlreichen Besuchern, klarzumachen versucht, daß wir beten sollen aus Freude, aus Dankbarkeit, aus Liebe und Sehnsucht Gott gegenüber. Daß wir versuchen sollen, diese Sehnsucht in unser Tagewerk harmonisch einzubinden, ohne dabei vom Zwang der Norm geplagt zu werden. Daß wir das Gebet als ebenso notwendig zur Erhaltung und Erlangung des ewigen Lebens erachten, wie wir die Nahrungsaufnahme als Voraussetzung zur Weiterführung des leiblichen Lebens benötigen. Ist das nicht eine Anleitung, die wahrhaft zu einem besseren Leben führen kann? Jeder frage sich das selbst. Ist das nicht auch eine Form, die uns das „Beten" zur Freude, ja zur Notwendigkeit aus Sehnsucht heraus macht, eine Form, die uns beglückend einbindet in den Reichtum der Schöpfung und die uns zu wahren **Kindern Gottes** macht, ohne als solche ständig nur verniedlichend angesprochen zu werden?

218

... und Jacinta heute.

Dabei sei ausdrücklich festgestellt, daß die Heilige Jungfrau sich in Garabandal in ihren erziehenden Weisungen für die Seherkinder und damit auch für diejenigen, die ihrem Zeugnis Glauben schenken, nicht ständig wiederholt hat. Wenn sie etwas zum zweitenmal gesagt hat, dann sagte sie es im Zusammenhang mit einer Steigerung oder Erweiterung des schon einmal Gesagten, oder sie erklärte das früher Gesagte, um es besser verständlich zu machen. Sie entspricht damit dem Stil ihres Sohnes Jesus im Evangelium, aber auch der Art, wie die Propheten des Alten Bundes die von Gott überbrachten Weisungen formulierten. Keine Patentrezepte waren darunter, die überall und immer anwendbar sind. Das „Entweder, oder" und nicht das „Sowohl als auch", wie Sie es in Fatima auch durch die Hirtenkinder kund tat. Immer waren es klare Worte und Begriffe ohne Zweideutigkeiten, niemals aber waren es flache Selbstverständlichkeiten und schon gar nicht deren permanente Wiederholung. Sie sprach mit den Kindern immer natürlich, so, als betreffe es Dinge ihres normalen Lebens. Niemals unterschied sie zwischen der einen oder anderen Gruppierung oder verteilte Rangordnungen im Bezug auf die Stellung vor Gott, wie das heutzutage bei so manchen angeblichen Erscheinungen häufig der Fall ist.

Das ist es, was Garabandal so wesentlich von fast allen anderen sogenannten Erscheinungen in neuerer Zeit unterscheidet, die sich, wie Elmsfeuer im Gebirge vor dem Gewitter, auf der ganzen Welt inflationsartig ausbreiten. Maria, die geliebte Tochter des Vaters und wahrhafte Braut des Heiligen Geistes, tritt in Garabandal für unsere Freiheit vor Gott ein, die Freiheit, die uns vom Vater gegeben und vom Sohn bekräftigt wurde. Eine Freiheit, die uns nicht unter beständigen Zugzwang setzt, die uns nicht ein ständig wachsendes Gebetsprogramm und religiöses Pflichtprogramm vorschreibt, die uns nicht ständig die Zeit raubt, um unseren persönlichen, häuslichen oder beruflichen Pflichten nicht mehr genügen zu können. Kurzum eine Freiheit, die uns Gott von ganzem Herzen lieben läßt in der Erfüllung unserer normalen täglichen Pflicht, zu der das Gebet und die Anbetung Gottes genauso selbstverständlich gehören, wie Essen und Trinken. Kurzum ein auf Gott bezogener ganzer Mensch zu sein, so wie wir als Sein Ebenbild von Ihm erschaffen worden sind, zu Seiner Ehre. Dabei legte diese überaus besorgte Mutter besonderen Wert auch auf die kleinen Verfehlungen, die uns in kleinen Schritten von der Gnade trennen. Das kam in gelegentlichem Tadel der Erscheinung gegenüber den Seherkindern deutlich zum Ausdruck. Sie schrieb eine gerade Linie des Heilsweges in die unverschlossenen Herzen ihrer kleinen „Gefährtinnen", wie Sie diese einmal liebevoll nannte, und die vier Mädchen versuchten es mit all ihren Kräften den Mitmenschen glaubhaft zu machen. Mit Mühe und oft großer und liebenswürdiger Geduld sprachen sie den Pilgern davon, in welcher Weise wir auf die Heilige Jungfrau hören sollen, um Gott entgegen zu gehen. Und Maria verspricht uns damit das ewige Heil zu erreichen. Das „EWIGE HEIL", jenes unbegreifliche nimmer vergehende Glück, das uns Jesus verheißen hat, und von dem der heilige Paulus schreibt: „Was kein Auge gesehen und kein Ohr gehört hat und wovon keines Menschen Herz eine Ahnung gehabt hat, nämlich das, was Gott denen bereitet hat, die ihn lieben." (nach Menge 1 Kor 2,9).

So haben wir denn auch beim Absterben unseres Leibes vor Jesus einer einzigen Frage standzuhalten: **„Hast du mich geliebt?"** Die Antwort der Seele darauf wird die alles entscheidende sein für die Ewigkeit. Sie wird zugleich auch den Grad unserer Heiligkeit ausdrücken und sie wird uns dann **den** Platz aufsuchen lassen, der dieser Antwort entspricht. Auch diese Erkenntnis erwächst aufs neue aus dem rechten Verständnis der Botschaften und dem Geschehen von Garabandal. Es ist eine fundamentale Erkenntnis, um derentwillen es sich lohnt radikal umzukehren und Buße zu tun. Ein Schatz, wertvoller als Gold, der uns von Maria erneut vor Augen gestellt wird und den man nicht in der Anonymität diesseitiger materieller Interessen vergraben sollte.

Die Kirche und Garabandal

Die Ereignisse von Garabandal sind von der Katholischen Kirche noch nicht anerkannt. Das steht fest, jedenfalls zu der Zeit, da dieses Buch geschrieben wird. Die Kirche hat aber nicht verboten darüber zu sprechen, ganz im Gegenteil, wie anhand einiger Beispiele in diesem Buch und zahlreicher anderer Veröffentlichungen gezeigt wird. Papst JOHANNES PAUL II. spricht anläßlich der Priesterweihe zweier Kandidaten aus dem Bistum Santander von Garabandal. Papst PAUL VI. ermuntert Pater Escalada S.J. im Beisein des Jesuitengenerals P. Arupe in der Propaganda für Garabandal fortzufahren. Der Jesuit Pater Francis Benac hat in Übereinstimmung mit seinen Ordensobern seit Jahrzehnten von Indien aus im ganzen Fernen Osten eine umfassende Informationstätigkeit über Garabandal ausgeübt, und dies sehr oft im Zusammenwirken mit Bischöfen und Kardinälen. Einige andere kompetente Persönlichkeiten der Kirche, wie beispielsweise der in solchen Dingen erfahrene frühere Bischof von Leiria und Fatima, Pereira Venancio, engagierten sich bisher in klarer Weise für Garabandal, wie in der Einleitung beschrieben ist. Der bis 1991 zuständige Bischof von Santander, Msgr. Del Val, hat alle restriktiven Verfügungen (Einschränkungen und Verbote) für Ordensleute und Priester über den Besuch des Ortes San Sebastián de Garabandal aufgehoben und anderes mehr.

Das hat Maria angekündigt, wie im Kapitel über die Warnung nachzulesen war. Bedenken wir aber auch, daß die Prophetie ergangen ist, daß das Erscheinen der Heiligen Jungfrau Maria an diesem Ort **vor** dem großen angekündigten Wunder **nicht** erfolgen wird. So hat es die Heilige Jungfrau gegen Ende der Erscheinungen selbst zu Conchita gesagt. Dem zufolge werden alle menschlichen Bemühungen um Anerkennung erfolglos bleiben, da Gott selbst das Zeichen setzen wird, welches zur Anerkennung führt. Zugleich bleibt es aber auch ausgeschlossen, daß sich Gott an irgend einem anderen Ort auf der Welt über irgend einen anderen Menschen darum bemühen wird, daß die Ereignisse von Garabandal etwa vorher schon von der Kirche anerkannt werden müssen. Damit würde die absolute Souveränität des Allmächtigen und die der Kirche vom Sohne verliehene Entscheidungsbefugnis (Löse- und Bindegewalt) in unglaubwürdiger Weise eingeengt und eingeschränkt. Und somit wird der Bezug auf das Geschehen von Garabandal bei anderen „vermeintlich mystischen Quellen" zu einem Unterscheidungsmerkmal, welches dem

Prüfenden bedeutet, daß es sich um Ablenkungs- und Abwerbungs-mystik handeln muß, wenn von der unmittelbar jetzt notwendigen Anerkennung von Garabandal die Rede ist.

Bischof Del Val ging bis an die Grenzen des ihm als zuständigen Vertreter der Kirche zu dieser Zeit Möglichen. Er ließ noch vor seiner Demission in Zusammenarbeit mit José Vilaplana Blasco, der dann sein Nachfolger wurde, viele Unterlagen über die Ereignisse von Garabandal zur weiteren Bearbeitung und Prüfung in den Vatikan verbringen. In notwendiger Konsequenz zur objektiven Prüfung des Geschehens mußte er, ebenso wie es seinem Nachfolger Msgr. José Vilaplana Blasco vorgegeben ist, mit der Kirche zunächst die Erfüllung der dort ergangenen Prophetie abwarten. Die Anerkennung zu einem früheren Zeitpunkt käme einem ungedeckten Blankoscheck gleich, mit dem der Widersacher ungehindert ein materielles und geistliches Verwirrspiel inszenieren könnte. Die Spekulation über die noch ausstehenden Ereignisse würde dadurch Nahrung für eine unübersehbare Entwicklung bekommen und würde den Blick auf die für das Heil der Menschen notwendigen Konsequenzen, wie Buße, Umkehr und Treue im Glauben, verschleiern. Dieses zu erkennen und anzunehmen ist unbedingte Voraussetzung, um sich für das Geschehen von Garabandal glaubwürdig einzusetzen. Ein jeder bedenke das gewissenhaft für sein eigenes Tun.

Was aber tun bis dahin? **Sich abwenden** von Garabandal?

Nein! Dazu gibt es keinen vernünftigen Grund.

Die letzte Entscheidung darüber der Katholischen Kirche zu überlassen, das ist es, was wir bei aller Eingenommenheit oder Voreingenommenheit für die Echtheit der Erscheinungen, oder dagegen, annehmen und gelten lassen müssen. Ansonsten ist es bis zu einem endgültigen Urteil der Kirche darüber jedem ernsthaft überzeugten Interessierten freigestellt daran zu glauben und sich dafür auch einzusetzen.

Die Stellungnahmen der kirchlichen Behörden und Autoritäten sind in anderen Werken weitgehend veröffentlicht worden. So zum Beispiel in dem Buch von Ramón Garcia de la Riva, MARIA erscheint in GARABANDAL, Erinnerungen eines spanischen Landpfarrers. Deshalb soll hier auf eine Wiederholung verzichtet werden. Auch

Bischof José Vilaplana Blasco mit Jacinta und ihrer Familie.

François Turner hat sich damit eingehend beschäftigt. Er hat übrigens eine neue theologische Abhandlung geschrieben: „Vierundzwanzig Kriterien zur Echtheit von Garabandal." Demnächst soll sie in irgendeiner Form in deutscher Sprache veröffentlicht werden. Sie ergänzt sich gut mit dem Inhalt dieses Buches und führt für den wissenschaftlich interessierten Leser noch tiefer in die Beweisführung.*

Der Nachfolger von Msgr. Del Val, Bischof José Vilaplana Blasco, hat schon ganz zu Beginn seiner Amtszeit 1992 die Seherin Jacinta und ihre Familie zu einem sehr offenen Gespräch von etwa 45 Minuten empfangen, welches der jetzige Pfarrer von Garabandal, Don Juan González, vermittelt hat. Es muß aber auch gesagt werden, daß der jetzige Bischof auf verschiedene Anfragen den gegenwärtigen Standpunkt der Kirche zum Geschehen in Garabandal in einer jeweils persönlich gehaltenen Form in kluger Weise darstellt, wenngleich das auch weit entfernt von einer kirchlichen Anerkennung

---

* Man wende sich deshalb an den WETO-Verlag.

Die Dorfkirche von Garabandal zum Altar hin gesehen ...

... und vom Altar aus.
In der hinteren Ecke rechts befindet sich die Taufkapelle.

liegt, denn er wiederholt im Auftrage der Glaubenskongregation in Rom, daß die Übernatürlichkeit der Ereignisse nicht feststeht. Es ist aber auch keine endgültige Ablehnung, es ist ganz einfach die Bekräftigung des Standpunktes seiner Vorgänger, der auch für die Beurteilung durch Rom letztlich maßgebend ist. Wie dieser Standpunkt zustandekam wurde ja in diesem Buch teilweise erläutert. Sogar dem damaligen Vorsitzenden der Prüfungskommission kann es nicht gelingen, seine Haltung von damals ungeschehen zu machen, da sie, bekräftigt durch die Unterschriften der anderen Mitglieder der Prüfungskommission, zu einem offiziellen Dekret des zuständigen Bischofs führten. Trotz einer erneuten Prüfung in den Jahren 1990 bis 1991 durch eine von Bischof del Val eingesetzte kleine Kommission konnten die negativen Erklärungen seiner Vorgänger nicht durch andere Erkenntnisse außer Kraft gesetzt werden. Das war zu Beginn dieser Prüfung dem inneren Kreis der mit der Materie vertrauten Anhänger von Garabandal schon klar, denn es gab ja bis dato keine neuen Fakten, die man hätte prüfen können. Es gibt eben lediglich die Prophetie der angekündigten Ereignisse, deren Erfüllung als Hypothek auf Garabandal lastet. Kirchenrechtlich gesehen hat auch der jetzige Bischof als Inhaber des Amtes in der Verantwortung seiner Jurisdiktion, unbeschadet seiner persönlichen Einstellung, die privaten Beobachtungen zufolge positiv sein soll, keine Möglichkeit eine andere Haltung einzunehmen als seine Vorgänger. Die negativen Dekrete binden ihn. Dr. Morales formulierte es richtig, wenn er sinngemäß sagte: „Möglicherweise haben wir eine große

An diesem Taufstein
in der Dorfkirche zu Garabandal
begann für die vier Mädchen
das Leben für Gott,
der sie
durch die Erscheinung des Engels
und der
Heiligen Jungfrau Maria
zu seinen
auserwählten Zeugen berief.

Gnade Gottes an uns ungenutzt vorbeiziehen lassen und haben sie nicht erkannt." Mit „uns" meint er die Kirche, in deren Auftrag er damals stand.

Zum Abschluß kann aber trotzdem gesagt werden, daß die Erscheinungen der Heiligen Jungfrau Maria in San Sebastián de Garabandal in erster Linie der Kirche gewidmet waren und darüberhinaus der ganzen Menschheit. Sie ist gekommen, um uns, uns alle, heimzusuchen durch den barmherzigen Ratschluß Gottes, damit sie uns die Maßstäbe des Glaubens in Erinnerung rufe, damit sie uns den Weg zu Buße und Umkehr neuerlich zeige, damit sie uns die Mitte der Kirche aufs neue bewußt mache, damit sie uns begleite in einer Zeit der größten Revolution in der Geschichte der menschlichen Zivilisation und damit sie uns warne vor den Folgen der Gottlosigkeit. Sie hat uns in eindrucksvoller Weise die von Gott geschenkte Freiheit als ein hohes Gut vor Augen gestellt und uns dazu angeleitet, daß wir diese Freiheit in der richtigen Weise gebrauchen sollen in selbständiger Verantwortung für unser ewiges Leben. Dabei hat sie uns keine drückenden Lasten auferlegt, derer wir uns schon bald erlahmend entledigen würden. Sie hat uns keinen persönlichen Einschränkungen unterworfen, die über das von ihrem Sohn Jesus im Evangelium Geforderte hinausgehen, es sei denn: Das Beten des hl. Rosenkranzes, das nichts anderes ist, als die betende Betrachtung der Geheimnisse der Erlösung nach dem Evangelium. Darum bat sie bereits auch schon in Fatima im Jahre 1917. Sie hat uns aber erneut aufgerufen zu einem menschenwürdigen Leben und dabei frohe Kinder Gottes zu sein nach dem Schöpfungsplane des Vaters, der uns durch sie, Maria, seinen eingeborenen Sohn als Erlöser gesandt hat.

In tiefer Verneigung danke ich MARIA, der Gottesmutter, für ihre mütterliche Unterweisung, und ich danke ihr darüber hinaus besonders dafür, daß SIE mir, dem Autor, ganz offensichtlich beigestanden hat bei der Abfassung dieses Buches. Möge es der Heiligen Jungfrau Maria und dem Allmächtigen Gott gefallen und möge es allen jenen den Glauben und die Kraft zur Unterscheidung der Geister stärken, die es lesen und daraus einen Nutzen für ihren eigenen Glauben zu ziehen vermögen.

Gelobt sei JESUS CHRISTUS in Ewigkeit! Amen.

Conchita mit ihrer Mutter und ihren Brüdern. Von links Miguel, Cetuco, der bereits verstorben ist, Aniceta, Conchita und Serafin, ihr ältester Bruder, der noch als einziger mit seiner Familie in Garabandal lebt.

Albrecht Weber mit seiner Frau Anni bei Aniceta González, die immer wieder bereitwillig über die Geschehnisse Auskunft gab und in ihren Darstellungen eine ausgeprägte Unterscheidungsgabe erkennen ließ, dabei aber niemals von früher Gesagtem abwich.

Karl Franke schuf, nach den Angaben von Jacinta, in der Mitte der achtziger Jahre das Modell für diese hübsche kleine Statue, die die Haltung der Heiligen Jungfrau Maria bei ihrer ersten Erscheinung darstellt.

◁ Natürliche Unbekümmertheit und beeindruckende Normalität strahlten die vier Mädchen zur Zeit der Erscheinungen und auch danach aus. Diese Bilder wurden von Don Ramon Garcia de la Riva aufgenommen, einem spanischen Priester, der seine Erinnerungen als Zeuge von über zweihundert Ekstasen in seinem Buch „Maria erscheint in Garabandal" aufgezeichnet hat.

229

Bücher und Schriften aus dem WETO-Verlag

Ferdinand Holböck, **Mehr Ehrfurcht vor Gott**

Beuget die Knie! Faltet die Hände! Erhebet die Herzen! Eine nützliche Anleitung zur richtigen Grundhaltung vor Gott, die auch in unserer Zeit eine notwendige Voraussetzung ist für jeden Christen. 98 Seiten, farbiger Einband.

Ferdinand Holböck, **Wunder der Bekehrung**

Die Geschichte vom Unbefleckten Herzen Mariens und der wunderbaren Bekehrung der beiden jüdischen Brüder Theodor und Alphons Maria Ratisbonne durch die Wundertätige Medaille. 48 Seiten, farbiger Umschlag.
Der Inhalt dieser Broschüre ist in wenig gekürzter Form auch auf einer WETO-Cassette Nr. L-8422 erhältlich.

P. Johannes Schmid C.P., **Das hl. Meßopfer Jesu Christi,** „Der verborgene Schatz"

Eine tiefsinnige Beschreibung der heiligen Messe als Gnadenquelle und Mittelpunkt katholischer Glaubenspraxis. Zugleich ist es aber auch eine anschauliche Erklärung des Erlösungsopfers Christi, das dadurch besser verstehbar wird. Der Glaube als Kraft in der Vereinigung mit dem Leiden Christi bei der Gegenwärtigsetzung seines über alle Opfer erhabenen Opfers in der heiligen Messe.
132 Seiten, farbiger Einband.

Heinrich Eizereif, **MARIA in HEEDE,** Band 1

Die Geschichte der Erscheinungen der Jungfrau Maria in Heede im Emsland in der Zeit vom 1. November 1937 bis zum 3. November 1940, als Königin des Weltalls und der Armen Seelen. Der Bericht von Dr. Eizereif, neu herausgegeben, mit einer Einleitung von Albrecht Weber und einer Ergänzung zur Entwicklung dieses außerordentlichen Gnadenortes in Deutschland zur Gebetsstätte, von Pfr. Johannes Brinkmann. Ein Buch, in dem die Güte Gottes und die Sorge Mariens um Deutschland in schwerer Zeit deutlich wird, aber auch eine Dokumentation, die die Notwendigkeit einer kirchlichen Anerkennung auf der Grundlage des Geschehens für unsere Zeit nahe legen soll. 192 Seiten, viele Bilder, farbiger Einband.

Heinrich Eizereif, **MARIA in HEEDE,** Band 2

Anmerkungen und Ergänzungen zum Bericht von Dr. Heinrich Eizereif über die Erscheinungen Mariens in Heede. Viele interessante Hintergründe und genauere Details erfährt der interessierte Leser hier als Ergänzung zum Hauptband. Für den wissenschaftlich Interessierten geradezu unverzichtbar, wenn er sich eingehend mit der Sache von Heede auseinandersetzen will. 104 Seiten, einige Bilder, einfarbiger Einband.

Robert François, „Meine Kinder hört auf mich. Ich, eure Mutter, liebe euch!"
So sprach Maria in Garabandal

Erstmals werden hier die Ereignisse von Garabandal aus theologischer Sicht allgemein verständlich vorgestellt. Überzeugend wird klar, daß Maria in der Zeit des II. Vatikanischen Konzils bei ihren Erscheinungen, außer den beiden Botschaften, eine eindringliche Katechese über die Glaubensgrundsätze vermittelte, die auf diesem Konzil für eine moderner gewordene Welt neu gefaßt werden sollten. Nachdem Papst PAUL VI. Maria auf dem Konzil zur Mutter der Kirche erhob, fand dies unmittelbar darauf in der Erscheinung vor den Seherkindern seine Bestätigung: „... Ich, eure Mutter ...".
Mit einem Vorwort von Prof. Ferdinand Holböck und einem aufschlußreichen medizinischen Bericht über die Untersuchungen an den Seherkindern von Prof. Dr. Ricardo Puncernau. 232 Seiten, über 80 Bilder, farbiger Einband.

J. Ramon Garcia de la Riva, **Maria erscheint in Garabandal**

„Das sind meine Erinnerungen an 200 Erscheinungen des Erzengels Michael und Unserer Lieben Frau vom Berge Karmel, denen ich in San Sebastián de Garabandal beigewohnt habe", schreibt der Autor. Als Priester der Nachbardiözese und als gelegentlicher Stellvertreter des dortigen Ortspfarrers, kommen seinen Aussagen besondere Glaubwürdigkeit zu. Seine Erkenntnisse über die Ereignisse und über die Tätigkeiten der damaligen Prüfungskommission sind klar gefaßt und aufschlußreich zugleich. In einem Anhang ausgewählter Dokumente spiegelt sich die damalige kirchliche und gesellschaftliche Situation bezüglich Garabandal in den Jahren 1961 bis 1965 wider. 160 Seiten, großer Bildteil, farbiger Einband.

P. Leo König SJ, **SALVE REGINA** – Gesangbuch

Ein altes marianisches Gesangbuch für Gebetsgruppen und Kongregationen. 115 alte, bekannte und unbekannte Marienlieder und eucharistische Lieder, alle mit Noten, viele davon zweistimmig gesetzt, neu herausgegeben von Albrecht Weber mit einem Vorwort von Pfr. Alfons M. Weigl.
160 Seiten, geprägter Einband, Taschenformat.

P. Leo König SJ, **SALVE REGINA** – Orgelbuch

Das Orgelbuch zum „SALVE REGINA – Gesangbuch", in gleicher Einteilung und Numerierung der Lieder.

Prof. Ludwig Fischer, **Andachten zu Ehren U. L. Frau von Fatima**

Zwei liturgische Fatima-Andachten mit Liedanhang, herausgegeben vom Institutum-Marianum, zur Gestaltung von Fatima-Andachten in Pfarreien und Gemeinschaften, die Fatima-Andachten pflegen wollen. 36 Seiten, farbiger Umschlag.

Zu beziehen vom:
WETO-Verlag · Albrecht Weber · Postfach 1103 · D-88701 MEERSBURG

231

Wie erreicht man San Sebastián de Garabandal?

Von den deutschsprachigen Ländern aus erreicht man den Ort auf folgender Route:

Bei Irun passiert man die französisch-spanische Grenze und fährt entweder auf der Autobahn A 1 oder auf der Nationalstraße N 634 in Richtung Santander. In Solares wählt man geradeaus die Richtung Oviedo und bleibt auf dieser Nationalstraße an Torrelavega vorbei bis Cabezón de la Sal. Dort zweigt man nach links ab in Richtung Reinosa auf der Straße C 625 bis Valle de Cabuérniga. Am Anfang dieses Ortes geht eine kleine Straße C 6314 scharf rechts ab nach Puentenansa, über eine Paßhöhe. In Puentenansa trifft man auf die Straße S 224, fährt nach links unmittelbar über die Brücke über den Rio Nansa und geraden Wegs bis zum nächsten Ort Cosio. In Cosio weist ein Wegweiser rechts ab durch den Ort nach San Sebastián de Garabandal. Dann sind es noch 5 Kilometer bis hinauf zum Dorf, gerade genug für ein Gesätzlein des Rosenkranzes zur Besinnung auf das, was durch die Gnade Gottes den Menschen dort geschenkt wurde.

Für die Reise ist die MICHELIN-Karte Nr. 442, in der als einer von wenigen Karten dieser Ort mit allen zu ihm führenden Verbindungsstraßen gut verzeichnet ist, zu empfehlen. Einen Ausschnitt dieser Karte finden Sie rechts auf der Innenseite des Einbandes.